Schuhler/Baumeister

Kognitive Verhaltenstherapie bei Alkohol- und Medikamentenmißbrauch

Materialien
für die
klinische Praxis

Herausgegeben von
Martin Hautzinger und Franz Petermann

Petra Schuhler/Horst Baumeister

Kognitive Verhaltenstherapie bei Alkohol- und Medikamentenmißbrauch

Diagnostik, Behandlung, Frühintervention

Unter Mitarbeit von Wolfgang Bensel, Edgar Lessel
und Annette Wagner

BELTZ
PsychologieVerlagsUnion

Anschrift der Autoren
Dr. phil. Petra Schuhler, Dipl.-Psych.
Dr. med. Horst Baumeister
Dipl.-Soz.Arb. Wolfgang Bensel
Dipl.-Psych. Annette Wagner
Psychosomatische Fachklinik Münchwies
Turmstraße 50–58
66540 Neunkirchen

Dr. phil. Edgar Lessel, Dipl.-Psych.
Psy Tec GmbH
Organisations- und Managementberatung
Bleichstr. 14
66111 Saarbrücken

Lektorat: Gerhard Tinger und Karin Ohms

Herausgeber der Reihe „Materialien für die klinische Praxis"

Prof. Dr. Martin Hautzinger
Universität Tübingen
Psychologisches Institut
Abteilung für Klinische und Physiologische Psychologie
Reutlinger Str. 12
72072 Tübingen

Prof. Dr. Franz Petermann
Zentrum für Rehabilitationsforschung
Universität Bremen
Grazer Str. 6
28359 Bremen

Besuchen Sie uns im Internet:
http://www.beltz.de

Umschlaggestaltung: Dieter Vollendorf, München
Satz, Druck und Bindung: Druckhaus „Thomas Müntzer" GmbH, Bad Langensalza
Zeichnungen in Abschnitt 6.3: Theresa Ertel

ISBN 3-621-27455-3

Inhalt

Vorwort

Das vorliegende kognitiv-verhaltenstherapeutische Programm bei Alkohol- und Medikamentenmißbrauch entstand auf der Grundlage unserer langjährigen klinischen Erfahrung als Psychologin und Mediziner in einer Psychosomatischen Fachklinik mit großer Suchtabteilung. Dadurch wurde bei uns schon früh das Problembewußtsein für Patienten mit Suchtmittelmißbrauch – bei denen aber keine manifeste Abhängigkeit vorliegt – geweckt. So wurde bereits vor 15 Jahren ein spezifisches indikatives therapeutisches Programm für Alkohol- und Medikamentenmißbrauch in der psychosomatischen Abteilung entwickelt, das aber – aus heutiger Sicht – zu sehr die Grundsätze der Abhängigkeitstherapie übernahm und sich nicht speziell auf die Gruppe der Mißbraucher einstellte. Im Laufe der Jahre wurde das Konzept für den Umgang mit dieser speziellen Patientengruppe immer differenzierter und unterscheidet sich heute in wesentlichen Punkten von den Prinzipien einer Entwöhnungsbehandlung. Die Unterschiede zwischen manifester Abhängigkeit und Suchtmittelmißbrauch hinsichtlich des therapeutischen Vorgehens beginnen mit den Therapiezielen, wie beispielsweise der Abstinenz einerseits und dem Auslassen des Suchtmittels zur Lebensbewältigung andererseits, erstrecken sich über die Therapiemethoden und enden mit den prognostischen Aussichten – die beim Suchtmittelmißbrauch günstiger zu beurteilen sind als bei der Alkoholabhängigkeit. All dies sprach dafür, Anstrengungen zu unternehmen, gerade im Bereich der Suchtmittelmißbrauchserkrankungen differentielle Therapiemaßnahmen zu entwerfen und zu erproben. Im Rahmen eines zweijährigen Forschungsprojektes, das von der LVA Rheinland-Pfalz gefördert wurde, wurde eine große Patientengruppe mit Suchtmittelmißbrauch eingehend untersucht, ein speziell darauf abgestimmtes therapeutisches Programm entwickelt und evaluiert und eine katamnestische Untersuchung, die auch Krankenkassendaten einschloß, durchgeführt. Einem hohen Prozentsatz der Patienten (65% nach konservativer Berechnung) gelang das Einstellen des Suchtmittelmißbrauchs und eine erfolgreiche Entwicklung in zentralen Problembereichen wie Depressivität, Angstbereitschaft oder Streßverarbeitungskompetenz. Dieses Programm wurde zur Grundlage des hier vorgestellten Konzepts, das auch auf die Anwendung in anderen Praxisfeldern erweitert wurde, wie beispielsweise in der ambulanten Einzel- und Gruppentherapie in ärztlichen und psychotherapeutischen Praxen, in Beratungsstellen oder in der betrieblichen Suchtprävention.

Am Anfang standen jedoch die Suchtmittelprobleme der Patienten in der Psychosomatischen Abteilung. Ihnen, die an der Projektstudie teilgenommen und uns geduldig Rückmeldung über die Gruppenarbeit gegeben haben, gilt unser Dank. Die schreibtechnische Gestaltung des Manuskripts hat Frau Margot Gräser übernommen: Herzlichen Dank für die sorgfältige Arbeit. Noch ein Wort zur Textfassung hinsichtlich der Geschlechtsbestimmung: Wir haben uns zur gängigen maskulinen Formulierungsweise entschlossen, um die Lesbarkeit zu erhöhen, aber selbstverständlich sind immer Patientinnen, Therapeutinnen etc. mitgemeint. Dies scheint uns keine gute Lösung, eine bessere, die nicht zu sperrigen Formulierungen führt, haben wir jedoch nicht gefunden.

Münchwies, im Frühjahr 1999

Petra Schuhler und Horst Baumeister

1 Theoretische Einführung

Suchtmittelmißbrauch in Deutschland. In der Bundesrepublik existiert zwar ein gut ausgebautes Behandlungs- und Nachsorgesystem für manifest Abhängige (Arend, 1994; Petry, 1996) – für die große Gruppe der Patienten, die „nur" Suchtmittelmißbrauch betreiben, liegen bislang aber kaum gezielte und überprüfte Therapieangebote vor. Das Suchthilfesystem fühlt sich nicht zuständig, wenn noch keine Abhängigkeit eingetreten ist, und ist durch die ausschließliche Ausrichtung auf Abstinenz als Therapieziel für diese Menschen auch nicht geeignet. Zudem wirken die Suchthilfeeinrichtungen auf diese Gruppe auch oft aversiv (Jahrreiss, 1998). Anders als beispielsweise in den USA gibt es in Deutschland keine institutionalisierten Behandlungsangebote für Menschen mit „schädlichem Gebrauch" von Alkohol oder Medikamenten, wie die Internationale Klassifikation psychischer Störungen der Weltgesundheitsorganisation ICD-10 (Dilling et al., 1994) den Suchtmittelmißbrauch nennt. Der Grundgedanke dabei ist, daß bereits Suchtmittel**mißbrauch** zu psychischen wie physischen Folgeschäden führen kann, auch wenn sich noch keine körperliche Abhängigkeit eingestellt hat. Eine differentielle Therapiemethode, die sich auf die Besonderheiten des Alkohol- und vor allem Medikamentenabusus richtet, fehlte bislang. Diese Lücke zu schließen, hat sich das vorliegende Programm zur Aufgabe gemacht.

Wichtige Substanzen. Zu den epidemiologisch wichtigsten Substanzen, die mißbräuchlich eingesetzt werden und zur Abhängigkeit führen können, zählen Benzodiazepine, peripher wirksame analgetische Mischpräparate (mit Codein und/oder Coffein), zentral wirksame Analgetika (Morphinderivate), Psychostimulanzien ebenso wie Nikotin. Das am häufigsten konsumierte und mißbräuchlich eingesetzte Suchtmittel ist aber Alkohol. Durch die Schädigungen „harter" Drogen, vornehmlich ein Problem des Jugendalters, sind viel weniger Menschen betroffen als durch die Folgeschäden, die der Konsum von Alkohol oder suchtpotenten Psychopharmaka hervorruft.

Therapeutische Zielsetzung. Die therapeutische Zielsetzung, die – wie ganz allgemein – die eingesetzten Methoden, den Behandlungsplan und das therapeutische Setting bestimmt, kann im Fall des schädlichen Gebrauchs bzw. Mißbrauchs durchaus auch Abstinenz sein, weit häufiger jedoch Reduktion der Alkoholmenge auf das Trinken im geselligen Rahmen bzw. die Medikamenteneinnahme nach strenger indikativer Zweckbestimmung. Das Erlernen neuer, günstiger Problemlösefertigkeiten, die erst erlauben können, auf das Suchtmittel als Alltagshilfe nachhaltig zu verzichten, muß damit jedoch zwingend einhergehen.
Eine klare Unterscheidung von Therapiezielbestimmung und therapeutischem Vorgehen, je nachdem, ob es sich um Mißbrauch oder Abhängigkeit handelt, hat sich in der klinischen Forschung und Praxis leider noch nicht durchgesetzt (Beck et al., 1997; Watzl & Rockstroh, 1997). Am ehesten werden die einschlägigen diagnostischen Kriterien für „Mißbrauch" bzw. „schädlichen Gebrauch" und „Abhängigkeit" vergleichend gegenübergestellt (Schmidt, 1997; Kryspin-Exner, 1994). Die Diskussion der Charakteristika des „Mißbrauchs oder schädlichen Gebrauchs" in Abgrenzung zur Abhängigkeit steht jedoch auch hier am Anfang.

1.1 Besonderheiten des Alkohol- und Medikamentenmißbrauchs in Abgrenzung zur Abhängigkeit

Nach den gängigen klinisch-diagnostischen Glossars liegt schädlicher Gebrauch oder Mißbrauch dann vor, wenn der Patient sich Schaden in körperlicher, sozialer oder psychischer Hinsicht durch seinen Alkohol- bzw. Medikamentenkonsum zufügt.

Definition nach DSM-IV. Im DSM-IV (Saß et al., 1996) wird Mißbrauch definiert als ein unangepaßtes Konsummuster, dessen maladaptive Eigenschaften dadurch gekennzeichnet sind, daß der Mißbrauch fortgesetzt wird, obwohl die dadurch hervorgerufenen sozialen, beruflichen, psychischen oder körperlichen Probleme bekannt sind. Die Ausschlußkriterien einer Abhängigkeit „Kontrollverlust und körperliche Entzugszeichen bei Auslassen des Suchtmittels" dürfen zu keinem Zeitpunkt erfüllt sein. Unabhängig von der spezifischen Substanzklasse können „Mißbrauch" und „Abhängigkeit" folgendermaßen diagnostisch unterschieden werden: Als Hauptmerkmal der Substanzabhängigkeit wird ein charakteristisches Muster kognitiver, verhaltensbezogener und physiologischer Symptome beschrieben, die anzeigen, daß der Substanzgebrauch trotz einschneidender substanzbezogener Probleme fortgesetzt wurde. Toleranzentwicklung, Entzugserscheinungen, Kontrollverlust und der unwiderstehliche Drang („craving") zur Suchtmitteleinnahme gehören zu den entscheidenden Merkmalen, die die Diagnose „Abhängigkeit" rechtfertigen. Kontrollverlust wird als die Unfähigkeit definiert, eine selbstgesetzte Menge des Suchtmittels nicht zu übersteigen. Unter Entzug werden die physiologischen und kognitiven Begleiterscheinungen bei Auslassen der Substanz verstanden. Zwanghafter Substanzgebrauch, z.B. häufig mehr zu trinken als eigentlich beabsichtigt oder erfolglose Versuche, das Trinken zu reduzieren oder einzustellen, charakterisiert die Abhängigkeit. „Mißbrauch" wird durch die negativen Konsequenzen definiert, die mit der Suchtmitteleinnahme verbunden sind, derentwegen der Konsum aber nicht eingestellt wird.

Definition nach ICD-10. In der zweiten großen Klassifikation psychischer Störungen, dem ICD-10 (Dilling et al., 1993), entspricht dem Substanzmißbrauch am ehesten die Kategorie „schädlicher Gebrauch", die allerdings nur global die psychische oder physische Schädigung als diagnostische Leitlinie beschreibt und – wie im DSM-IV – auf Konsummuster und -verhalten als definitorische Merkmale ganz verzichtet. „Verminderte Kontrolle" bleibt im ICD-10 als definitorisches Merkmal eindeutig der Abhängigkeit vorbehalten. Der Begriff „Kontrollverlust" ist schwierig zu operationalisieren und bleibt entsprechend vage und umstritten in der wissenschaftlichen Auseinandersetzung. Die Formulierung „Verminderte Kontrolle" im ICD-10 mag als Versuch gelten, die Schwierigkeiten mit dem Begriff „Kontrollverlust" zu umgehen. Körperliche Entzugszeichen sind als Manifestation einer Abhängigkeit unstrittig. Als zweites entscheidendes Kriterium für die Abhängigkeit wird im ICD-10 entsprechend auch der körperliche Entzug genannt.

Das **Spektrum der Alkohol- und Medikamentenprobleme** reicht vom gelegentlichen Erleichterungstrinken oder iatrogen erzeugten Medikamentenabusus, wenn beispielsweise in Eigenregie ursprünglich ärztlich verordnete Analgetika-Kombinationspräparate steigend dosiert werden, bis hin zu der manifesten körperlichen Abhängigkeit. Dazwischen liegen Problemtrinken bzw. der Psychopharmakonabusus, bei dem das Medikament als Hilfe bei der Bewältigung des Alltags eingesetzt wird. Wie eine Studie des Bundesministeriums für Gesundheit über die Verordnungspraxis von Medikamenten mit Abhängigkeitspotential auswies, erhielt bereits 1992 jeder fünfzehnte Patient einer Praxis entsprechende suchtpotente Medikamente (Melchinger, Schnabel & Wyns, 1992). Besonders kritisch muß darüber hinaus die Verordnungslänge beurteilt werden: Die Autoren kamen zu dem Schluß, daß suchtpotente Medikamente in der Regel nicht kurzfristig verordnet werden, sondern daß die Verordnung typischerweise in eine Langzeitverordnung übergeht. Bei Patienten, die mißbräuchlich Medikamente einnehmen, steht anders als beim Alkohol ein körperlicher Beschwerdedruck im Zentrum des subjektiv erlebten Leidens. Schmerzen, Atembeklemmungen, Schwindelzustände, Schlafstörungen oder Funktionsstörungen in bestimmten Organsystemen, für die häufig keine organpathologische Ursache gefunden werden kann, bestimmen das Beschwerdebild (Baumeister, 1997). Da durch die Medikamenteneinnahme der Leidensdruck gemildert wird, ist es für den Betroffenen besonders schwer, Linderung und Heilung voneinander zu unterscheiden. Ein besonderes Problem beim Medikamentenmißbrauch ist die oft zu gewährende Verordnungspraxis durch Ärzte, die aber häufig durch ein ausgeprägtes Medikamentenbegehren der hilfesuchenden Patienten beeinflußt wird. Zudem ist ein Teil der psychotropen Medikamente, insbesondere Kombinationsanalgetika, frei verkäuflich. 70% der konsumierten Schmerzmittel gehen zu Lasten der Selbstmedikation (Glaeske, 1997).

Unterscheidung Abhängigkeit–Mißbrauch. Bei „Suchtmittelmißbrauch" handelt es sich um eine eigenständige Störung, die weder weitgehend identisch ist mit „Abhängigkeit" noch zwingend in eine Abhängigkeit übergehen muß. Die Sichtweise, daß Mißbrauch sich zur Abhängigkeit wie der „Übergang von Gelb zu Grün" im Spektrum verhält (Vaillant, 1983, zitiert nach Schmidt, 1995), verweist auf den häufig schleichenden Übergang vom Mißbrauch in die manifeste Abhängigkeit. Tatsächlich ist es oft schwer, das Hinübergleiten von mißbräuchlichen Befindlichkeitsmanipulationen in abhängigkeitsrelevante Hilflosigkeit vorherzusagen. Dies heißt aber nicht, daß es unmöglich ist, Merkmale für Suchtmittelmißbrauch im Unterschied zur Abhängigkeit zu benennen. Eine trenn-

scharfe Unterscheidung zwischen Mißbrauch und Abhängigkeit *könnte* in dem fortgesetzten, nicht angemessenen Einsatz des Suchtmittels zur Lebensbewältigung liegen, der über Trinken im geselligen Rahmen bzw. Medikamenteneinnahme nach sachgerechter ärztlicher Verordnung hinausgeht. „Nichtangemessen" sollte sich nicht nur auf die Schädigungen beziehen, die der Patient in körperlicher, psychi-scher oder sozialer Hinsicht als langfristige negative Folgen mit seinem Mißbrauch riskiert, sondern in Diagnose und Therapie sollte vorrangig der Funktionalität des Mißbrauchs Rechnung getragen werden, also der Bestimmung der genauen Dienstfunktion, die das Suchtmittel zur Lebensbewältigung übernommen hat. Eine heuristisch produktive Unterscheidung zwischen Mißbrauch und Abhängigkeit, die auch therapeutische Handlungsrelevanz hat, kann auf diesem Hintergrund folgendermaßen umrissen werden: Suchtmittel**mißbrauch** sollte als Bewältigungsstrategie angesehen werden, durch die der Patient sich selbst in kritischen Situationen Erleichterung und Hilfe verschaffen will, die in der Regel durch eine Persönlichkeitsproblematik mitbedingt werden. Als Indikator für **Mißbrauch** würde dann der fortgesetzte Einsatz des Suchtmittels zur Alltagsbewältigung gelten, durch den aber noch kein Abhängigkeitsmerkmal ersten Grades aufgetreten ist, zu denen Kontrollverlust, körperliche Abhängigkeitssymptome, psychische Abhängigkeitssymptome (Craving) und Abstinenzunfähigkeit zählen.
Eventuelle Folgeschäden durch den Suchtmittelmißbrauch sollten festgehalten werden, aber nicht als alleinige diagnostische Leitlinie gelten, wie die eingeführten Glossars DSM-IV und ICD-10 festlegen. Behandlungsbedürftiger Mißbrauch kann bereits vorliegen, wenn noch keine gravierenden körperlichen, sozialen oder psychischen Folgeschäden eingetreten sind. Bekanntermaßen vollzieht sich für den Patienten der Prozeß des mißbräuchlichen Konsums schleichend und wird von ihm nicht bewußt als Bewältigungsstrategie für Probleme, Druck oder Streß registriert. Die Bewußtmachung dieser Zusammenhänge, der Aufbau von Einsicht in die Funktionalität des Suchtmittels und die Erarbeitung alternativer Interaktions- und Selbststeuerungskompetenzen im Dienst der Streßbewältigung umreißen dann den Rahmen für die Herleitung von Therapiezielen und die Auswahl von Therapiemethoden: Die Definition und Erarbeitung funktioneller Alternativen zum Alkohol- bzw. Medikamentenmißbrauch stellen die Weichen für den therapeutischen Prozeß. Je klarer die Funktionalität des Suchtmittelabusus erkennbar wird, um so deutlicher wird die Verzahnung zu – häufigen – komorbiden psychischen oder körperlichen Erkrankungen und um so gezielter können therapeutische Interventionen erfolgen. Mit der Fokussierung auf die Funktionalität der Suchtmitteleinnahme wird das Problemverhalten auch einer psychotherapeutischen Behandlung zugänglich, die innere Verarbeitungsmuster und kognitiv-emotionale Handlungsorientierung in den Blick nimmt.

1.2 Charakteristika des Medikamentenabusus

Der mißbräuchliche Einsatz von Psychopharmaka (Glaeske, 1994) unterscheidet sich in einigen wesentlichen Punkten vom Alkoholmißbrauch. Die Charakteristika des Medikamentenmißbrauchs werden deshalb in diesem Abschnitt ausführlich diskutiert. Dies auch deshalb, weil Ausführungen zum Alkoholkonsum, seinen schädigenden Folgen, auslösenden Bedingungen und moderierenden Variablen Legion sind, während Medikamentenmißbrauch zwar in medizinischen Lehrbüchern erörtert wird, aber in Therapiemanualen – auch zur Suchttherapie – als zentraler Problembereich weitgehend fehlt.

Verbreitung von Arzneimitteln mit Mißbrauchspotential

Psychopharmaka inklusive der Schlaf-, Beruhigungs- und Schmerzmittel sind mittlerweile zur umsatzstärksten Gruppe avanciert und werden durch Werbung als „einfache Problemlöser" sowohl in der Fachliteratur wie auch im Rahmen der Laienwerbung dargeboten. Die Exposition in der Bevölkerung wird dargestellt in der Dimension „Definded Daily Dose (DDD)", d.h. die Menge als Tagesdosierung, die nach aller Erfahrung empfohlen wird. An Benzodiazepinenderivaten werden in der BRD ca. 85 Millionen DDD's verordnet, d.h., ca. 1,6 Millionen Menschen könnten täglich damit versorgt werden. Bei den codeinhaltigen Arzneimitteln belaufen sich die Zahlen auf 150 Millionen Tagesdosierungen, bei den Schmerzmitteln auf 3,75 Milliarden Dosierungseinheiten, was ausreichen würde, 4–5 Millionen Menschen ein ganzes Jahr lang täglich zu versorgen. Bei den zuletzt genannten Präparaten liegt der Anteil der Selbstmedikation bei 70%. Der Werbeetat der pharmazeutischen Industrie für rezeptfreie Schmerzmittel beläuft sich auf 140 Millionen DM bei einem Gesamtvolumen für die Werbung rezeptfreier Arzneimittel von 1 Milliarde DM (Glaeske, 1997).

Gesundheits- und Krankheitsattribuierung

Der Arzneimittelkonsum ist einerseits eng verbunden mit dem Wissen, den Einstellungen und Verhaltensweisen von Ärzten, Apothekern, Drogisten, der pharmazeutischen Industrie, die als Experten für Gesundheits- und Medikationsfragen für den Verbraucher von Bedeutung sind, andererseits ist der Gebrauch von Arzneimitteln auch von der Wahrnehmung und Bewertung von „Gesundheit" und „Krankheit" des Verbrauchers selbst abhängig. Das Spektrum von Gesundheit und Krankheit ist relativ breit und bezieht sich bei den Begriffsinhalten Gesundheit insbesondere auf

- allgemeines körperliches Wohlbefinden,
- allgemeines seelisches Wohlbefinden,
- Leistungs- und Schaffenskraft,
- allgemein gesund sein,

bei den Begriffsinhalten Krankheit auf

- körperliches Unwohlsein,
- seelisches Unwohlsein,
- Beeinträchtigung der körperlichen und geistigen Leistungsfähigkeit,
- allgemeine Krankheitssymptome.

In diesem Zusammenhang sind auch Krankheitsängste von Bedeutung, die insbesondere durch Krebsangst, Herzinfarktangst, Angst vor Geisteskrankheiten und Gemütsleiden gekennzeichnet sind.

Gesundheits- und Krankheitsverhalten

Gesundheitsschädliches Verhalten im Sinne von wenig Bewegung, wenig Schlaf, viel Rauchen, viel Streß, viel Kaffeegenuß, viel Alkoholkonsum wird häufig mit scheinbarem Gesundheitsverhalten im Sinne der Selbstmedikation zu kompensieren versucht. Von zahlenmäßiger Bedeutung sind folgende Arzneimittel: Schmerzmittel, Vitaminpräparate, Schlankheitspräparate, Stärkungsmittel, Anregungsmittel, Beruhigungsmittel.

Bei manifesten Beschwerden und deren mögliche Folgeerscheinungen im Arbeitsbereich (Fehlzeiten, Leistungseinbußen), im sozialen Bereich (Eheschwierigkeiten, soziale Isolation) oder im allgemeinen Lebensbereich (Unzufriedenheit, Unausgeglichenheit, Lustlosigkeit, Ängstlichkeit, Niedergeschlagenheit) suchen Patienten zuerst einmal Rat und Hilfe in der Familie oder im engeren Freundeskreis. Gut gemeinte Ratschläge, Tips, persönliche Erfahrungen, Informationen – auch über die verschiedenen Massenmedien – münden oft in ein Verhalten, das schnellstmöglich Linderung verspricht, d.h. die Einnahme von Psychopharmaka oder Analgetika. Nicht selten steht die Selbstmedikation über frei verkäufliche Medikamente oder die „Hausapotheke" im Vordergrund. Je nach persönlichen Erfahrungen und zusätzlichen Informationen wird die Medikamentendosis bei Wirkungsverlust erhöht oder das Präparat gewechselt. Das individuelle Problembewußtsein bezüglich eines Arzneimittelmißbrauchs ist relativ gering, negative Erwartungen im Sinne von Gewöhnung, Abhängigkeit, körperlichen Nebenwirkungen etc. werden durch unrealistische Erwartungen an die Heilkraft der Medikamente verdrängt. Persistieren bzw. rezidivieren die Beschwerden und nehmen die Beeinträchtigungen im Alltag zu, formiert sich ein vorläufiges, persönliches Krankheitskonzept, welches dann zur Erstkonsultation des Fachmannes führt.

Patientenkarriere

Patienten, die Medikamentenmißbrauch betreiben, leiden, wie die Krankheitsverläufe zeigen, unter vielfältigen Symptomen, die meist leibnah erlebt werden, wie zum Beispiel allgemeine Niedergeschlagenheit, rasche Ermüdbarkeit, Nachlassen der Leistungsfähigkeit, Schlafstörungen, Kopfschmerzen, Gliederschmerzen, Muskelschmerzen, Angespanntheit, Angstzustände und anderweitige somatoforme Störungen. Entsprechend den organmedizinischen Grundhaltungen wird diesen Symptomen über das Verordnungsverhalten des Arztes oder über die Selbstmedikation zu „Leibe" gerückt. Das Grundmuster organischer Determinierung fragt danach, was krank ist und nicht, wer erkrankt ist, konsequenterweise liegt der Blick demnach auf dem Symptom und nicht auf dem Symptomträger. Daraus ergeben sich notwendigerweise Konsequenzen für die eingeleitete Therapie, d.h., die notwendige psychotherapeutische Behandlung wird häufig nicht vorgenommen oder unnötigerweise verschleppt. Da durch Medikamenteneinnahme der Leidensdruck gemildert oder möglicherweise auch vorübergehend aufgehoben wird, verwechselt auch der Betroffene Beschwerdefreiheit mit Gesundung. Damit wird der Erlebniszusammenhang zwischen innerem Erleben und körperlichen Beschwerden nicht mehr erkennbar. Somit chronifiziert erstens die zugrundeliegende Krankheit, zweitens wird durch Langzeitverordnung bzw. durch Langzeiteinnahme von suchtpotenten Psychopharmaka ein Medikamentenmißbrauch mit der möglichen Folge der Medikamentenabhängigkeit induziert.

Der Einfluß von Psychopharmaka auf psychopathologische Symptome

Die Wirkung von Psychopharmaka auf psychische und psychosomatische Störungen ist nicht vergleichbar mit pharmakologischen Wirkungen in der Körpermedizin. Die Symptome der psychopharmakologischen Beeinflussung sind keine eng umschriebenen quantifizierbaren Werte, nach welchen sich Auswahl und Dosierung eines Präparates richten kann, wie das zum Beispiel bei der Regulierung eines erhöhten Blutzuckers oder Blutdrucks der Fall ist (Heimann, 1983).
Behandlungsziele der Psychopharmakatherapie sind pathologische Veränderungen der Wahrnehmung, des Verhaltens, des Erlebens und des Denkens, d.h., es handelt sich um komplexe Größenordnungen, die multikonditional verursacht sind. Das psychopathologische Syndrom ist demnach gemeinsame Endstrecke eines vernetzten Bedingungsgefüges und somit bezieht sich auch die Wirkung und Beurteilung von Psychopharmaka auf komplexe Größen und nicht auf eindeutige Größen, wie zum Beispiel die Körpertemperatur. Auch ist der theoretische Standpunkt des Beurteilers (im allgemeinen der Arzt) von Bedeutung: Mehr naturwissenschaftlich-biologisch Orientierte werden den neurobiologischen Funktionskreisen mehr Beachtung schenken als der psychotherapeutisch Orientierte, der mehr psychogenetische und soziogenetische Faktoren in den Vordergrund rückt.

Über das Mißverständnis, Psychopharmaka seien psychotrop

Psychopharmaka wirken zwar im Sinne einer Beeinflussung der Symptomatik, aber nicht auf individuell spezifische Weise, denn Psychopharmaka wirken über primär neurobiologische Angriffspunkte. Sie sind also neurotrop und wirken nicht unmittelbar auf die Psyche, d.h., sie sind in ihrer Wirksamkeit nicht spezifisch und qualitativ wie quantitativ für den einzelnen Patienten nicht vorherbestimmbar. Die Wirkung bzw. die Therapiebeurteilung ist vielmehr das Resultat eines komplexen somatopsychosoziokulturellen Therapieprozesses (Langer, 1991).
Bei kritischer Beurteilung der Wirkungsweisen von Psychopharmaka ist zu berücksichtigen, daß diese die psychische Störung selbst nicht beeinflussen, sondern deren neurobiologische Grundlagen. Wird zum Beispiel eine Angststörung durch Psychopharmaka gelindert, so ist die erzielte positive Wirkung eine Einwirkung auf die neurobiologischen Bedingungen einer psychischen Störung. Sie eröffnen somit dem Patienten die *Möglichkeiten* einer aktiveren Lebensgestaltung, jedoch gilt es, diese Möglichkeiten zu ergreifen und zu nutzen. Mit anderen Worten, es werden Therapieziele avisiert, welche die eigentliche psychopharmakologische Behandlung übersteigen. Die vielfältigen Verflechtungen der neurobiologischen Ebene mit der psychischen Ebene erlauben demnach keine einfache Dosis-Wirkungs-Beziehung von Psychopharmaka.

Die Bedeutung der Persönlichkeit und situativer Faktoren für die Bewertung von Psychopharmakawirkungen

Psychopharmaka greifen in die psychobiologischen Funktionskreise, insbesondere der Vigilanz, der Emotionalität und des Antriebes ein. Tranquilizer zum Beispiel führen auch bei gesunden Personen zu einer Sedierung. Wie die erreichte Sedierung sich psychisch auswirkt, zum Beispiel hinsichtlich Selbstwerteinschätzung, sozialer Kompetenz, Kommunikationsbereitschaft, Leistungsfähigkeit, ist sehr unterschiedlich; was bei dem einen angenehme Beruhigung darstellt, ist für den anderen eine Einbuße seiner Vitalität.
Weitaus häufiger als bei Medikamenten aus dem Bereich der Organmedizin wird die Einnahme von Psychopharmaka eher von Wünschen und Befürchtungen des Patienten geleitet als von sachlicher oder kritischer Einstellung. Magisches Denken und die Indikationslyrik der Werbung für pharmazeutische Präparate sind ebenfalls wichtige Einflußgrößen.
Welches Präparat für welchen Patienten das geeignetste ist, läßt sich nicht im voraus beantworten, denn abgesehen von der Beeinflussung der neurobiologischen Funktionskreise sind Wünsche und Befürchtungen des Patienten hinsichtlich der Symptomatik, der Stellenwert, den die Erkrankung in der beruflichen und familiären Situation einnimmt, wie auch die Persönlichkeitsstruktur von Bedeutung.

Wirkungsweise von Psychopharmaka. Der Einsatz und die Beurteilung der Wirkung von Psychopharmaka ist rational und kritisch zu überdenken, sollte frei sein von vereinfachenden Vorstellungen und darf sich auch nicht an den unrealistischen Versprechungen der Werbung orientieren. Die wahre Situation der Pharmakotherapie ist keineswegs so, daß sie für jede psychische Störung ein spezifisch wirksames Medikament bereit hält. Die Weltgesundheitsorganisation hat grundsätzlich nur vier Psychopharmaka mit unterschiedlichen Wirkungsweisen anerkannt. Mit Tranquilizern wird eine Beruhigung und Angstauflockerung erreicht, mit antidepressiven Medikamenten Dämpfung und bestenfalls Stimmungsaufhellung. Mit Neuroleptika werden Symptome der Psychosen aus dem schizophrenen Formenkreis zugänglich wie Verfolgungsangst, Halluzinationen, psychomotorische Erregung und Denkstörung. Lithium schließlich verhindert bei manisch depressiven Erkrankungen mit verhältnismäßig großer Zuverlässigkeit Rückfälle. Mehr kann Psychopharmakatherapie nicht. Dies ist jedoch auch nicht wenig.

Hätten Psychopharmaka nicht bestimmte Wirkungsspektren, die auch vom Konsumenten angestrebt werden, würden sie auch nicht mißbräuchlich verwendet. Eine mißbräuchliche Verwendung von wirkstoffreien Medikamenten (Placebos) dürfte sich also nicht beobachten lassen. Diese Annahme ist jedoch falsch. Trotz unterschiedlicher Wirkung bzw. vermeintlicher Wirkung werden viele Medikamente mißbräuchlich benutzt, so daß man daraus schließen könnte, sie besäßen eine gemeinsame Wirkungsqualität, die hierfür verantwortlich sein könnte. Hieraus wird häufig fälschlicherweise auf einen Psychotropismus als Wirkungsqualität, wenigsten der meisten mißbräuchlich angewandten Medikamente, geschlossen. Dagegen läßt sich einwenden, daß viele Psychopharmaka nicht mißbräuchlich eingesetzt werden, beispielsweise potente Antidepressiva und Neuroleptika. Es kann sich also nicht um eine allgemeine Wirkung auf die Psyche handeln (Psychotropismus). Die Entwicklung eines Mißbrauchs wird infolge dessen nicht *allein* durch die Mißbrauchspotenz von Psychopharmaka bedingt sein. Die Mißbrauchsentwicklung kann nur als Prozeß von Wechselwirkungen zwischen Persönlichkeitsfaktoren, den Wirkeigenschaften von Psychopharmaka, den sozialen und kulturellen Umfeldern verstanden werden (Heimann, 1993).

Mißbrauchentwicklung durch Wahrnehmungsveränderung. Psychopharmaka können eine mißbrauchserzeugende Wirkung entfalten, indem sie die kognitive wie emotionale Situation tendenziell so verändern, daß eine Harmonisierung zwischen den individuellen Bestrebungen und den Anforderungen des Umfeldes erfolgt. Durch die Veränderung der Wahrnehmungsfähigkeit der betroffenen Person wird ein Konflikt vermeintlich abgemildert. Arzneimittel mit Wirkungen auf die Wahrnehmungsfähigkeit bleiben infolgedessen hinsichtlich der eigentlichen indikativen Zweckbestimmung wirkungslos, wenn die Person relativ konfliktfrei lebt. Es treten dann eher die unangenehmen Nebenwirkungen in Erscheinung. Wahrnehmungsverändernde Wirkung eines Psychopharmakons bei einer Person, die inneren wie äußeren Spannungen ausgesetzt ist, bedeutet: Abmilderung des Leidensdrucks, aber der Erlebniszusammenhang, der konfliktreichen Situationen zugrundeliegt, wird nicht mehr erkannt.

Manipulative Wahrnehmungsveränderung und Mißbrauchsentwicklung

In die wahrnehmungsverändernde Wirkung von Pharmaka gehen unterschiedliche Faktoren ein, die eine Mißbrauchsentwicklung begünstigen: Als erstes wäre die sogenannte „Haftfähigkeit" eines Medikamentes zu nennen. Die Eignung eines Arzneimittels zur Induktion einer Mißbrauchsentwicklung hängt davon ab, inwiefern die spezifischen Wirkungseigenschaften, die der Konsument erlebt, mit der eigenen Erwartungshaltung bezüglich der Wirkung übereinstimmt. Wenn die erwartete und die erlebte Wirkungsqualität übereinstimmen, können Dauerkonsum und Mißbrauch gebahnt werden. Besonders anzumerken ist in diesem Zusammenhang, daß die individuelle Zuschreibung der Wirkung einer bestimmten Substanz bisweilen wesentlicher ist als die eigentliche Wirkung. Patienten zum Beispiel, die Methadon erhalten, was zu einer Blockierung der Heroin-Rezeptoren führt, berichten dennoch, wie sie durch die trotz Methadon erfolgte Einnahme von Heroin einen besonderen „Kick" bekommen. Versuche mit Placebos weisen in die gleiche Richtung. Solche Beispiele deuten darauf hin, daß die individuell erlebte Wirkung von der inneren Welt der Person abhängig sein muß.

Ein weiterer wichtiger begünstigender Faktor hinsichtlich einer Mißbrauchsentwicklung ist das Alter. Bei jungen Menschen sind die Entwicklungsaufgaben drängender als bei älteren Menschen, wobei erstere noch wenig erlernte Anpassungsmuster an das soziale Umfeld besitzen. Dadurch entstehen häufig zeitüberdauernde spannungsreiche Konfliktsituationen, die die innere Verarbeitungskapazität überschreiten. Hieraus erklärt sich die aktuell drastische Entwicklung von Medikamentenmißbrauch bei Jugendlichen (s. Kap. 6.3), die in einer besonders spannungsreichen und widersprüchlichen Epoche ihre Entwicklungsaufgaben lösen müssen.

Dauerkonsum und Substanzmißbrauch sind auch lerntheoretisch zu begründen: Wird durch ein Medikament die persönliche Konfliktlage entschärft oder gar aufgehoben, erhält das Medikament abgesehen von seiner pharmakologischen Wirkung noch zusätzlich einen Verstärkungscharakter, d.h., Betroffene lernen, daß die Einnahme des Medikamentes Unlustzustände beseitigt, was die Einnahmetendenz wiederum verstärkt.

Ein weiterer wichtiger Faktor des Mißbrauchspotentials von Psychopharmaka sind die sogenannten pharmakokinetischen Faktoren. Schnelle Anflutung in das zentrale Nervensystem und kurze Eliminationshalbwertzeiten (Wirkungsdauer) sind pharmakokinetische Faktoren, die zu einer Bevorzugung eines Arzneimittels bei einer Mißbrauchsentwicklung führen. Eine enge zeitliche Korrelation zwischen Einnahme und der fühlbaren Wirkung eines Psychopharmakons verstärkt das subjektive Erleben und führt zu einem gewünschten Entlastungseffekt und konditioniert die Einnahme von Medikamenten in Konfliktsituationen durch die Wiederholung der Erfahrung der erwünschten Wirkung. Kurze Eliminationshalbwertzeiten führen zu einem raschen Nachlassen der Wirkung, was wiederum erneuten Zugriff auf das Medikament fördert. Schnelle Anflutung und kurze Halbwertszeiten führen somit zu Einnahmewiederholungen. Insbesondere Tranquilizer aus der Benzodiazepingruppe, die schnell anfluten, viel Wirkstoff pro Tablette beinhalten und rasch abfluten wie Lorazepam (Tavor®), Bromazepam (Lexotanil®) oder Flunitrazepam (Rohypnol®), führen rascher zu einem Mißbrauch als Benzodiazepine mit langsamer Anflutungszeit und hoher Halbwertszeit.

Dennoch ist es trotz aller bekannten Einflußfaktoren auf eine Mißbrauchsentwicklung nicht möglich zu prognostizieren, zu welchem Zeitpunkt eine Person den kritischen Wendepunkt der noch kontrollierten Befindlichkeitsmanipulation zur abhängigkeitsrelevanten Hilflosigkeit überschreitet.

Substanzgruppen mit Mißbrauchspotential

- **Tranquilizer vom Benzodiazepintyp.** Die wichtigsten pharmakologischen Wirkungen und ihre therapeutischen Anwendungen sind Angstlösung, Antikonfliktwirkungen und Enthemmungen gewisser Verhaltensweisen bei Ängsten, ängstlichen Depressionen und neurotischen Hemmungen, schlafanstoßende Wirkungen bei Schlafstörungen, zentral dämpfende Wirkungen bei psychischen Reizen („Streß") und bei sogenannter vegetativer Übersteuerung (psychosomatische Störungen im erweiterten Sinne). Die zentrale Verminderung des Skelettmuskeltonus bei somatisch bedingten und psychogenen Muskelspasmen und die antikonvulsive Wirkung bei den verschiedenen Formen der Anfallsleiden sind als weitere Wirkung zu nennen.
  Zu unterscheiden sind sogenannte Benzodiazepinhypnotika (z.B. Rohypnol®, Dalmadorm®, Noctamid®, Halcion®) und die Benzodiazepintranquilizer (Beruhigungsmittel, wie z.B. Lexotanil®, Normoc®, Tafil®, Frisium®, Valium®, Adumbran®, Demetrin®). Aufgrund ihrer außerordentlich weiten Verbreitung ist der Benzodiazepinmißbrauch die zweitgrößte Mißbrauchssubstanzklasse in der Bundesrepublik nach dem Alkohol. Die genannten Arzneimittel sind alle rezeptpflichtig, so daß davon auszugehen ist, daß der Mißbrauch von Ärzten induziert wird, wenn eine zu häufige und zu lange Verordnung erfolgt. Hinzu kommt noch der individuelle Fehlgebrauch der Patienten mit Dosiserhöhung über lange Zeiträume hinweg. Darüber hinaus wird meist die indikative Zweckbestimmung ausgeweitet. Der Dauergebrauch führt auch schnell zu einer Abhängigkeit, die beim Reduzieren oder Absetzen des Medikamentes zu Entzugserscheinungen führt, was wiederum zur erneuten Einnahme führte, um Entzugserscheinungen vorzubeugen (Entzugsvermeidungsverhalten).

- **Barbiturate (Hypnotika).** Die Barbiturate (z.B. Vesperax mite®, Medinox Mono®, Neodorm®) sind fast gänzlich von den Benzodiazepinen verdrängt worden und spielen nur noch eine untergeordnete Rolle als Schlafmittel. Nicht unerwähnt bleiben soll die barbituratähnliche Substanz Chlomethiazol (Distraneurin®), die häufig von Alkoholabhängigen mißbräuchlich verwandt wird. Die Medikamente haben ein hohes Mißbrauchspotential, führen rasch zur Gewöhnung und beim Absetzen zu Entzugssymptomen wie Schlafstörungen, Angstgefühle, Zittern, Unruhezuständen, Pulsbeschleunigung, Krampfanfälle.

- **Amphetamine (Psychostimulanzien).** Substanzen aus der Amphetamingruppe wie z.B. Captagon®, AN1®, Tradon®, Antiadipositum X 112®, Mirapront N®, Recatol N® werden häufig von Frauen mit oder ohne Eßstörung als Appetitzügler mißbraucht. Darüber hinaus beseitigen diese Substanzen das Schlafbedürfnis und wirken euphorisch. Längerer Mißbrauch kann u.a. zu paranoid-halluzinatorischen Symptomen führen.

- **Analgetika.** Chronische Schmerzen sind das häufigste Symptom, warum Patienten ein Schmerzmittel einnehmen, wobei der chronische Rückenschmerz und der chronische Kopfschmerz die häufigsten Schmerzformen darstellen und nicht selten zu einer Langzeitbeeinträchtigung führen. Der chronisch Schmerzkranke wird häufig unzufrieden, entwickelt Ängste, wird leistungsunfähiger und zieht sich aus dem sozialen Leben mehr und mehr zurück. Bei dem Versuch, der Schmerzen Herr zu werden, greift der chronisch Schmerzkranke zu einem Heilmittel, welches Schmerzfreiheit verspricht, was häufig in eine mißbräuchliche Selbstmedikation übergeht.

- **Stark wirksame Schmerzmittel (Opioide).** Stark wirksame Analgetika sind das Morphin und seine Derivate (z.B. Dilaudid®, Temgesic®, Dolantin®, Valeron N®). Sie haben alle ein erhebliches Mißbrauchspotential und führen rasch in die Abhängigkeit.
- **Schwach bis mittelstark wirksame Analgetika.** Analgetika dieser Gruppe sind als Monopräparate mit dem Wirkstoff Acetylsalicylsäure (z.B. Aspirin®), Paracetamol (ben-u-ron®), jedoch überwiegend als sogenannte Kombinationspräparate im Handel, wobei hier Analgetikakombinationen mit Coffein (z.B. Neuralgin N®, Thomapyrin®, Melabon N®, Fineural N®) und mit Codein (z.B. Dolviran®, Dolomo TN®, Mega-Dolor®, Azur Compositum®) vorrangig sind. Kombinationsschmerzmittel sind nach wie vor die „Hits" in der Selbstmedikation. Die Schmerzhemmer beheben nicht die Ursache des Leidens, sondern überdecken diese allenfalls. Dennoch ist offensichtlich die Verlockung groß, die lästigen Symptome chemisch zu bekämpfen. Die sogenannten „schnellen Helfer" können mitunter fatale Folgen haben, wie z.B. Magen- und Zwölffingerdarmgeschwüre, Bluthochdruck, asthmatische Erkrankungen, Nierenfunktionsstörungen und schmerzmittelinduzierte Kopfschmerzen bei chronischen Kopfschmerzpatienten.

- **Laxantien/Diuretika.** Bei Frauen mit Eßstörungen (Bulimia/Anorexia nervosa) werden Abführmittel (z.B. Dulcolax®) und harntreibende Substanzen (z.B. Lasix®) häufig indikationswidrig verwandt. Ziel der Einnahme ist nicht eine psychische Manipulation, sondern die Manipulation einer Körperfunktion. Das Ziel ist, einer realen Gewichtszunahme oder einer Angst vor der Gewichtszunahme oder nur subjektiv wahrgenommenen Gewichtszunahme entgegenzuwirken. Diese Substanzen führen häufig zu einer Erniedrigung des Kaliumspiegels, was zu einer chronischen Obstipation führen kann, was wiederum die Einnahme von Laxantien begünstigt. Für die Fortsetzung der obengenannten Einnahme von Arzneimittel ist auch die physiologische Gegenregulation nach Wirkungsende von Bedeutung. Nach Abklingen der Diuretikawirkung kommt es zur Ödembildung, nach Absetzen der Laxantien zur Obstipation, was wiederum zur erneuten Einnahme führt.

Selbstmedikation

Definition. Unter Selbstmedikation wird das eigenverantwortliche Behandeln von körperlichen Krankheiten oder Befindlichkeitsstörungen mit frei verkäuflichen, nicht rezeptpflichtigen Arzneimitteln verstanden. Der Markt, der im Rahmen der Selbstmedikation erworbenen Präparate umfaßt dabei alle frei verkäuflichen Arzneimittel, die zum Verkauf außerhalb von Apotheken zugelassen sind, sowie die apothekenpflichtigen Arzneimittel, die nicht der Verschreibungspflicht unterliegen. Zur Selbstmedikation ist der Anteil von Arzneimitteln hinzuzurechnen, der über sogenannte Wunschverschreibungen von Ärzten auf Kosten der gesetzlichen Krankenversicherung als sogenannte getarnte Selbstmedikation entsteht.

Daten zur Selbstmedikation. Verschiedene Untersuchungen (Winkelmann, 1988) weisen nach, daß der größte Teil der subjektiv empfundenen Beschwerden zuerst einer Selbstbehandlung zugeführt wird, meistens über Arzneimittel, und daß ca. 90% der Bevölkerung Arzneimittel zur Linderung bei Krankheiten für unverzichtbar erachten.

Die rezeptfrei verordneten (Apotheken), die rezeptfrei selbst bezahlten (Apotheken) und die frei verkäuflichen selbstbezahlten Arzneimittel (Drogerien, Verbrauchermärkte, Reformhäuser) stellen insgesamt ein DM-Volumen von 16 Milliarden dar. Die rezeptpflichtigen Verschreibungen machen ein Volumen von 30,4 Milliarden DM aus. Die im Rahmen der Selbstmedikation über den Ladentisch ausgegebenen Packungen stellen eine Größenordnung von 1.053 Millionen Packungen dar, die rezeptpflichtigen Arzneimittel stellen eine Größenordnung von 676 Millionen Packungen dar.

Unter den meistverkauften Arzneimitteln in der BRD (1996/1997) finden sich Arzneimittel aus dem Bereich der Selbstmedikation. Die Umsatzspitze halten rezeptfreie Schmerzmittel, Grippe- und Erkältungsmittel, es schließen sich an Vitamine und Mineralstoffe, Arzneimittel gegen Hauterkrankungen, Abführmittel und sogenannte Stärkungsmittel (Glaeske, 1997).

Die Einstellung der Bevölkerung zur Selbstmedikation. Selbstmedikation im Sinne der Selbstbehandlung wird insbesondere von Personen angewandt, die in bestimmten Situationen Beschwerden haben oder häufig unter Beschwerden leiden, denen sie keinen allzu großen ängstigenden Krankheitswert zumessen. Insbesondere die Beschwerdebereiche Kopfschmerzen, Schlafstörungen, Unruhezustände, Verdauungsbeschwerden, Niedergeschlagenheit unterliegen der Selbstmedikation. Als Ursachen für die genannten Beschwerden vermuten die Betroffenen in erster Linie Berufsbelastungen, allgemeine Streßeinflüsse, Umwelteinflüsse, Ärger, Unzufriedenheit, Ernährungsgewohnheiten und Alterserscheinungen. Der Anteil der Arzneimittel, die gegen psychosomatische Störungen im weiteren Sinne eingenommen wurden, ist dominierend. Arzneimittel werden also nicht nur bei Krankheiten, sondern auch als Bewältigungsversuch für den Alltag im Sinne von „Dopingmitteln" angewandt. Die Konsumenten entziehen sich somit einer notwendigen psychotherapeutischen Behandlung, weil Beschwerdelinderung oder Beschwerdefreiheit mit Gesundheit verwechselt wird.

Selbstmedikation und ihre Einflußfaktoren. Für die zunehmende Selbstmedikation sind unterschiedliche Faktoren mit unterschiedlicher Gewichtung von Bedeutung. Der gesellschaftspolitische Trend Hilfe zur Selbsthilfe ist in diesem Zusammenhang wichtig. Selbstmedikation wird aus Sicht der Apotheken gefördert, da sie u.a. davon leben und Apotheker ihr berufliches Selbstverständnis als kompetente Berater in Gesundheitsfragen realisieren können. Nicht zuletzt führt auch die Arzneimittelbudgetierung dazu, daß immer weniger Medikamente von ärztlicher Seite verschrieben werden.

Als eigentliche Protagonisten der Selbstmedikation gilt sicher die pharmazeutische Industrie, die unter anderem suggeriert, daß durch Selbstmedikation eigenverantwortliches Handeln gefördert und übertriebene Anspruchshaltung im System der sozialen Sicherung abgebaut werden könne.

Medikamente sind aber auch in vielen Fällen längst kein Heilmittel mehr, sondern zu einer Art Gebrauchsgegenstand geworden, ohne den ein hoher Prozentsatz der Bevölkerung nicht mehr auskommt oder glaubt, nicht mehr auszukommen, unabhängig davon, ob nun eine ärztliche Behandlung stattfindet oder nicht. Die intensive Laienwerbung durch die pharmazeutische Industrie suggeriert, daß über Medikamente ein neues Lebensgefühl und eine bessere Lebensqualität zu erreichen seien, wobei hier nicht mehr nur Krankheiten oder Befindensstörungen im Vordergrund stehen, sondern sogenannte „Life style"-Ansprüche. Zu den fragwürdigen Gebrauchsnutzen vieler Medikamente treten Faktoren hinzu, die im Unbewußten des Verbrauchers wirken, um den Arzneimittelkonsum zu steigern und zu lenken. Das Arzneimittel ist für den Konsumenten nicht nur ein zu jeder Zeit verfügbares Produkt mit einer definierten Zielsetzung, nämlich bestimmte Wirkungen zu erreichen, die an die rein stoffliche Wirkung gebunden sind. Das Arzneimittel ist vielmehr mit Bedeutungsgehalten ausgestattet, die häufig symbolischen Charakter haben, falsche Hoffnungen wecken, also insgesamt irrationalen Charakter haben, die für den Verbraucher nicht mehr zu durchschauen sind.

Der Arzneimittelkonsument und der Gebrauchswert

Vom Standpunkt des Konsumenten aus verwirklicht sich der Gebrauchswert der Ware Arzneimittel in der Befriedigung der Bedürfnisse, die ihm den Arzneimittelgebrauch sinnvoll erscheinen lassen. Diese Bedürfnisse sind einerseits dem somatischen, und andererseits dem psychosozialen Bereich zuzuordnen.

Dem somatischen Bereich zuzuordnende Bedürfnisse sind zum Beispiel:

- die Beseitigung organisch begründbarer Symptome wie Schmerzen, Fieber, Brechreiz etc.,
- die Substitution körpereigener Stoffe wie Vitamine, Hormone,
- die Abwehr von Krankheitserregern.

Dem psychosozialen Bereich zuzuordnende Bedürfnisse sind zum Beispiel:

- die Abwehr von Ängsten und Depressionen,
- die Abwehr oder Verminderung schwer erträglicher Lebensbedingungen wie Einsamkeit, Isolation, Überforderung, schwere körperliche Erkrankungen,
- die Anpassung an verinnerlichte Normen oder Erwartungen der Umwelt,
- die Suche nach einer Substanz, auf die sich die Hoffnungen auf ein langes Leben, Gesundheit oder Glück übertragen lassen.

In den Gebrauchswert eines Arzneimittels gehen demnach einerseits die Erwartungen des potentiellen Konsumenten ein, andererseits aber auch – was sich dann wechselseitig bedingt – die Gebrauchswertversprechungen, besonders deutlich in den Werbeaussagen (Haug, 1973). Die Werbung erlangt dadurch die Funktion, neue Bedeutungen einzuführen, um Konsumwünsche zu erhöhen und in eine gewünschte Richtung zu lenken, d.h., es werden Befriedigungen versprochen, die den Verbrauch lohnend und sinnvoll erscheinen lassen (Gutjahr, 1972). Je weniger der potentielle Konsument in der Lage ist, seine psychischen und sozialen Probleme durch eigene Ressourcen zu bewältigen, desto mehr werden für ihn irrationale Vorstellungen im Sinne der Gebrauchswertversprechungen eine Rolle spielen. Auf diese Weise gewinnen Arzneimittel, auch wenn für diese medizinisch begründete Indikationen bestehen, unter Umständen für den Anwender geheimnisvolle Kräfte. Der Lebensbewältigungsversuch mittels Medikamenten ist magisch aufgeladen und führt meist zu Illusionen, die der Konsument für objektiv erreichbar hält.

Der Einfluß der Werbung. Ein Großteil der Arzneimittel wird marktgerecht auf die Bedürfnisse des Konsumenten konzipiert, um den Gebrauch als angenehm, risikolos, bequem, natürlich und selbstverständlich erscheinen zu lassen. Besonderen Wert legt man auf Gebrauchswertversprechen, die jedoch den bloßen Schein zum Wirkungsprinzip erheben. Zur Reintegration in das psychosoziale Umfeld wird getextet: Arzneimittel machen überlegen, stärken das Selbstvertrauen, schenken Lebensfreude, lösen Alltagsprobleme und anderes mehr. Für erhöhte Vitalität und Leistungsfähigkeit wird angepriesen: Sie kaufen Energie, fühlen sich lebendiger, immer in Form, Überstunden machen mir nichts mehr aus. Für Entspannung und Wohlbefinden wird versprochen: Wirkt beruhigend, entkrampfend, schafft Abstand von der Hektik, macht wieder frisch, wie neu geboren, weckt die Lebensgeister. Die Indikationslyrik kennt keine Grenzen, transportiert falsche Fakten, stellte irreführende Kausalitäten und Verbindungen her. In Abführmittelanzeigen zum Beispiel werden Frauen dazu angehalten, den täglichen Stuhlgang durch ein Laxanz zu regulieren, da regelmäßige Verdauung für eine gute Stimmung, Wohlbefinden und gute Laune sorgen soll. Schmerzmittel sind nicht nur gegen das Symptom gerichtet, sondern versprechen auch Entspannung und Erfrischung. Als Schmerzursachen werden zuviel Alkohol, zuviel Nikotin, Wetterfühligkeit genannt und zu einem erfrischenden analgetischen Trunk aufgefordert. Schmerzmittel helfen angeblich auch bei allgemeiner Abgeschlagenheit, und wenn die analgetische Substanz nicht ausreicht, macht Vitamin C wieder frisch. Die Anzeigenprofile belegen, wie die Werbetexter von Arzneimittelgruppen, die auch ein hohes Mißbrauchspotential haben, ein Gebrauchswertversprechen hinzufügen, das über den tatsächlichen Gebrauchsnutzen weit hinausgeht. Dadurch, daß falsches Bewußtsein erzeugt und Konsumhaltung provoziert wird, verringert sich die Chance für Aufklärung und sinnvolles Handeln und es wird der Weg zum Mißbrauch geebnet.

1.3 Verbreitung psychoaktiver Substanzen

Alkohol

Alkohol ist eine Volksdroge: Der Pro-Kopf-Konsum an reinem Alkohol liegt in der Bundesrepublik derzeit bei 11 l pro Jahr. Aus allen Berechnungen über Trinkmengen und Häufigkeiten ergibt sich einer mittlerer täglicher Konsum von reinem Alkohol von 30 g (ca. 1 Liter Bier oder ½ l Weißwein) für Männer und 15 g für Frauen. 13% der Männer haben einen mittleren Tageskonsum von mehr als 60 g, 7% der Frauen einen mittleren Tageskonsum von mehr als 40 g Alkohol, was als gesundheitsgefährdend anzusehen ist. Die Folgen des weit verbreiteten Konsums der Droge Alkohol sind bekannt: Ca. 2 ½ bis 3 Millionen Bundesbürger sind alkoholkrank, rund 350.000 bis 400.000 Menschen sterben jährlich an den organischen Folgeerkrankungen, die Hälfte der Verkehrstoten geht auf das Konto „Alkohol am Steuer"; die wirtschaftlichen Folgekosten sollen sich auf ca. 30 Milliarden DM belaufen (Breitenacher, 1997).

Medikamente

Medikamente mit Suchtpotential nehmen neben dem Alkohol eine hervorstechende Rolle im Substanzenspektrum ein. Diese Arzneimittel machten 1994 rund 2 Milliarden aller innerhalb der gesetzlichen Krankenversicherung verordneten 29 Milliarden Tagesdosierungen aus (Glaeske, 1997). Davon werden 40%, das entspricht 800 Millionen Tagesdosierungen, nicht wegen akuter Beschwerden, sondern langfristig verordnet und setzen somit einen Suchtmechanismus in Gang. Zu diesen psychotropen (und rezeptpflichtigen) Medikamenten gehören: Tranquilizer vom Benzodiazepintyp, zentral wirksame Analgetika (Opiate), codeinhaltige und coffeinhaltige Medikamente (Hustenmittel, Kombinationsanalgetika), Psychostimulanzien. Aus dem Konsumverhalten der Bevölkerung an Medikamenten ergeben sich alarmierende Zahlen: 6% der erwachsenen Bevölkerung nehmen täglich Schmerzmittel ein, 7% der Bevölkerung Schlaf- bzw. Beruhigungsmittel. Diese Zahlen lassen auf eine geschätzte Größe von ca. 3 Millionen Medikamentenabhängigen schließen. Dabei sind suchtpotente Stoffe wie amphetaminhaltige Appetitzügler noch nicht berücksichtigt. Von den verordnungspflichtigen Arzneimitteln haben ca. 5% ein Suchtpotential. Hierzu gehören in erster Linie die Schlaf- und Beruhigungsmittel vom Benzodiazepin- bzw. Barbituratsäuretypus, zentral wirksame Analgetika, codeinhaltige Medikamente, coffeinhaltige analgetische Kombinationspräparate und Psychostimulanzien. Der Umsatz verschreibungspflichtiger und frei verkäuflicher psychotroper Medikamente, der von pharmazeutischer Industrie, Apotheken, Drogerien und Verbrauchermärkten erzielt wurde, betrug im Jahr 1995 46 Milliarden DM. Den Löwenanteil darin machen Schlaf- und Beruhigungsmittel aus, gefolgt von Schmerzmitteln, wobei die Kombinationsanalgetika mit Coffeinanteil vorne liegen. Die Zahlen verdeutlichen die Brisanz des Medikamentenproblems und verweisen auf die Dringlichkeit diagnostischer und therapeutischer Anstrengungen.

1.4 Ein bio-psycho-soziales Erklärungsmodell des Alkohol- und Medikamentenmißbrauchs

Die Mehrebenenbetrachtung eines bio-psychosozialen Modells (Engel, 1977) eignet sich besonders, die Rolle des Alkohol- bzw. Medikamentenmißbrauchs in der individuellen Streßbewältigungsreaktion zu verstehen. Dieses Modell verwirft das traditionelle medizinische Krankheitsmodell von einer Ursache-Wirkungs-Relation und setzt die Funktionalität in den Fokus anstelle der Kausalität. Die Funktionalität des Verhaltens wird auf drei Ebenen betrachtet: Auf der physiologisch-biologischen Ebene, auf der kognitiv-emotionalen Ebene und schließlich auf der sozial-interaktiven Verhaltensebene. Gerade der Alkohol- und Medikamentenmißbrauch hat als Streßbewältigungsstrategie funktionale Verflechtungen auf allen drei Ebenen.

Biologische Faktoren. Für die Entwicklung eines fortgesetzten Konsums psychotroper Substanzen, wie dem Alkohol und entsprechend der Medikamente, spielen in unterschiedlicher Weise eine Reihe biologischer Faktoren eine bedeutende Rolle. Für den Alkoholmißbrauch scheint es eine genetische Vulnerabilität zu geben, wie aus Familien-, Adoptionsstudien und Zwillingsuntersuchungen abzulesen ist. Ähnliches gilt auch für die alkoholischen organischen Folgeschäden.
Sowohl durch akuten wie auch chronischen Alkohol- bzw. Medikamentenkonsum werden auf sehr komplexe Weise neuro- und molekularbiologische Veränderungen auf bestimmte Transmittersysteme (Endorphin-, Dopamin-, GABA-, Serotonin-, Katecholaminsysteme u.a.m.) hervorgerufen. Die jeweilige Veränderung auf den Organismus ist individuell sehr unterschiedlich, ebenso wie die u.a. dadurch hervorgerufenen Wirkungseffekte. Aber auch die Persönlichkeitsorganisation, die subjektiven Erwartungen der Person und die Handlungsanforderung durch die Umwelt moderieren als kognitive bzw. soziale Faktoren die Wirkung des Alkohols und auch des Medikaments.

Psychische Faktoren. Dies führt direkt zu der Rolle kognitiver Schemata bei der Erklärung des Alkohol- und Medikamentenmißbrauchs. Dysfunktionale, beispielsweise das narzißtische Gleichgewicht ungünstig regulierende Kognitionen, die depressogen wirken, können durch den Einsatz von Alkohol bzw. Medikamenten gemildert werden. Ebenso werden unangemessen erlebte Affekte, beispielsweise Trauer oder auch Wut, durch den Konsum von Suchtmitteln verändert, wieder nicht in einer unilinearen Weise, sondern abhängig dadurch, welche Erwartungen und Wünsche die Person an die Wirkung hat. Diese Erwartungen an die Wirkung des Suchtmittels in den belastenden Situationen gehen einher mit ebenfalls kognitiv gesteuerten Prozessen wie der situationalen Entschlüsselung, die abhängig ist von der sozialen Kompetenz bzw. der sozialen Differenzierungsfähigkeit des Betroffenen. Schließlich wird die erlebte Kontrollkompetenz, d.h. die subjektiv attribuierte Fähigkeit, eigengesteckte Ziele auch erreichen zu können, durch Alkohol und Medikamente verändert. Jeder dieser kognitiv-emotionalen Prozesse kann durch Alkohol bzw. Medikamente kurzfristig in erwünschter Weise beeinflußt werden. Aus diesem Blickwinkel eröffnet sich das ganze Spektrum der kognitiven Erklärungsmodelle und der kognitiven Therapiemöglichkeiten für die Behandlung des Mißbrauchs von Alkohol und Medikamenten.

Soziale Faktoren. Die soziale Dimension berücksichtigt, daß wir stets im Austausch mit anderen leben und Konflikte mit anderen sehr belastend sein können. Dabei spielt die Art und Weise, wie die soziale Welt wahrgenommen und interpretiert wird, eine entscheidende Rolle, die durch Alkohol- bzw. Medikamentenkonsum stark verändert werden kann. Unter dem Einfluß dieser Suchtmittel kann die innere Repräsentanz der bedeutsamen Interaktionspartner und die Selbstwahrnehmung im sozialen Konflikt vorübergehend in einem gänzlich anderen Licht erscheinen als in nüchternem Zustand. Auch hier wirken überdauernde innere Einstellungen oder kognitive Entschlüsselungen einer Situation im Hintergrund bereits mit.

Auf der Verhaltensebene können durch die Einnahme des Suchtmittels Verhaltensdefizite gewissermaßen überspielt werden: Depressiver Rückzug, Angstvermeidungsverhalten, dysfunktionales Verhalten in Leistungs- und Anforderungssituationen werden möglicherweise kurzfristig durch die Suchtmittelwirkung in einem erwünschten Sinne eher abgemildert werden als ohne Alkohol bzw. Medikamente – dies natürlich nur im Rahmen des Kompetenzspektrums und zum Preis der bekannten Nebenwirkungen. Auf diesem Hintergrund werden Alkohol oder Medikamente zu einer Substanz, durch die das Individuum dem so wichtigen Gleichgewicht zwischen Anforderungen der Umwelt oder der Innenwelt und der Fähigkeit, diese Anforderungen zu bewältigen, näherrücken kann.
Alkohol- und Medikamentenmißbrauch wird aus diesem Blickwinkel nicht ausschließlich zu einem zu beseitigenden Problembereich oder Symptom, sondern erscheint als komplexes Produkt fehlgelaufener Bewältigungsversuche, die im untauglichen Selbstheilungsversuch „Alkohol- oder Medikamentenmißbrauch" gipfeln. Diese Perspektive umreißt auch die therapeutische Herausforderung, nämlich den individuellen Beitrag des Alkohol- oder Medikamentenkonsums zur Problemlösung zu analysieren und funktionelle Alternativen im Sinn der Bereicherung des individuellen Streßbewältigungsrepertoires zu erarbeiten.

1.5 Merkmale der Zielgruppe am Beispiel psychosomatisch Kranker

Auf Initiative von vier psychosomatischen Kliniken (Bad Dürkheim, Bad Pyrmont, Berus, Münchwies) wurden 1994 bislang nicht verfügbare Informationen über eine große Zahl des Patientengutes psychosomatischer Kliniken zusammengestellt (Broda et al., 1994). Die psychosomatische Fachklinik Münchwies übernahm es, die Patientengruppe der psychosomatisch Kranken mit Alkohol- und Medikamentenproblemen nach relevanten Merkmalen zu beschreiben. Wie die Auswertung der Basisdokumentationen (Zielke, 1994) der vier psychosomatischen Fachkliniken zeigte, haben fast ein Viertel von über 11.000 Patienten neben körperlichen bzw. psychischen Beschwerden behandlungsbedürftige Probleme mit Medikamenten bzw. Alkohol im Sinn eines Suchtmittelmißbrauches, nicht einer manifesten Abhängigkeit (Schuhler & Jahrreiss, 1996). Die Beschreibung dieser Patientengruppe erfolgt nach den Merkmalen: Alter, Geschlecht, Multimorbidität, Chronifizierung, Arbeitsunfähigkeit, Berufstätigkeit, Kritische Lebensereignisse, Rentenverfahren.

Alter

Patienten mit Alkohol- bzw. Medikamentenproblemen sind bei Klinikeintritt älter als die Patienten der psychosomatischen Abteilungen ohne Suchtmittelprobleme. Es handelt sich vorwiegend um Patienten im mittleren Erwachsenenalter um 40 Jahre. Offensichtlich kann durch den untauglichen Selbstheilungsversuch Suchtmittel eine stationäre Behandlung zumindest kurzfristig verzögert werden. Allerdings zu dem Preis, daß sich ein multimorbides Beschwerdebild entwickelt, das dann besonderer therapeutischer Maßnahmen bedarf.

Geschlecht

Bezüglich der Geschlechtsverteilung zeigt sich, daß bei Männern deutlich häufiger Alkoholprobleme vorliegen als bei Frauen. Im Geschlechtervergleich überwiegen bei Frauen die Medikamentenprobleme.

Multimorbidität

Psychische Störungen. Das Beschwerdebild von Patienten mit Alkohol- bzw. Medikamentenproblemen stellt sich komplex und vielschichtig dar: Zusätzlich zu dem Suchtmittelmißbrauch werden bei der Patientengruppe in erster Linie neurotische Erkrankungen diagnostiziert, vor allem die depressive Neurose, gefolgt von funktionellen Störungen, längerdauernden depressiven Reaktionen und Persönlichkeitsstörungen. Patienten ohne Suchtmittelprobleme weisen eine ähnliche Diagnosenverteilung im Spektrum der psychiatrischen Erkrankungen auf. Die Multimorbidität der Patientengruppe mit Suchtmittelmißbrauch erstreckt sich allerdings nicht nur auf das psychiatrische Spektrum, etwa durch die Diagnosen „depressive Neurose", „funktionelle Störungen" und „Suchtmittelmißbrauch", sondern zusätzlich sind diese Patienten in der Regel durch somatische Krankheitsbilder besonders belastet: Hinsichtlich der somatischen Diagnosen unterscheiden sich Patienten mit Suchtmittelmißbrauch nämlich von Patienten ohne einen solchen Mißbrauch durch häufigere Erkrankungen der Verdauungsorgane, vor allem „chronische Leberkrankheit" (ICD 571), Stoffwechselerkrankungen (ICD 240–279) sowie Erkrankungen des Skelett- und Muskelsystems (ICD 710–739).

Fast jeder zweite der psychosomatisch gestörten Patienten mit Suchtmittelmißbrauch wurde bereits mehrfach in Akutkrankenhäusern behandelt, während dies bei ausschließlich psychosomatisch gestörten Patienten in nur 36% der Fälle erfolgte. Die Häufung von Krankenhausaufenthalten ist dann kritisch zu bewerten, wenn bedacht wird, daß das Beschwerdebild durch psychiatrische Erkrankungen mitgeprägt ist, die durch Aufenthalte in somatisch orientierten Krankenhäusern nicht behandelt werden können.

Organische Erkrankungen. Die frühzeitige Behandlung des Alkohol- und Medikamentenmißbrauchs stellt sich auch hinsichtlich der künftigen Entwicklung des körperlichen Beschwerdebilds als besonders dringlich dar. So weisen in 40% aller Fälle die über 45jährigen Patienten mit Suchtmittelmißbrauch sowohl ein organisches als auch ein psychiatrisches Leiden auf, während nur ein Drittel der ausschließlich psychosomatisch gestörten Patienten über 45 Jahre sowohl eine organische als auch eine psychiatrische Diagnose erhalten. Die besonders kritische Entwicklung vollzieht sich bei Patienten mit Suchtmittelmißbrauch offensichtlich ab Mitte des 3. Lebensjahrzehnts. Während im frühen Erwachsenenalter die Multimorbidität bei Suchtmittelmißbrauchspatienten geringer ausgeprägt ist als bei rein psychosomatisch gestörten Patienten, steigt die Multimorbiditätskurve in der weiteren Entwicklung steil nach oben. Bei Patienten mit Suchtmittelmißbrauch zeichnet sich kein „Altersplateau" ab wie bei rein psychosomatisch gestörten Patienten zwischen 35 und 45 Jahren, die in diesem Lebensjahrzehnt offensichtlich gegen eine Zunahme der Multimorbidität resistent sind – erst nach dem 45. Lebensjahr werden die Beschwerdebilder auch bei rein psychosomatisch gestörten Patienten wieder gravierender.

Der Zeitpunkt der therapeutischen Intervention, die sich konzentriert auf den Suchtmittelmißbrauch richtet, ist also von entscheidender Bedeutung: Je früher ein Stop der Mißbrauchsentwicklung gelingt, um so drastischere Spätfolgen können abgewendet werden. Ab einer gewissen Altersgrenze müssen offensichtlich besondere therapeutische Anstrengungen unternommen werden, um dem komplexen und multimorbiden Beschwerdebild noch gerecht werden zu können. Entscheidend ist eine Früherkennung des Suchtmittelmißbrauchs.

Chronifizierung

Der Zeitpunkt der Erstmanifestation liegt bei Patienten mit Suchtmittelmißbrauch länger zurück: Die Erkrankungsdauer ist mit mehr als acht Jahren um 1,5 Jahre länger als die der Patienten ohne Suchtmittelmißbrauch.

Die stationäre Behandlung psychosomatischer Beschwerdebilder, die mit einem Suchtmittelmißbrauch verbunden sind, wird entsprechend nicht nur durch die Multimorbidität der Erkrankung kompliziert, sondern wesentlich auch durch die lange Erkrankungsdauer. Ambulante fehlgeschlagene Behandlungsversuche, nicht rechtzeitig gestellte Diagnosen in der Vergangenheit, aber auch die schwache Therapiemotivation der Patienten dürften die Ursache für die lange Chronifizierung der Erkrankung sein.

Kritische Lebensereignisse

Patienten mit Alkohol- und Medikamentenproblemen sind häufiger kritischen Lebensereignissen im Rahmen der Familie und der Partnerschaft ausgesetzt als Patienten ohne Suchtmittelprobleme. Trennung, Scheidung und gescheiterte Partnerschaften gehören zu den häufigsten Komplikationen im familiären Bereich bei Patienten mit Alkohol- und Medikamentenproblemen. Geringes Selbstvertrauen, eingeschränkte Belastbarkeit und Schwächen in der Frustrationstoleranz zählen zu den typischen Problembereichen der Patientengruppe, die auch nahe Bindungen labilisieren. Dazu kommen in der Regel Defizite in der sozialen Kompetenz, die sich auf Partnerschaften ungünstig auswirken. Therapeutische Programme müssen deshalb diese Bereiche besonders berücksichtigen, weil familiäre Probleme auch immer wieder Auslöser für Problemtrinken oder kritischen Medikamentenkonsum sind.

Besonders ausgeprägt ist der Suchtmittelkonsum bei den Anpassungsstörungen, vor allem bei der längerdauernden depressiven Reaktion. Alkohol oder Medikamente werden von Patienten mit dieser Diagnose als Selbstheilungsversuch offenbar bevorzugt eingesetzt, um familiäre Krisen und depressive Reaktionen kompensieren zu können. Dabei dürfte sich der Suchtmittelmißbrauch als weitere Belastung für das Familienleben auswirken. In den übrigen Diagnosegruppen ist der Zusammenhang zwischen Familienkrise und Suchtmitteleinsatz bei weitem nicht so deutlich ausgeprägt.

Sozialmedizinische Aspekte

Die Bezüge zwischen sozialmedizinischen Aspekten und psychischen Erkrankungen sind noch weitgehend unerforscht. Die empirischen Daten weisen eine deutliche sozialmedizinische Gefährdung der psychosomatisch Kranken aus, die einen Suchtmittelmißbrauch betrieben haben. Sie stellen einen hohen Anteil an arbeitslosen Patienten und an Patienten, die vor Klinikeintritt monatelang arbeitsunfähig waren.
Stets im Vergleich mit psychosomatisch gestörten Patienten ohne Suchtmittelmißbrauch ist diese Patientengruppe also auch unter sozialmedizinischen Aspekten eine hochgefährdete Risikogruppe, die wohl nur im stationären Rahmen mit der gebotenen Differenzierung erfolgversprechend behandelt werden kann. Insgesamt erscheint die Auseinandersetzung mit Beruf und Arbeitswelt im Rahmen der Psychotherapie bei der Zielgruppe besonders dringlich.

Arbeitsunfähigkeit

Patienten mit Alkohol- und Medikamentenproblemen sind länger arbeitsunfähig vor dem Beginn der stationären Behandlungen in den psychosomatischen Kliniken als vergleichbare Patienten ohne Suchtmittelmißbrauch: Die Arbeitsunfähigkeitsdauer beträgt mehr als drei Monate unmittelbar vor Klinikeintritt. Dies gilt für alle Diagnosengruppen: Patienten, die Suchtmittelmißbrauch betrieben haben, sind vor Beginn der stationären Behandlung häufiger arbeitsunfähig als solche Patienten ohne Suchtmittelmißbrauch.

Berufstätigkeit

Patienten mit Suchtmittelmißbrauch sind auch beruflich weniger gut integriert. Sie sind häufiger arbeitslos als vergleichbare Patienten ohne Suchtmittelmißbrauch.

Rentenverfahren

Patienten mit Alkohol- und Medikamentenproblemen stellen häufiger einen Rentenantrag als Patienten ohne Suchtmittelmißbrauch. Die Selbstheilungsversuche der Patienten mit Alkohol und Medikamenten, die in den ersten Phasen der Erkrankung offensichtlich zu einer gewissen Stabilität führen, scheinen auf lange Sicht gesehen zu einem früheren Ausscheiden aus dem Erwerbsleben zu führen als bei Patienten, die auf den Einsatz von Suchtmittel verzichten.
In allen Diagnosegruppen, außer bei anorektischen Patientinnen – die typischerweise in der Spätadoleszenz in psychotherapeutische Behandlung kommen –, stehen Patienten mit Suchtmittelabusus häufiger in einem Rentenverfahren als solche Patienten, die keinen Suchtmittelmißbrauch betrieben haben. Besonders deutlich ist das Verhältnis bei adipösen Patienten ausgeprägt.

Prognosen

Mehr als die Hälfte aller Patienten – eine Ausnahme bilden die Persönlichkeitsstörungen – erhält eine günstige Prognose durch den Bezugstherapeuten (Arzt oder Psychologe) bei Klinikentlassung: Bei der Beurteilung des Zustandes bei Entlassung vergleichen die Bezugstherapeuten den Aufnahme- und Entlassungszustand jedes Patienten auf einer siebenstufigen Skala, die günstige bis ungünstige Veränderungen unterscheidet. Patienten mit Suchtmittelmißbrauch erhalten aber in allen Fällen ungünstigere Prognosen.

Ambulante Nachbehandlung

In allen Diagnosegruppen werden bei Patienten mit Suchtmittelmißbrauch häufiger verbindliche Folgemaßnahmen vereinbart, wie beispielsweise eine ambulante Psychotherapie oder der Besuch von Selbsthilfegruppen als bei Patienten, bei denen kein Suchtmittelmißbrauch diagnostiziert wurde.
Diese Ergebnisse zeigen, daß psychosomatisch Kranke, die zusätzlich einen Suchtmittelmißbrauch betrieben haben, weitreichende Störungen in der Persönlichkeitsorganisation aufweisen, wie es sich im vergleichenden Diagnosespektrum abzeichnet. Alkohol- oder Medikamentenmißbrauch ist mit schwerwiegenden psychischen bzw. psychosomatischen Erkrankungen verbunden. Die therapeutische Intervention der Wahl für das komplexe Krankheitsbild richtet sich entsprechend auf die Verflechtung der psychosomatischen bzw. psychischen Erkrankung **mit** dem Suchtmittelmißbrauch. Das vorliegende therapeutische Programm nahm seine Anfänge in der Behandlung dieser Patientengruppe, in der die engen Bezüge zwischen Persönlichkeit, Streßbewältigungskompetenz und Alkohol- oder Medikamenteneinsatz besonders deutlich werden.

2 Verhaltensanalyse und Diagnostik

Differentialdiagnostik. Als differentialdiagnostisches Kriterium hat sich Kontrollverlust gut bewährt, um zwischen Mißbrauch und Abhängigkeit zu unterscheiden. Kontrollverlust bedeutet, daß in gewissem Sinn zwanghaft getrunken wird bzw. Medikamente eingenommen werden, d.h., eine selbstgesetzte Menge des Suchtmittels wird trotz fester Vorsätze und Absichten immer wieder überschritten. Der persönliche Entscheidungsspielraum ist so eingeengt, daß nicht auf die Einnahme verzichtet werden kann. Körperliche Entzugszeichen bei Auslassen des Suchtmittels gelten als objektives und unstrittiges Merkmal der manifesten **Abhängigkeit**. Werden keine körperlichen Entzugszeichen festgestellt und kein Kontrollverlust ermittelt, wird Mißbrauch dann angenommen, wenn durch die Einnahme des Suchtmittels regelmäßig gezielt eine bestimmte Wirkung angestrebt wird, bspw. eine anregende Funktion im Sinn einer Leistungssteigerung oder eine enthemmende Wirkung im sozialen Rahmen. Bei der Abhängigkeit kann das Suchtmittel auch im Dienst der genannten Funktionen stehen, allerdings hat der fortgesetzte Gebrauch bereits zum Kontrollverlust, zu körperlichen Entzugszeichen bei Auslassen des Suchtmittels und/oder zu Abstinenzunfähigkeit geführt.

Hat sich eine Alkohol- oder Medikamenten**abhängigkeit** entwickelt, wird sie als eigenständige chronische Erkrankung und nicht als Symptom einer anderen Störung betrachtet. Individuell unterschiedlich ausgeprägte Defizite in der Persönlichkeitsentwicklung werden jedoch als wesentliche Faktoren im Bedingungsgefüge der Entstehung der Abhängigkeit und auch bei deren Aufrechterhaltung angesehen (Jahrreiss, 1993). Die Abhängigkeit selbst wird als Störung von eigenem Krankheitswert betrachtet, die ab einem bestimmten Punkt einen eigengesetzlichen Verlauf nimmt, der nicht mehr umkehrbar ist.

Der wesentliche Ertrag einer differentiellen Diagnosestellung hinsichtlich „Mißbrauch" und „Abhängigkeit" liegt in der systematischen Ableitung unterschiedlicher Therapieziele: Beim Suchtmittelmißbrauch muß *nicht* die lebenslange Abstinenz verfolgt werden, sondern die Rückkehr zum Genußtrinken im geselligen Rahmen bzw. die Medikamenteneinnahme nach ärztlicher Verordnung, wenn der Patient über tragfähige alternative Bewältigungsstrategien zu verfügen gelernt hat, die an die Stelle der unangemessenen Selbstheilungsversuche mit Suchtmitteln treten können. Dabei sollte beachtet werden, daß der Suchtmittelmißbrauch nicht von alleine „verschwindet", wenn nur die Grundstörung, beispielsweise die Angst oder die Depression, gebessert ist. Es bedarf einer gezielten und sorgfältigen Auseinandersetzung mit dem Problemfeld „Suchtmittel", die die Verzahnung zwischen ungünstiger Streßbewältigung und Suchtmittelmißbrauch miteinschließt (Schuhler & Jahrreiss, 1996).

Verhaltens- und Bedingungsanalyse. Bei der Diagnostik des Mißbrauchsverhaltens geht es im Sinne des bio-psycho-sozialen Modells um die Erfassung von direkt beobachtbaren Verhaltensweisen und der sie steuernden biographischen und situationalen Bedingungen, bei denen kognitiv-emotionale und physiologische Verhaltenselemente unterschieden werden. Dabei soll Aufschluß erlangt werden über die Richtung, in der die Bedingungen des Mißbrauchsverhaltens günstig beeinflußt werden können. Umweltbedingungen stecken den Rahmen externer Einflußfaktoren ab: Arbeitsplatzverhältnisse (Konflikte, Ressourcen, Kontrolle über Arbeitsbedingungen, Arbeitsbelastung, Arbeitsplatzsicherheit), Wohnverhältnisse, familiärer Kontext, soziokulturelle Faktoren, wie beispielsweise Subkulturen, Szenen, Cliquen, schließlich kritische Lebensereignisse bzw. every day hassels. Unter aufrechterhaltenden Bedingungen werden einerseits biographische Einflüsse verstanden, die als Entwicklungsfaktoren zum Mißbrauch von Alkohol bzw. Medikamenten geführt haben, und situationale Bedingungen, die das Problemverhalten steuern. Zwischen biographischen und situationalen Steuerkomponenten gibt es natürlich vielfältige Wechselbeziehungen.

Die Verhaltensanalyse bezieht sich auf die unmittelbaren funktionalen Zusammenhänge zwischen auslösenden und aufrechterhaltenden Faktoren einerseits und resultierendem Verhalten andererseits. Sie gliedert den Gesamtbereich der das Verhalten und Befinden beeinflussenden Faktoren auf. Unter physiologischen Bedingungen des Mißbrauchsverhaltens werden organische Faktoren verstanden, die am Auftreten, der Aufrechterhaltung oder Ausgestaltung des mißbräuchlichen Substanzkonsums Anteil haben, beispielsweise eine hohe vegetative Sensibilität, die schnell wirksame Spannungslöser besonders dringlich erscheinen läßt.

Wenn der mißbräuchliche Konsum als Problem- und Spannungslöser im Sinne einer subjektiven Bewältigungsstrategie definiert wird, dann erscheint die Analyse der kognitiven Auslöser besonders aussichtsreich für den diagnostischen und therapeutischen Ansatz. Mehr oder weniger zutreffende gedankliche Problemlösungsaktivität, emotional positiv oder negativ getönte Bewertungen der Situation, die zuversichtliche oder skeptische Erfolgserwartung an das eigene Handeln und die attributionalen Kontrollüberzeugungen – diese kognitiv-emotionalen Prozesse – in Verbindung mit dem moderierenden Alkohol bzw. den in dem Streßverarbeitungsgefüge wirkenden Medikamenten spielen dann die Schlüsselrolle bei der Entwicklung und Aufrechterhaltung des Mißbrauchs. Die Verhaltensanalyse als richtungsgebendes diagnostisches Instrument bringt die biologischen, kognitiv-emotionalen und Verhaltensmerkmale, die mit dem Suchtmittelkonsum verbunden sind, in einen funktionalen Zusammenhang. Eine solche Analyse sollte jeder psychotherapeutischen Arbeit vorangehen. Das diagnostische Gespräch ist der Königsweg zur Erstellung einer solchen Analyse. In einem ersten Schritt kann die Diagnosestellung aber durch Fragebogen-Screening-Verfahren angegangen werden. Für solche Screening-Zwecke stehen verschiedene Instrumente zur Verfügung.

2.1 Münchwieser Diagnose-inventar: Ein Fragebogen zur Differenzierung zwischen unauffälligem Konsum, Mißbrauch und Abhängigkeit

(Petra Schuhler & Annette Wagner)

Screening-Tests. Zur Identifizierung einer Alkoholabhängigkeit stehen heute verschiedene Screening-Verfahren zur Verfügung. Mit nur vier Fragen stellt der CAGE-Fragebogen (Mayefield et al., 1974) das wohl kürzeste Instrument zur Diagnostik einer Alkoholabhängigkeit dar. Der AUDIT, der Alcohol Use Disorders Identification Test (Babor et al., 1989), ein zehn Items umfassendes Instrument, fragt nach Trinkmengen und Abhängigkeitsmerkmalen, wie z.B. Entzugszeichen. Andere bekannte Kurzformen sind der SMAST (Selzer et al., 1975) mit zehn Fragen, der MAST (Michigan Alcoholism Screening Test) von Selzer (1971) oder die Lübecker Alkoholabhängigkeitsskala (LAS) von John (1992). Einen ausführlichen Überblick über die eher kurzen Selbstbeurteilungsbögen geben Wetterling und Veltrup (1997). Der 9-Item-Screening-Test (ScreeT-9, Richter, 1994) erlaubt mit neun Items die Unterscheidung zwischen Alkoholabhängigen, Alkoholmißbrauchern und Normaltrinkern. Der KFA (Kurzfragebogen für Alkoholgefährdete, Feuerlein et al., 1989), der die Folgen einer Alkoholabhängigkeit im somatischen, psychischen und sozialen Bereich sowie abhängiges Trinkverhalten erfragt, ermöglicht die Diagnose Alkoholismus bereits im Frühstadium. Das wohl bekannteste Verfahren, der Münchner Alkoholismustest (MALT, Feuerlein et al., 1979), ist ein kombiniertes Selbst- und Fremdbeurteilungsverfahren, das neben Selbstaussagen der Patienten auch objektivierbare Folgeerkrankungen der Alkoholabhängigkeit wie z.B. Laborparameter erfaßt. Das Trierer Alkoholismusinventar (TAI, Funke et al., 1987) stellt mit 90 Items ein eher umfangreiches Instrument dar, das neben der Diagnostik einer Alkoholabhängigkeit insbesondere therapierelevante Daten zu erfassen sucht. Belitz-Weihmann und Metzler (1993) entwickelten einen Fragebogen zur Funktionalität des Trinkens.

In den meisten bekannten Verfahren steht die Diagnostik einer Alkoholabhängigkeit im Vordergrund, die Differenzierung zwischen Alkoholmißbrauch und Alkoholabhängigkeit erweist sich als besonderes Problem. Darüber hinaus finden suchtpotente Medikamente in den vorgestellten Screening-Verfahren kaum Berücksichtigung.

Das Münchwieser Diagnoseinventar. Das im folgenden dargestellte Münchwieser Diagnoseinventar (MDI) geht diesen beiden Fragen nach. Ziel der Fragebogenkonstruktion war es, ein ökonomisches Verfahren zu entwickeln das eine Abgrenzung zwischen unauffälligem Konsum, mißbräuchlichem Konsum und einer manifesten Abhängigkeit von Alkohol oder Medikamenten ermöglichen sollte. Die Testentwicklung begann im Rahmen eines Forschungsprojektes (vgl. Kap. 5), in dem erste Erfahrungen mit Vorformen des Instrumentes gesammelt wurden. Aus dem Itempool der eingesetzten Verfahren wurden für das MDI Fragen ausgewählt, die eine Differenzierung des Ausprägungsgrades der Alkohol- oder Medikamentenproblematik ermöglichten. Der so entstandene Fragebogen umfaßt 18 Items, von denen vier Items entscheidende Merkmale einer Abhängigkeit repräsentieren, nämlich in erster Linie körperliche Entzugszeichen und Kontrollverlust, aber auch Schuldgefühle wegen des Trinkens bzw. der Medikamenteneinnahme (Items 7, 9, 11 und 18). Fünf Items fragen nach Merkmalen des kritischen Konsums von Alkohol, Schmerzmitteln oder Psychopharmaka, nach dem Gebrauch von Ausreden, dem Einsatz von Tricks, um an Alkohol und Medikamente heranzukommen, den Gedanken daran, den Alkohol- oder Medikamentenkonsum einzuschränken, nach heimlichem Trinken oder heimlicher Medikamenteneinnahme und nach dem Ärger über Familie und Freunde, die auf den Alkohol- bzw. Medikamentenkonsum ansprechen (Items 5, 8, 12, 14 und 15). Neun Items fragen nach dem mißbräuchlichen funktionalen Einsatz von Alkohol bzw. Medikamenten, d.h. nach ihrer Dienstfunktion, die sie für die Alltagsbewältigung eingenommen haben. Dabei wird nach spannungslösender und beruhigender Funktion gefragt, nach dem Abbau von sozialen Hemmungen, der Abmilderung von Druck und Streß, der vorübergehenden Erhöhung der sozialen Kompetenz und der Leistungssteigerung im beruflichen und sozialen Umfeld (Items 1, 2, 3, 4, 6, 10, 13, 16 und 17). Auf einer vierstufigen Antwortskala („nie“, „selten“, „manchmal“ und „häufig“) werden die Testpersonen gebeten, die Häufigkeit der beschriebenen Verhaltens- und Erlebensweisen einzuschätzen. Den vier Antwortmöglichkeiten werden die Rohwerte 0 bis 3 zugeordnet, über alle Fragen wird durch Addition ein Gesamttestwert gebildet, der zwischen 0 und 54 liegen kann.

Der Fragebogen wurde 219 Personen vorgelegt. Die Untersuchungsgruppe setzte sich zusammen aus 93 Patienten der Abhängigkeitsabteilung und 38 Patienten der psychosomatischen Abteilung der Psychosomatischen Fachklinik, bei denen ein Alkohol- oder Medikamentenmißbrauch diagnostiziert wurde. Die Kontrollgruppe bestand aus 88 Personen. Sie wurde gebildet aus Patienten der psychosomatischen Abteilung ohne stoffgebundenen Mißbrauch bzw. Abhängigkeit und Normalpersonen, von denen kein problematischer Alkohol- oder Medikamentenkonsum bekannt war. Eine erste Analyse erbrachte gute Item- und Skalenwerte. Tabelle 1 zeigt die Ergebnisse der Itemanalysen.

Die mittleren MDI-Summenwerte und Standardabweichungen sind in Tabelle 2 dargestellt. Es zeigte sich eine deutliche Differenzierung zwischen den Gruppen.

Tabelle 1: Mittlere Itemschwierigkeit, Trennschärfe und interne Konsistenz für das MDI

Mittlere Itemschwierigkeit	0,33
Mittlere Trennschärfe	0,87
Interne Konsistenz	0,94

Tabelle 2: Mittelwerte und Standardabweichungen des MDI in den drei Untersuchungsgruppen*

	N	MW	s
Unauffällige Konsumenten	88	1,63	2,52
Alkohol- und Medikamentenmißbraucher	38	17,78	8,49
Alkohol- und Medikamentenabhängige	93	35,39	8,38

* Der varianzanalytische Vergleich erbrachte mit F = 576,9, $p < 0.001$ einen hochsignifikanten Unterschied zwischen den Gruppen.

Setzt man den cut-off-Punkt für einen stoffgebundenen Mißbrauch auf fünf Punkte und auf 20 Punkte für eine Alkohol- oder Medikamentenabhängigkeit, so läßt sich mit dem MDI die Mehrzahl der Patienten mit einer Abhängigkeitsdiagnose bzw. mit einem stoffgebundenen Mißbrauch zutreffend einordnen. Gleichzeitig zeigen sich aber auch Überschneidungsbereiche zwischen unauffälligen Konsumenten, Alkohol- oder Medikamentenmißbrauchern bzw. -abhängigen (s. Abb. 1).

Bezogen auf die gewählten cut-off-Punkte befindet sich ein Teil der Probanden der Kontrollgruppe „unauffälliger Konsum“ im Bereich Suchtmittelmißbrauch, ebenso erzielen einige Alkohol- oder Medikamentenmißbraucher Werte im MDI, die dem Abhängigkeitsbereich zuzuordnen sind. Die Verteilung spiegelt die bekannte

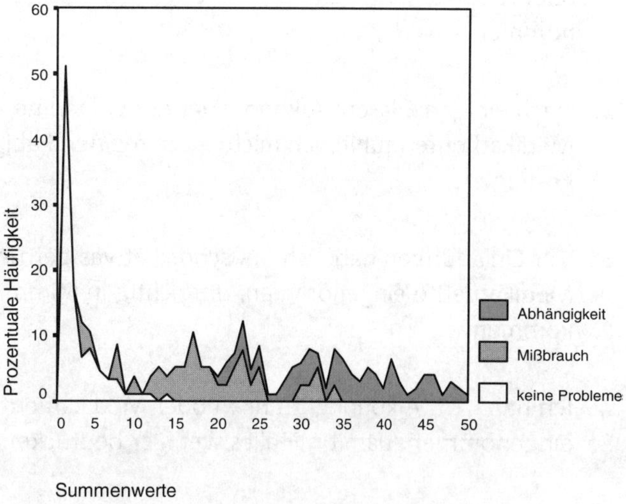

Abbildung 1: Prozentuale Verteilung der Summenwerte des MDI in den drei Untersuchungsgruppen

Münchwieser Diagnoseinventar MDI

Auf den folgenden Seiten finden Sie Aussagen zum Umgang und zur Wirkung von Alkohol und Medikamenten. Bitte geben Sie nun an, wie häufig diese Verhaltens- bzw. Wirkungsweisen bei Ihnen *in den letzten 12 Monaten* auftraten.

Beispiel:
Wenn Sie im letzten Jahr überhaupt keinen Alkohol getrunken haben, setzen Sie bitte ein Kreuz in die Spalte „nie", wenn Sie regelmäßig mehrmals in der Woche Alkohol getrunken haben, machen Sie ein Kreuz in die Spalte „häufig". Das Kästchen, das Sie ankreuzen, ersetzt also die Pünktchen im Satz.

	nie	selten	manchmal	häufig
1. Im letzten Jahr habe ich ..... Alkohol getrunken.	☐	☐	☐	☐
2. Im letzten Jahr habe ich ..... Schmerzmittel genommen.	☐	☐	☐	☐
3. Im letzten Jahr habe ich ..... Psychopharmaka genommen.	☐	☐	☐	☐

Wenn im folgenden Text von Medikamenten die Rede ist, sind **nur** **Psychopharmaka** (Beruhigungsmittel, angstlösende Mittel, Schlafmittel oder anregende Mittel) und **Schmerzmittel** mit Coffein oder Codein als Beimischung gemeint. Wählen Sie bitte bei jeder Frage die Antwortkategorie, die am besten auf Sie zutrifft. Bitte beantworten Sie alle Fragen. Wir versichern Ihnen, daß wir alle Angaben vertraulich behandeln.

	nie	selten	manchmal	häufig
1. Um besser schlafen zu können, habe ich ..... Alkohol getrunken oder Medikamente (z.B. Beruhigungs- oder Schlafmittel) eingenommen.	☐	☐	☐	☐
2. Nach einigen Gläsern Alkohol oder der Einnahme von einigen Medikamenten fühlte ich mich ..... in meinen Fähigkeiten gesteigert.	☐	☐	☐	☐
3. Vor Einladungen habe ich ..... schnell etwas getrunken oder Medikamente eingenommen, um richtig in Stimmung zu kommen.	☐	☐	☐	☐
4. Ich habe ..... Alkohol getrunken oder Medikamente eingenommen, damit mir alles weniger bedrückend erschien.	☐	☐	☐	☐
5. Ich habe ..... Ausreden gebraucht, wenn ich Alkohol trank oder wenn ich Medikamente einnahm.	☐	☐	☐	☐

Münchwieser Diagnoseinventar MDI

6. Um mit anderen besser umgehen zu können, habe ich ..... Alkohol getrunken oder Medikamente eingenommen.	☐	☐	☐	☐
7. Es gab ..... Tage, an denen ich morgens Alkohol trank oder Medikamente einnahm.	☐	☐	☐	☐
8. Ich habe ..... Tricks gebraucht, um an Alkohol oder Medikamente heranzukommen.	☐	☐	☐	☐
9. Es kam ..... vor, daß ich mehr getrunken habe oder mehr Medikamente eingenommen habe, als ich eigentlich wollte.	☐	☐	☐	☐
10. Um meine Sorgen zu vergessen, habe ich ..... Alkohol getrunken oder Medikamente eingenommen.	☐	☐	☐	☐
11. Es kam ..... vor, daß ich unruhig, zittrig oder nervös wurde, wenn die Wirkung des Alkohols oder der Medikamente nachließ.	☐	☐	☐	☐
12. Es kam ..... vor, daß ich daran gedacht habe, meinen Alkohol- oder Medikamentenkonsum aufzugeben.	☐	☐	☐	☐
13. Wenn ich Alkohol getrunken oder Medikamente eingenommen hatte, habe ich mich anderen gegenüber ... stärker gefühlt.	☐	☐	☐	☐
14. In Gesellschaft habe ich ..... heimlich zwischendurch Alkohol getrunken oder Medikamente eingenommen.	☐	☐	☐	☐
15. Ich habe mich ..... geärgert, wenn mich meine Familie oder meine Freunde auf meinen Alkohol- oder Medikamentenkonsum ansprachen.	☐	☐	☐	☐
16. Um mit Streß besser fertig werden zu können, habe ich ..... Alkohol getrunken oder Medikamente eingenommen.	☐	☐	☐	☐
17. Ich habe ..... Alkohol getrunken oder Medikamente eingenommen, um weniger ängstlich zu sein.	☐	☐	☐	☐
18. Ich hatte ..... ein schlechtes Gewissen, wenn ich Alkohol trank oder Medikamente einnahm.	☐	☐	☐	☐

Tatsache wider, daß zwischen unauffälligem Konsum, Mißbrauch und Abhängigkeit fließende Übergänge bestehen. Wie die Ergebnisse zeigen, sind Skalenwerte zwischen fünf und 20 Hinweise auf einen Suchtmittelmißbrauch, ab 20 Anzeichen für eine Abhängigkeit. Ergebnisse bis fünf entsprechen unauffälligem Konsum. Wenn immer möglich sollten die Selbstbeurteilungsdaten durch medizinische Daten ergänzt werden. Hinweise auf einen chronisch hohen Alkoholkonsum ergeben sich aus den Labordaten, wie z.B. Erhöhung von Gamma-GT, GOT, GPT, Bilirubin und MCV. Als Indikator zur Objektivierung eines pathologischen Alkoholkonsums gilt die CDT-Messung. Alkoholmißbrauch kann aber auch ohne auffällige Laborwerte vorliegen. Objektivierbare Indikatoren für einen fortgesetzten Medikamentenmißbrauch lassen sich aus laborchemischen Daten nicht ableiten.

2.2 Das diagnostische Interview

Die Frage, ob zwar Alkohol- bzw. Medikamentenmißbrauch betrieben wurde, sich aber noch keine Abhängigkeit eingestellt hat, muß sorgfältig geprüft werden. Der folgenschwerste Kunstfehler bestünde natürlich darin, einen manifest abhängigen Patienten nach den Zielen und Methoden des Programms für Alkohol- und Medikamentenmißbrauch zu behandeln und die eigentlich notwendige Abhängigkeitstherapie nicht einzuleiten.

Gleich, ob ambulant oder stationär, Einzel- oder Gruppentherapie, sollte zu Beginn im Anschluß an den Fragebogen das diagnostische Interview stehen, das breiten Aufschluß geben kann über die Indikationsstellung für die Teilnahme am Programm und über die den Mißbrauch unterhaltenden inneren wie äußeren Bedingungen und Zusammenhänge.

Das Ziel der diagnostischen Abklärung muß in einer Eingrenzung des Konsumverhaltens auf Mißbrauch liegen. Da sich Verhaltensbeobachtungen in aller Regel kaum durchführen lassen werden, körperliche Parameter wie Leberwerte keine eindeutigen Hinweise liefern können, kommt dem diagnostischen Gespräch besondere Bedeutung zu. Die Erhebung der subjektiven Sicht des Betroffenen wird aber dadurch kompliziert, daß Verleugnungs-, Beschwichtigungs- und Bagatellisierungstendenzen vorherrschen. Alkohol- bzw. Medikamentenmißbrauch wird oft als persönliche Schwäche erlebt, die es vor sich und vor anderen zu verbergen gilt. An die Geschicklichkeit der Gesprächsführung, die in diesem Abschnitt erläutert wird, werden deshalb besondere Anforderungen gestellt. Es sollte sich um eine *offene, halbstrukturierte* Befragung handeln, in der dem Befragten möglichst wenig vorgegriffen wird, sondern in der seine subjektive Sichtweise zum Tragen kommen kann. Die Probanden sollen Gelegenheit haben, Zusammenhänge und Bedeutungszuschreibungen im Interview aus ihrer Perspektive zu entwickeln. Dabei sollte aber nicht der jeweilige Fokus der Problemstellung außer acht gelassen werden, die der Untersucher einführt und auf die er immer wieder zurückkommt. Die Interviewregeln für die Gesprächsführung fassen die Grundsätze der Vorgehensweise zusammen:

Regeln für die Interviewführung

1. Lassen Sie dem Patienten soviel Strukturierungsfreiraum wie möglich
2. Greifen Sie Aspekte auf, die in den Äußerungen des Patienten themenrelevant (s. Interviewthemenkatalog) sind und fragen Sie nach. Als Leitlinie gilt: Führen Sie eine funktionale Analyse der inneren und äußeren Auslöser des Trinkverhaltens bzw. des Medikamentenkonsums durch, d.h., in welcher Dienstfunktion steht der Suchtmittelmißbrauch für die Alltagsbewältigung?
3. Regen Sie durch unterstützendes Frageverhalten (Stichwort: aktives Zuhören) die Auseinandersetzungsbereitschaft des Patienten mit dem eigenen Verhalten an.
4. Suchen Sie gemeinsam mit dem Patienten nach den situationsübergreifenden Belastungs- und Druckkonstellationen.
5. Leiten Sie aus den individuellen Problembereichen des Patienten die Behandlungsziele ab und erläutern Sie das Therapieprogramm.
6. Am Ende des Interviews sollten Sie wissen, ob der Patient bei sich Kontrollverlust beim Trinken oder der Medikamenteneinnahme beobachtet hat oder sich bereits körperliche Entzugszeichen bei Auslassen des Suchtmittels eingestellt haben. *In diesem Fall ist die Durchführung des Programms nicht indiziert, sondern es muß eine Entwöhnungsbehandlung eingeleitet werden.*

Das Interview beginnt mit der Frage, wie es mit dem Alkohol- bzw. Medikamentenkonsum stehe. Damit soll der Betreffende selbst anzeigen, welche Bezugspunkte für ihn relevant sind. Der Interviewer folgt den Beiträgen des Patienten, ergänzt diese durch Nachfragen und kommt erst dann auf andere Themenpunkte zu sprechen. Die Fragen werden vom Interviewer so eingeführt, daß sie an die Äußerungen des Patienten anschließen. Dazu ist es unumgänglich, daß der Interviewer die interessierenden Fragenbereiche im Kopf hat. Der Interviewer sollte sofort entscheiden können, welche interessierende Kategorie vom Patienten angesprochen wird, gegebenenfalls weiter nachfragen und erst dann zu anderen Komplexen übergehen. Der Anspruch, die Darstellung der subjektiven Bedeutung der Aussagen des Patienten zu unterstützen, verbietet a priori festgelegte Frageformulierungen, die für jeden Patienten gleich gestellt werden könnten. Standardisierung heißt in diesem Falle nicht, gleiche Fragen für alle zu stellen, sondern individuell Verstehbarkeit der Fragen und Ermunterung zur Offenheit in der Interviewsituation für alle Patienten bereitzustellen. Die Interviewausschnitte geben ein Beispiel für die Gesprächsführung.

Dem Interviewthemenkatalog liegt ein Erwartungs-X-Wert-Modell des Handelns (Heckhausen, 1977) zugrunde, das die subjektive Bedeutung, d.h. den subjektiven Wert angestrebter Ziele, mit der Erwartung in Zusammenhang bringt, diese Ziele auch erreichen zu können. Persönliche Ziele und die Kontrollkompetenz stehen im Zentrum des Modells: Tatkräftiges Handeln ist danach nur dann zu erwarten, wenn ein angestrebtes Ziel hohe Bedeutung hat und gleichzeitig die Chancen, dieses Ziel auch erreichen zu können, aussichtsreich bewertet werden. Die Konsequenzen des Handelns beeinflussen in der Folge die Selbstwahrnehmung, das Bild vom Interaktionspartner und die Einschätzung der Situation, die wieder die Sicht auf das Problem und damit weitere Zielsetzungen beeinflussen. Attributionale Ursachenzuschreibungen über den Handlungsausgang (welche Ursache für das Ergebnis des Handelns verantwortlich gemacht werden) bestätigen oder erschüttern die der eigenen Person zugeschriebene Kontrollkompetenz. Der Ertrag des Modells liegt in der Betonung kognitiver Erwartungsmuster bei der Steuerung des Alkohol- und Medikamentenmißbrauchs, aus deren Analyse direkt Therapieziele und -maßnahmen abgeleitet werden können. Die Differenziertheit der Problemanalyse (Dörner et al., 1983) wurde als weiteres Merkmal eingeführt. Die Modellmerkmale werden beschrieben und durch Paraphrasierungen in Frageform verdeutlicht.

Ziele

Auf der Ebene der Situationsanalyse sind die Ziele von zentraler Bedeutung. Diese geben dem Handeln die Richtung. Klare und präzise Zielbildungen sind entscheidend für erfolgversprechende Problemlösungen. Typischerweise erfolgen die Zielbildungen jedoch verschwommen und unklar, wenn Alkohol oder Medikamente im Spiel sind.

Was steht eigentlich auf dem Spiel? Worum geht es letztlich? Warum kommt es gerade darauf an? Wann wäre ein zufriedenes Leben erreicht? Was müßte dazu getan werden bzw. was müßte sich wie ändern? Werden die Ziele gegenwärtig annähernd nur unter Alkohol- bzw. Medikamenteneinfluß erreicht?

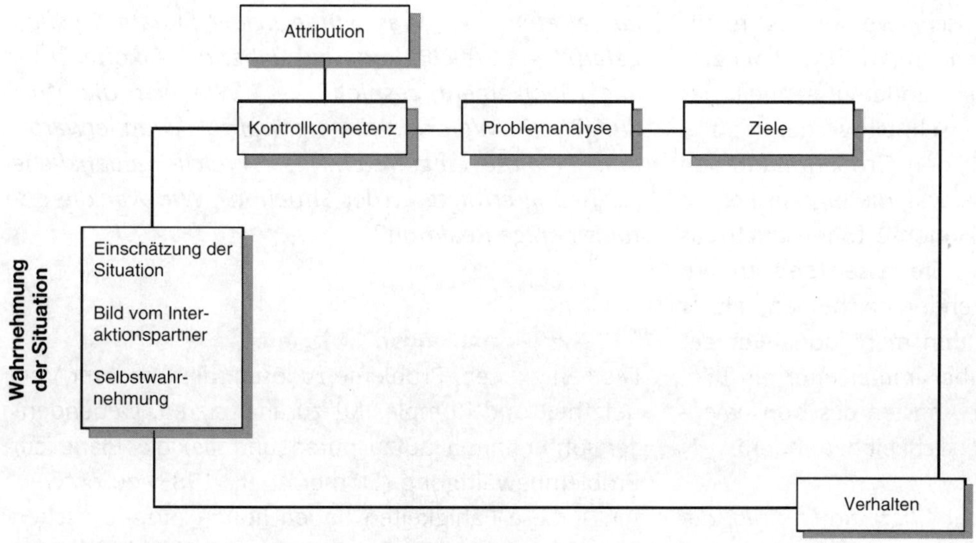

Abbildung 2: Modell der Handlungsregulation

Selbstwahrnehmung

Die Selbstwahrnehmung in einer bestimmten Situation ist im Gegensatz zum überdauernden Selbstbild situativ gesteuert und abhängig von der Wahrnehmung der Merkmale der Situation und vom Bild, das sich der Patient vom Interaktionspartner macht. Hier geht es um die Selbstdefinition, die in der sozialen Interaktion bestätigt oder verworfen wird, mit allen weitreichenden Konsequenzen für die Persönlichkeitsorganisation. Mehrdeutige und komplexe Situationen enthalten immer sowohl Bedrohungspotentiale als auch Bestätigungspotentiale für das Verwerfen bzw. Unterstützen der Selbstwahrnehmung. Alkohol bzw. Medikamente verzerren in aller Regel den Blick auf sich selbst: Selbstmitleid, Selbstüberschätzung oder Ausblenden aversiver Elemente in der Selbstwahrnehmung resultieren typischerweise aus dem mißbräuchlichen Konsum.

Wie wird die eigene Person eingeschätzt hinsichtlich ihrer Fähigkeiten und Zukunftsperspektiven? Wurden Veränderungen unter Alkohol- bzw. Medikamenteneinfluß beobachtet?

Bild vom Interaktionspartner

Das Bild, das wir vom anderen zeichnen, verrät vermutlich mehr über uns als über die andere Person: Entdecken wir hauptsächlich negativ-abwertende Eigenschaften beim anderen, glauben wir, daß er uns überlegen ist oder können wir auch Positives entdekken und freundliche und helle Seiten beim anderen sehen? Die Bezüge zwischen dem Bild vom anderen und der situativ gesteuerten Selbstwahrnehmung sind vielfältig: So entdecken beispielsweise depressive Patienten verfolgende und bedrohliche Aspekte beim anderen und gehen typischerweise selbst feindselig und verächtlich mit sich um, während narzißtisch gestörte Patienten den anderen schnell bewundern, ihn aber ebenso schnell verdammen – geradewegs vergleichbar mit den Größenphantasien und Untergangsstimmungen, was die eigene Person betrifft. Alkohol bzw. Medikamente tönen auch das Bild vom Interaktionspartner: Sie lassen den andern freundlicher oder herabsetzender erscheinen, als er oder sie wirklich ist, geben ihm mehr oder weniger Macht über uns, zeichnen aber immer eher ein Bild, das von den Wünschen oder Ängsten des Konsumenten inspiriert ist als von der Wirklichkeit des andern.

Wie werden der „andere", der Chef, die Ehefrau, der Partner, die Kinder, die Kollegen wahrgenommen? Wie erscheinen diese unter Suchtmitteleinfluß? Gibt es heftige Gemütsregungen beim Gedanken an bestimmte Interaktionspartner? Sind Alkohol oder Medikamente dabei mit im Spiel?

Einschätzung der Situation

Damit sind subjektive Auffassungen der handelnden Person gemeint, nicht die – vielleicht davon abweichenden – objektiven Umstände. Die Ziele, die verfolgt werden, beeinflussen schon die Wahrnehmung der Situation: Manche Aspekte der Situation werden hervorgehoben, andere werden als unbedeutend zur Seite geschoben und gar nicht erst zur Kenntnis genommen. In die spezifische Situationswahrnehmung fließen aber auch frühere Erfahrungen ein, die jeder gewissermaßen mitbringt. Alkohol bzw. Medikamente spielen oft eine moderierende Rolle bei der Einschätzung der Situation in dem Sinn, daß Druck und Belastung weniger schwer empfunden werden. Alkohol und Medikamente können darüber hinaus als körperliche Entzugszeichen bei Abklingen der Wirkung eintreten und haben dann folgenschwere Bedeutung für Diagnose und Therapie: Werden körperliche Entzugszeichen berichtet (bspw. am Morgen, nachdem nachts längere Zeit kein Alkohol konsumiert wurde oder die Wirkung der Medikamente nachließ), dann muß die Diagnose manifeste Abhängigkeit gestellt und eine Entwöhnungstherapie eingeleitet werden.

„Gibt es bestimmte Situationen, die besonders schwierig sind?" – „Spielen Alkohol oder Medikamente dabei eine Rolle?" – „Was ist in der betreffenden Situation genau passiert?" – „Haben sich Beschwerden entwickelt?" – „Wann sind diese zuletzt aufgetreten?" – „Was wurde in der Situation genau getan?" – „Welche Rolle hat dabei der Alkohol bzw. das Medikament gespielt?" – „Wie war die Wirkung?" – „Welche Wirkung wurde davon erwartet und ist diese eingetreten?" – „Welche gedankliche Steuerung erfolgte in der Situation? Wie war die gefühlsmäßige Reaktion?"

Problemanalysefähigkeit

Die Fähigkeiten, Probleme zu lösen, diese in ihrer Vernetztheit und Komplexität zu analysieren, Dependenzen unter ihnen aufzuspüren und flexible Pläne zur Problembewältigung (Dörner et al., 1983) zu entwerfen – diese Fähigkeiten haben hohen prognostischen Wert. Patienten, die ihre Probleme spezifisch differenzierend betrachten, können sich eher ein vernetztes Bild von der Problemlage bilden, was sich im Nachdenken über Ursachen, in Schlußfolgerungen und Rückkoppelungsschleifen äußert, die sicherstellen sollen, ob es richtig war, wie eine Situation verstanden wurde. Sie machen sich insgesamt aktiver ein Bild von der Gesamtlage. Sie neigen dazu, dieses auch zu überprüfen. Die Realitätsbindung ist größer, während Patienten mit globalen Problembewältigungsstrategien eher nicht zielstrebig vorgehen und von Thema zu Thema „vagabundieren". Patienten mit spezifisch-differenzierender Problemlösefähigkeit überlegen sich auch Alternativen, falls eine bestimmte Problembewältigung keinen Erfolg haben sollte. Die Antizipationsweite ist weiter ausgedehnt und Alternativen für den „Fall, daß" können entworfen werden. Patienten mit globalen Problembewältigungsstrategien denken im gewissen Sinn „abstrakt", d.h., ihre Überlegungen haben Leerstellen und Unschärfen. Im Nachdenken über ihre Probleme versuchen sie eher nicht, sich gezielt Informationen zu verschaffen, die ein präzises, realitätsgerechteres Bild erlauben würden. Der Komplexität und Vernetztheit der realen Probleme tragen sie in der gedanklichen Problemlösungsverarbeitung kaum Rechnung. Werden Alkohol bzw. Medikamente zur Problemlösung eingesetzt, kommt es regelmäßig zu einer Einbuße der Problemlösefähigkeiten: Das eigene Handlungsrepertoire verarmt mehr und mehr, Alkohol bzw. Medikamente drängen sich als die „Streßlöser" in den Vordergrund.

Wie wird mit den Problemen umgegangen? Was wurde genau getan? Warum gerade in dieser Weise? Wo werden Zusammenhänge gesehen? Was trägt das eine zum anderen bei? Wie wird der Ablauf erklärt?

Kontrollkompetenz

Der Begriff „Kontrollkompetenz" wird nicht als generelles Persönlichkeitsmerkmal verstanden, etwa im Sinne von „Willenskraft", sondern kennzeichnet die subjektive Überzeugung einer Person in einer speziellen Situation. Gemeint sind damit die Erwartungen – skeptische oder zuversichtliche Überzeugungen, ob Ereignisse durch eigenes Handeln beeinflußt werden können.

Alkohol oder Medikamenten verzerren diese subjektiven Überzeugungen. Unter Suchtmitteleinfluß mögen die eigenen Kräfte völlig überschätzt werden, können aber auch unzutreffend unterschätzt werden. Eine besonders wichtige Variante der Kontrollkompetenz ist im Fall von Alkohol- und Medikamentenproblemen der Kontrollverlust bzw. Kontrollerhalt hinsichtlich des Suchtmittels. Schreibt sich der Betreffende selbst Kontrollverlust beim Trinken oder der Medikamenteneinnahme zu und trifft dies aus Untersuchersicht zu, hat dies weitreichende Konsequenzen für Diagnose und Therapie: In diesem Fall wird Abhängigkeit diagnostiziert. Eine Entwöhnungsbehandlung muß eingeleitet werden.

Welche Kraft wird der eigenen Person und ihren Einflußmöglichkeiten zugeschrieben? Wird Kontrollverlust hinsichtlich Alkohol und Medikamenten beschrieben?

Attribution

Wen oder was macht man verantwortlich – sind es immer nur „die Umstände" gewesen oder gibt man sich selbst einen Teil der Verantwortung? Hier geht es um die Sicht, die man vom eigenen Selbst hat. Sieht man sich als einen Menschen, der viel aus eigener Kraft erreichen kann oder als jemanden, der immer unter anderen gelitten hat? Diese allgemeinen internalen oder externalen Attribuierungstendenzen haben Einfluß auf die Erklärungen, die man für Erfolg oder Mißerfolg in einer spezifischen Situation parat hat. Jemand, der sich viel zutraut und erfolgsorientiert ist, wird schon auf ganz besonders schwierige Situationen treffen müssen, bevor er aufgibt. Umgekehrt wird jemand, der eher Mißerfolge erwartet und sich diese in der Regel auch noch selbst zuschreibt, schon bei geringen Anforderungen ängstlich und verzagt sein. Alkohol bzw. Medikamente haben oft einen nachteiligen Effekt auf die Attribuierungsmuster: Die eigenen Kräfte und Fähigkeiten werden häufig falsch eingeschätzt.

„Woran lag das, wie sich die Dinge im letzten Jahr entwickelt haben?" – „Woran lag das, daß das so gut/so schlecht geklappt hat?" – „Woher rührt eigentlich die Veränderung bzw. wie kommt es, daß sich nur wenig geändert hat?"

Indikationsstellung und Ableitung der Therapieziele

Das therapeutische Programm ist geeignet für den Patienten, wenn **keine manifeste Abhängigkeit** vorliegt (kein Kontrollverlust, keine körperlichen Entzugszeichen, keine Abstinenzunfähigkeit). **Mißbrauch** liegt im beschriebenen Fall vor, weil der Alkohol- und Medikamentenabusus zur Streßbewältigung im Alltag diente mit den Schwerpunkten: Abmilderung quälender überdauernder innerer Einstellungen (Perfektionismus, überwiegend negative Selbstbildelemente), Dämpfung der erlebten Auswirkungen sozialer Konflikte mit der Familie und am Arbeitsplatz.

Therapieziele:

- Verdeutlichung und Problematisierung von zugrundeliegenden Einstellungen wie Fremdorientierung, Perfektionismus und der Rolle, die der Alkohol oder Medikamente dabei spielt
- Aufbau eines differenzierten Selbstbilds, das auch positive Elemente umschließt, ohne Alkohol konsumieren oder Medikamente einnehmen zu müssen
- Entwicklung von selbstsicheren Verhaltensweisen, insbesondere der Fähigkeit, nein sagen zu können, ohne Alkohol oder Medikamente zur Selbststabilisierung zu brauchen
- Aufbau von Konfliktlöseverhalten anstelle der bisher bevorzugten Bewältigungsstrategie Alkohol- oder Medikamentenkonsum
- Problematisierung der ehelichen Situation, Analyse und Bewältigung ohne Alkohol oder Medikamente entwerfen zu können
- Veränderung der inneren Einstellung zur Arbeitswelt, Analyse und Bewältigung ohne Alkohol oder Medikamente entwerfen zu können

Diese Gesprächstechnik ist geeignet, Alkohol- und Medikamentenprobleme in einem ausführlichen Interview zu erheben, etwa im Rahmen der diagnostischen Erhebung in der psychotherapeutischen Praxis, der Sondierungs- und Motivationsphase in der Beratungsstelle oder auch in der ersten Phase eines stationären Aufenthalts in einer psychosomatischen Fachklinik.

Ausschnitt aus einem diagnostischen Interview	
Interviewthema und Kommentierung des Interviewverhaltens	**Interviewverlauf**
Standardisierte Eröffnungsfrage	**Wie steht es denn bei Ihnen mit Alkohol- und Medikamentenkonsum?** Medikamente nehme ich keine. Höchstens ab und zu mal eine Aspirin. Aber getrunken? Also trinken tue ich regelmäßig. In der Regel, na, so ein Liter Bier wird das sein und manchmal auch Schnäpse dazu. Fast jeden Abend.
Einschätzung der Situation	
Reflektierendes Frageverhalten durch Anbieten einer Interpretation des Verhaltens des Patienten, um mehr als die vorangegangene einfache Beschreibung zu erfahren. Wesentlich ist, daß die angebotene Bedeutungszuschreibung durch den Interviewer eng an der Beschreibung des Patienten orientiert und nachvollziehbar ist, also keine „wilde Interpretation". Außerdem ist die Intervieweraussage so formuliert, daß sie leicht vom Patienten zurückgewiesen werden kann („fast"). Die Frage berührt sich unbemerkt entwickelnde Bewältigungsstrategien.	**Dann ist das fast normal geworden? Als hätte sich das bei Ihnen so eingeschlichen?** Ja, irgendwie war das normal geworden, wenn ich Streß oder Ärger hatte, habe ich probiert, im Alkohol Ruhe zu finden. Ich hab dann was in der Hand gehabt, praktisch wie ein Kumpel, der mit mir durch den ganzen Ärger dann gegangen ist, durch dick und dünn sozusagen.
Einschätzung der Situation	
Hier wird die Frage nach der Funktion des Alkohols gestellt, welche „Dienstleistung" dieser im Alltag erfüllt? Die Bedeutungszuschreibung des Patienten (der Alkohol wurde zum „Kumpel") wird noch einmal aufgegriffen, um diesen wichtigen funktionalen Aspekt zur weiteren Exploration anzubieten.	**Da hat sich allerhand angesammelt, wobei Ihnen der Alkohol geholfen hat? Der war wie ein Freund?** Aber im Endeffekt hat es ja nichts gebracht, weil, es ist ja höchstens eine Übergangslösung, das Trinken. Und danach habe ich mir dann oft Vorwürfe gemacht. Oder ich bin auch schon mal von Arbeitskollegen gefragt worden, warum hast du denn so einen roten Kopf. Oder meine Frau hat mir zu spüren gegeben, daß ihr das nicht recht ist. Zu Hause werde ich durch das Trinken oft abends müde, hab ne Bierfahne, was meiner Frau sehr lästig ist.
Problemanalyse	
Die Frage verbindet noch einmal die „Dienstleistung" des Alkohols für die Alltagsbewältigung mit den „Servicekosten". Die Formulierung greift dabei wieder die subjektive Erfahrung des Patienten („Kumpel") auf.	**Das hat Sie dann ganz schön was gekostet, daß Ihnen der Alkohol wie ein „Kumpel" erschien? Dieser Freundschaftsdienst war nicht billig zu haben?** Irgendwie war das normal, das ist irgendwie zur Gewohnheit geworden. Aber mit meiner Frau ist das so schlimm geworden, daß sie sogar schon vorgeschlagen hat, daß wir uns trennen, und körperlich merke ich, daß ich durch das Trinken einen Konditionsverlust habe und manchmal auch Konzentrationsschwächen. Beruflich hat sich das Trinken so ausgewirkt,

Interviewthema und Kommentierung des Interviewverhaltens	Interviewverlauf
	daß ich manchmal keinen Bock mehr habe, mir wird dann alles so egal. Ich schlafe auch nach dem Trinken nicht so gut und mein Arzt sagte mir, daß meine Leberwerte schlecht seien.
Frage nach Entzugszeichen	
	Und haben Sie vielleicht morgens oder in der Nacht etwas Besonderes bemerkt, körperlich, meine ich, wenn Sie am Abend viel getrunken hatten. Am Morgen war ich nicht so fit wie ohne Alkohol, aber schlecht oder so war mir nicht. Nur man ist eben nicht so voll da – und dann eben all das andere.
Problemanalyse	
Die letzte Aussage des Patienten zeigt, daß er klar die negativen Konsequenzen seines Alkoholkonsums erkennt. Die Formulierung des Interviewers soll den Patienten veranlassen, mehr über die Gründe zu berichten, die ihn zum mißbräuchlichen Konsum veranlassen.	**Das allein festzustellen: Die klaren Nachteile – daß die deutlich sind, das hilft aber nicht so weit, daß Sie den Alkoholkonsum reduzieren?** Ich könnte Ärger und den Streß sicher auch ohne Alkohol bewältigen, aber warum habe ich dann getrunken? Ich habe ja überhaupt nicht immer Verlangen nach Alkohol.
Problemanalyse	
Orientiert an der Äußerung des Patienten („Ärger und Streß") wird das mögliche Ineinandergreifen von Streß und Belastung einerseits und Alkoholwirkung andererseits angesprochen.	**Ärger und Streß in Ihrem Alltag: Damit scheint das Trinken eng verflochten zu sein?** Es klingt vielleicht unheimlich albern, aber es beschäftigt mich sehr: Ich habe vor vier Jahren gebaut, aber direkt neben dem Grundstück ist ein Campingplatz und dort spielt sich von März bis Oktober einiges ab. Da sammeln sich Jugendliche, da wird Musik gemacht, da wird getrunken und ich habe meine Ruhe nicht. Ich fühle mich in meiner Freiheit eingeschränkt. Fühle mich sogar bedroht durch die. Das beschäftigt mich oft den ganzen Tag und ich kann mich von dem schrecklichen Gedanken an die Situation gar nicht freimachen. Ich weiß, daß ich daraus keinen Ausweg habe. Ich kann der Situation nicht entkommen, ich kann nichts daran ändern. Ich habe Schulden, ich kann das Haus nicht verkaufen, ich muß dort wohnen bleiben und an dem Campingplatz kann ich auch nichts ändern.
Der Patient wird wieder auf die Verbindung seiner Belastung im Alltag mit dem Alkohol hingeführt.	**Da scheint dann der Alkohol die einzige Rettung zu sein?** Es kommt aber auch auf die Situation an. Ich habe ja selbst schon Pausen eingelegt, die längste Pause, die betrug drei Wochen, wo ich nichts getrunken habe. Damals lief alles gut und da fiel es mir nicht schwer.

Kontrollkompetenz und Kommentierung des Interviewverhaltens	Interviewverlauf
Kontrollkompetenz	
Deutlicher machen dessen, was der Patient nur beschreibt durch reflektierendes Fragen, das die Interaktion zwischen Interviewer und Patient miteinbezieht. Vorsichtig formuliert und nachvollziehbar. Dem Patienten bleibt dadurch die Möglichkeit, unkorrekte Interpretationen zurückzuweisen. Er wird dazu angeregt, sich weiter mit seiner Relativierung auseinanderzusetzen. Die Frage folgt auf eine häufig anzutreffende „So-schlimm-ist-es-auch-wieder-nicht-Haltung" der Betroffenen, die mit Schamgefühlen und Selbst- und Fremdbeschwichtigung einhergeht. Besonders wichtig ist die einfühlsame Reaktion des Interviewers, um die Abwehr nicht weiter zu verstärken.	**Das ist Ihnen vielleicht wichtig, mir zu sagen, daß es auch ohne Alkohol geht?** Ja, ich bin doch kein Trinker. Wirklich nicht. Nur: Wenn alles so zusammenkommt, dann regt mich die Fliege an der Wand auf. Dann stinkt es mir, wenn ich sehe, daß meine Frau Geschirr in der Spüle gestapelt hat, obwohl ich es schon verstehen kann, daß sie nicht immer Lust hat, gleich alles wegzuspülen. Trotzdem ärgert es mich. Ja und dann laß ich meine Frust an der Familie aus. Da werde ich unruhig, renne in der Wohnung hin und her und suche den Anhaltspunkt für eine Auseinandersetzung. Wenn das vorbei ist, fühle ich mich unheimlich mies und entschuldige mich bei meiner Frau. – Na ja, und wenn ich Bier getrunken habe, dann regt mich alles nicht mehr so auf, dann bin ich viel ruhiger.
Kontrollverlust beim Trinken	
Der Patient verneint einen Kontrollverlust.	**Und kam es schon mal vor, daß Sie viel mehr getrunken haben, als Sie eigentlich gutheißen oder ursprünglich wollten?** Nein, ich weiß, es ist zuviel, aber doch immer noch im Rahmen.

3 Therapeutische Wirkfaktoren

Immer wieder während des therapeutischen Verlaufs, ob in der Gruppe oder im Einzelsetting, muß sich die Therapie auf ängstliche, aufgebrachte oder mißtrauische Patienten einstellen, denen nichts lieber wäre, als das Thema sofort wieder fallen zu lassen, um es nie wieder aufzugreifen – sobald es um Alkohol oder Medikamente geht.

Zum günstigen Umgang mit der Patientenhaltung hilft ein Blick auf die therapeutische Beziehung. Typischerweise werden beim Patienten Abwehr und Verleugnung, die sich meistens als Ärger und Ablehnung gegenüber dem Therapieangebot, aber auch gegenüber der Person der Therapeuten äußern, geweckt. Seltener, aber durchaus auch vertreten ist eine Art Überanpassung, aus der heraus manche Patienten dann kritiklos scheinbar alle therapeutischen Inhalte übernehmen. Wie kann nun die therapeutische Beziehung beeinflußt werden, um den Patienten dafür zu gewinnen, sich offen mit seinem Alkohol- oder Medikamentenkonsum auseinanderzusetzen? Dabei wird das übergeordnete Ziel verfolgt, das Vermögen des Patienten zu stärken, selbstkritisch seinen Suchtmittelkonsum zu beurteilen und die Entscheidung zu treffen, künftig ohne die chemischen Helfer schwierige Situationen zu bestehen.

3.1 Die Patient-Therapeut-Beziehung

Die therapeutische Beziehung bei psychischen Störungen. Die therapeutische Beziehung ist in besonderer Weise geprägt, wenn es um Alkohol- bzw. Medikamentenmißbrauch geht, wie am typischen Beispiel einer verhaltenstherapeutischen Arbeit mit einem Angstpatienten mit phobischer Symptomatik sichtbar wird: Der Patient wird in der Arbeit mit seinem Therapeuten gewohnt sein, daß dieser ihm hilfreich zur Seite steht, auf der Mikroebene die angstbesetzten Situationen nach auslösenden Faktoren analysiert, aufrechterhaltende Bedingungen benennt, ihm das psychophysiologische Angstmodell und dabei die Sinnhaftigkeit seiner Körperreaktion erläutert und ihn – um eine günstigere Selbststeuerung zu erreichen im Sinne eines positiven Reframing einer bislang negativen Selbstsicht – mit einem Porsche vergleicht, der höchst sensibel auf leichte Reize reagiert und nicht wie ein schwerfälliger Traktor nur mit Mühe „angeworfen" werden kann. Dies ist eine gerne benutzte Metapher, mit der eine wünschenswerte Restrukturierung innerer überdauernder Einstellungen erreicht werden soll: von „Defizit und Krankheit" hin in Richtung Ressourcenaktivierung. Der Therapeut erklärt ihm eine sogenannte Körpercheckliste, mit der angstauslösende Situationen quasi durch das Screening-Instrument „Check-list" durchleuchtet und seine Körperreaktionen beobachtet werden, um zu entscheiden, ob er sich noch länger dem Angstreiz aussetzen will oder nicht. Damit soll eine kontrollierende Distanzierung von den Körperreaktionen erreicht werden, die drohen, den Patienten zu überfluten. Der Einsatz der Checklist kann also zur psycho-physiologischen Stabilisierung beitragen. Der Therapeut erarbeitet weiterhin Expositionsübungen in sensu und in vivo mit dem Patienten, d.h., er geht genau die kritischen Situationen gedanklich mit ihm durch, erarbeitet Notfallreaktionen „für den Fall, daß", begleitet ihn vielleicht sogar auf die Straße oder in das Geschäft, wenn dem Patienten die Exposition im Verhaltenstraining zu schwer wurde. Kurz: Der Therapeut handelt als stützendes und konkret Hilfestellung gebendes Objekt. Er interessiert sich sogar und vor allem für die kleinen Details – er nimmt den Patienten quasi an die Hand und geht mit ihm durch die Angst, er beschützt und erklärt die feindliche Welt – man könnte auch sagen – er hat endlich wahre und konkrete Unterstützungsqualitäten, die der Angstpatient vielleicht bislang in seiner Beziehungswelt vergeblich suchte.

Die therapeutische Beziehung bei Alkohol- und Medikamentenmißbrauch. Nun ändert sich die therapeutische Beziehung grundlegend, wenn dem Patienten als zentraler Problembereich sein Alkohol- und Medikamentenkonsum nicht nur aufgezeigt, sondern er sogar zu einer Verzichtleistung aufgefordert wird, nämlich sich von seinem Psychopharmakon bzw. dem Alkohol zu trennen: Er soll seine bislang sicherheitsgebenden Substanzen aufgeben. Und das entscheidende scheint zu sein: Der Patient wird mit einem bislang verleugneten Bereich seiner selbst konfrontiert, nämlich der Selbstsicht, daß er jemand ist, der mit seinen Problemen nicht mehr fertig wird und zudem – aus, wie er vielleicht meint, weiterer Schwäche – zu Alkohol oder Medikamenten gegriffen hat, um dies zu kaschieren. Als Resultat folgt eine Kränkung des Selbstwertgefühls, die mit Schuld- und Schamgefühlen verbunden ist. Der Therapeut erscheint entsprechend weniger als gute, beschützende Person, sondern als jemand Strenges, latent Vorwurfsvolles, der auf Fehler und Schwachpunkte aufmerksam macht, die nicht durch „Krankheit" entstanden sind, sondern – wie die Patienten häufig zunächst meinen – aus Willensschwäche und Charakterdefiziten. Er wird zu einem unangenehmen Besserwisser, der über Gamma-GT-Werte Bescheid weiß, Antidepressiva von Tranquilizer unterscheiden kann und die Funktionsweise der Leber mit einschlägigem Tenor erläutert. – So etwa dürfte das innere Bild seines Therapeuten beim Patienten zunächst gestaltet sein, wenn es um seinen Suchtmittelkonsum geht. Auch dann, wenn auf einer manifesten Ebene nicht aggressiv, vorwurfsvoll oder bestrafend mit den Patienten gesprochen wird, wird der Therapeut dennoch oft in dieser Weise erlebt. Dies kann als eine Projektion der inneren Welt der Patienten, die oft durch Selbstvorwürfe und Selbstanklagen hinsichtlich des Alkohols oder der Medikamenten geprägt ist, auf den Therapeuten verstanden werden, wobei diese Verarbeitungsweise nicht bewußt zugänglich ist.

3.2 Die Narrative und Metaphern

Was tun in der Beziehungsgestaltung in der therapeutischen Arbeit? – Ein behutsamer Ansatz liegt in symbolhaften Geschichten, in denen im Verhalten der Hauptfigur paradigmatisch zentrale Probleme oder Zusammenhänge im Umgang mit Suchtmitteln und deren Einsatz im Alltag deutlich gemacht werden. Diese Geschichten oder eher fragmentarische Geschichten werden als *Narrative* bezeichnet und bedeuten die bildliche, nicht-sachliche Beschreibung eines bestimmten Sachverhalts, der dem Patienten vermittelt werden soll. Dem Narrativ nah verwandt sind *Metaphern* als anschauliche Bilder oder Symbole, die kürzer als das Narrativ oft nur einen bestimmten Aspekt anschaulich und phantasieanregend einfangen und darbieten. Großen Raum nehmen Narrative vor allem in der Hypnotherapie von Erickson (1994) ein, die jedoch nicht Pate stand bei der Ausarbeitung der hier vorgestellten Narrative. Zentrale Prinzipien seines Ansatzes wie Symptomverschreibung, Benutzung des Widerstandes und der „Wechsel der Perspektive" wurden auch entsprechend nicht angewandt, wie vielleicht vermutet werden könnte. Auch in der rational-emotiven Therapie von Ellis werden anschauliche Szenen und Geschichtsfragmente erzählt, um bestimmte Inhalte zu transportieren (Schelp et al., 1990). Die hier vorgestellte Arbeit mit Narrativen und Metaphern ist auch diesem Ansatz nicht verpflichtet. Das Beispiel erklärt vielleicht am besten, was im Rahmen des Programms unter Narrativen verstanden wird und wie diese eingesetzt werden.

Fallbeispiel

Ein Patient, der als Dachdecker arbeitete und sich seit einem Beinbruch nicht mehr aufs Dach wagte, kam mit einer ausgeprägten agoraphobischen Störung in psychotherapeutische Behandlung. Gegen die Ängste, die sich im Krankheitsverlauf auf Autofahren und sogar aus dem Haus gehen generalisiert hatten, hatte er typischerweise Valium eingesetzt – und als seine Kollegen ihn davor warnten – beruhigte er sich mit Bier und konnte so recht und schlecht damit wieder aufs Dach. In einer Gruppenstunde haderte er wieder mit seinem Schicksal, daß ihn diese unerklärliche Angst am schlimmsten dann überfällt, wenn er sich anschickt, aufs Dach zu klettern.

Er verglich die jetzige schwierige Situation mit früher, als er als ausgesprochen einsatzfreudiger Handwerker galt, dem keine Arbeit zuviel wurde. Zunächst wurde ihm eine erklärende Intervention angeboten: „Nun, da waren wohl schon vor dem Beinbruch alle Kräfte angespannt. Sie haben immer das letzte von sich gefordert. Schließlich kam es zu einer Krise, in diesem Fall der Unfall mit dem Beinbruch und diese zusätzliche Belastung war dann nicht mehr zu verkraften. So ist es doch verständlich, daß Sie Alkohol und Medikamente eingesetzt haben, um sich in der schwierigen Situation zu helfen, schließlich beruhigen Alkohol und Medikamente ja tatsächlich."

Auf diese nicht unvernünftige Einlassung reagierte der Patient dadurch, daß er auf seinen Arzt verwies, der ihm ursprünglich das Medikament verschrieben habe und dann meinte er aufbegehrend: „Ich muß doch meinem Arzt vertrauen können." Eine ganz übliche Reaktion, die gewöhnlich als Fremdschuldzuschreibung bezeichnet wird, mit der der Patient von den eigenen Anteilen ablenkt.

Statt nun mit ihm zu argumentieren, wurde dem Patienten zugestimmt, aber mit hinzugefügt, daß diese Sache an einen anderen Patienten erinnere, der als Bauarbeiter in einer Baukolonne gearbeitet hat. Bei diesem habe es eine ganz bestimmte Arbeitssituation gegeben, die ihm den Alkohol nahe gebracht hatte.

Da war folgendes passiert: Wenn Hohlblocksteine zu transportieren waren, von denen ja jeder weiß, daß sie sehr schwer sind und sich schlecht greifen lassen, wenn also zentnerweise Hohlblocksteine abgeladen werden mußten, eine Arbeit, die sich manchmal über Stunden hinzog, dann trank der Mann morgens ziemlich schnell gleich drei Bier.

Der Alkohol bewirkte, daß er auf die Handschuhe verzichten konnte, die zwar vor dem schweren, rissigen Stein schützten, mit denen man aber schlechter greifen konnte. Der Alkohol dämpfte das Empfindlichkeitsgefühl an den Händen und ließ ihn kleine Risse und Schrammen gar nicht spüren. Die Arbeit ging flott von der Hand. Jeder bewunderte ihn, wie zielsicher und unverdrossen er mit den schweren unhandlichen Steinen hantierte.

Er war nicht mehr darauf angewiesen, die Hohlblocksteine langsam zu tragen und dem anderen vorsichtig in die Hand zu geben, er konnte die Steine werfen, das ging dann zack, zack.

In die Sache kam richtig Schwung und die unangenehme Arbeit mit den Hohlblocksteinen war an weniger als einem Vormittag erledigt. – Da wurde der Patient nachdenklich und meinte: „Das Bier wurde ja dann für ihn zu so einer Art Doping-Mittel. So war das bei mir auch." Hier wurde also die erwünschte Einsicht durch die Geschichte erreicht, die die rationale Erklärung nicht bewirken konnte.

Hier in dem Beispiel steht fast nur ein Geschichtsfragment, das aber dazu angetan ist, das faktische Wissen, daß Alkohol entspannt und dämpft, „in persönliches Wissen" umzuwandeln, indem die Phantasie der Patienten angeregt wird (Bettelheim, 1990; Buchholz, 1993).

Die Figuren und Ereignisse gewinnen Gestalt aus der Phantasie der Patienten und nicht aus der Vorgabe des Therapeuten. Nach den kleinen Geschichten folgen typischerweise reflektierende Aussagen der Patienten, die zeigen, daß Selbstwahrnehmungsprozesse angestoßen wurden.

In den Geschichten drückt sich durchaus das Bestreben aus zu informieren und aufzuklären, aber ohne den Anspruch zu erheben, unbedingt im Recht zu sein. Sie laden dazu ein, den eigenen Anteil zu elaborieren und sich mit der eigenen Innenwelt zu beschäftigen. Bei den Narrativen spielt ein bestimmter Aspekt, der sich zwischen dem Therapeuten und dem Patienten entfaltet, eine ausschlaggebende Rolle:

In der Geschichte tauchen Menschen auf, die in den Augen der Patienten Verwerfliches tun: Sie setzen Alkohol ein, um sich besser zu fühlen, schneller arbeiten zu können und bei denen nicht klar ist, inwieweit der Alkohol schon von ihnen Besitz ergriffen hat. Dies ist aber genau das Bild, das die Patienten zu entdekken bei sich am meisten fürchten. Wenn ihnen dann solche Geschichten erzählt werden, in denen diese Menschen auftauchen, wird den Patienten die Möglichkeit gegeben, sich mit diesen „schlechten" Seiten bei sich zu identifizieren, sie überhaupt erst einmal spürbar zu machen. Zudem werden die Geschichten vom Therapeuten erzählt, der also offenkundig diese Seiten kennt und sie durch das Erzählen in akzeptierender Weise vorstellt.

Den Patienten gelingt dadurch eher, selbst einen angstfreieren Umgang mit dem bedrohlichen Thema Suchtmittel zu finden. Sie fühlen sich in ihrer Beschämung und in ihren Ängsten verstanden und gewürdigt, ohne daß diese ans Licht gezerrt und in einer rationalen Kälte erforscht werden.

Dreh- und Angelpunkt ist dabei, daß der Patient zu eigenen Lösungen kommt, wenn er darüber nachdenkt oder phantasiert, was die Geschichte über ihn und seine inneren Konflikte enthält, die ihm unverständlich und deshalb auch häufig unlösbar erscheinen. Vielleicht wirken die Geschichten gerade deshalb, weil die Patienten nicht wissen, wie diese ihren Reiz ausüben (Peseschkian, 1987). Das therapeutische Ziel ist dabei aber immer, zu einem reiferen Problembewußtsein zu verhelfen.

Der spielerische Aspekt ist dabei besonders wichtig: Die Geschichten versorgen den Patienten mit einem kreativen Bild, das die Vorstellungskraft anregt und durch die ein Gleichgewicht zwischen Arbeit und Spiel aufgebaut wird. Ausdauernde ernste Arbeit, beispielsweise die Beschäftigung mit Mißbrauch oder Abhängigkeit, ihre definitorischen Merkmale, die gesundheitlichen Folgen etc. kann todlangweilig und unproduktiv sein, während die Geschichten auf spielerische Weise gute Arbeitsergebnisse bewirken können.

Und die Geschichten tun ein übriges: Sie vermeiden nämlich den Kampf. Sie sagen dem anderen nicht, was zu tun ist, sondern sie laden aufgrund ihrer Mehrdeutigkeit zur Neugier ein. Die Geschichten sind eine elegante Art, Machtkämpfe zu umgehen und zu einer gänzlich anderen Art von Interaktion zwischen Patient und Therapeut einzuladen (Gans, 1993).

Dabei steht der Blick auf die therapeutische Beziehung am Anfang. Zunächst empfiehlt es sich zu untersuchen, wie die Therapeut-Patient-Beziehung durch übende und strukturierende verhaltenstherapeutische Elemente zwangsläufig geprägt wird und welche Wege dann in der Interaktion mit dem Patienten noch offen stehen, wenn ein so schwieriger Problembereich wie Suchtmittelmißbrauch erfolgversprechend behandelt werden soll. Wege, die dem Patienten zu mehr Autonomie und innerem Wachstum verhelfen, auch wenn vom Patienten Verzichtleistungen gefordert werden müssen, nämlich der Verzicht auf eine scheinbar so hilfreiche Substanz, die immer erreichbar und leicht zu haben ist, die wärmt und beruhigt. Die Geschichten haben sich vor allem im Umgang mit Widerstand und Abwehr bewährt. Sie haben einen beträchtlichen Anteil daran, daß auch in dieser schwierigen therapeutischen Arbeit etwas entsteht wie ein gesunder Drang in Richtung Wachstum, was bei diesen Patienten zunächst einmal heißen muß, Problembewußtsein zu entwickeln in eine ungeliebte Wahrheit. Damit aber dieses Risiko eingegangen wird, Neues erprobt und Veränderungen überhaupt ins Auge gefaßt werden können, muß dem Umgang mit Widerstand breiter Raum eingeräumt werden. Die Geschichten schaffen dabei im therapeutischen Prozeß zunächst einen bestimmten wünschenswerten Effekt: Sie verbreitern nämlich das Bedeutungs- und Verständnisspektrum. Wenn der Patient dadurch eine reichere Palette von Bedeutungen entdeckt, die mit dem Thema zusammenhängt, dann hat sich bereits eine aktive Umgangsweise mit der Problematik entwickelt: Die Patienten befassen sich mit einem bestimmten Problemaspekt in seiner wesentlichen Gestalt; eine komplizierte Handlung wäre nur verwirrend. Indem der Patient sich quasi mit der Geschichte herumschlägt, gewinnt er auf fast spielerischem Weg ein tieferes Verständnis von dem Problem, um das es eigentlich geht.

Wird Widerstand als ein Phänomen der Interaktion betrachtet (und nicht nur als eine Manifestation innerer Abwehrstrukturen), so erscheinen die Narrative als eine Kommunikationsstrategie, deren Funktion es sein kann, divergente Meinungen zu versöhnen. Sie können unterschiedliche Sichtweisen in einer Interpretation integrieren. Gerade die Unbestimmtheit des Fokus der Narrative läßt den Bedeutungsrahmen ungenau werden und erweitert so den assoziativen Raum, daß Dialog und Fortdenken geradezu herausfordert werden. Eine ähnlich anregende Wirkung in der therapeutischen Arbeit hat die mit dem Narrativ verwandte, behutsam wirkende Metapher, die ebenfalls eine bildliche Vorstellung eines Sachverhalts ermöglicht, aber kürzer ist. Neben Narrativen kommen im gruppentherapeutischen Programm häufig Metaphern zum Einsatz.

4 Das gruppentherapeutische Programm

Leitlinien. Das Programm baut auf dem interaktiven Streßbewältigungsmodell von Lazarus und Folkman (1981) auf. Der dynamische wechselseitige Beeinflussungsprozeß zwischen Person und Umwelt, der sowohl die innere wie die äußere Welt bestimmt, hat bei der Konzeptentwicklung Pate gestanden. Die subjektive Entschlüsselung eines Ereignisses, die Bewertung der eigenen Fähigkeiten, die dadurch moderierten Impulse, Gefühle, Gedanken, Erinnerungen, Phantasien bekommen zentrale Bedeutung bei der Erklärung der Streßbelastung und auch des Einsatzes von Alkohol oder Medikamenten zur Streßminderung. In dieses transaktionale Konstrukt der Streßbewältigung ist auch die biologische Dimension, die beim Alkohol wie auch beim Medikamentenkonsum eine zentrale Rolle spielt, sowohl bei der Wirkungserklärung als auch bei der Diskussion der negativen Folgen gut integrierbar.

Alkohol- und Medikamentenkonsum wird als Bewältigungsstrategie angesehen, durch die der Patient sich selbst in kritischen Situationen Hilfe verschaffen will. Für den Patienten vollzieht sich dieser Prozeß schleichend und wird von ihm nicht bewußt als Bewältigungsstrategie registriert. Gesteuert wird diese Copingstrategie durch die kurzfristig herbeigeführte Veränderung der subjektiv empfundenen Streßbewältigungsmöglichkeiten (diese erscheinen beispielsweise unter Suchtmitteleinfluß effizienter) und der subjektiv empfundenen situativen Anforderungen (diese erscheinen typischerweise verzerrt und leichter bewältigbar). Kennzeichnend für diesen Prozeß ist die Verarmung des aktiven und zupackenden Bewältigungsrepertoires. Die Bewußtmachung dieses Prozesses, der Aufbau von Einsicht in die Funktionalität des Suchtmittels in der Vergangenheit und die Erarbeitung alternativer, besserer Streßbewältigungsmöglichkeiten stehen im Fokus des therapeutischen Programms. Eine Schlüsselrolle spielen dabei die Problembereiche, die das komplexe Bild der Suchtmittelprobleme prägen. Dazu gehören häufig Störungen der Ich-Struktur, die sich in der Unfähigkeit zeigen, auf gewünschte Effekte des eigenen Handelns warten zu können sowie in einer allgemeinen Schwäche der Frustrationstoleranz und der Affektregulation (Block, Block & Keyes, 1988). Geringes Selbstvertrauen, eingeschränkte Belastbarkeit und langsames Erholungsvermögen von Streß und Druck prägen die Selbststeuerung, die zu der raschen und vermeintlich effektiven Entlastung durch Suchtmittel führt. Längsschnittstudien (Kellam, Brown, Rubin & Ensminger, 1983) belegen darüber hinaus die Bedeutung, die Aggressivität und der Umgang mit Konfliktsituationen für die Entwicklung eines problematischen Alkohol- und Medikamentenkonsums haben. Ein ausgeglichenes Selbstwertgefühl, Impulskontrolle und soziale Kompetenz erwiesen sich als die entscheidenden Aktivposten, die einer ungünstigen Entwicklung entgegenwirken können (Felsman & Vaillant, 1987). Deshalb muß ein effektives Therapieprogramm, das die Reduzierung des Suchtmittelmißbrauchs zum Ziel hat, diese zugrundeliegenden Problembereiche in der Persönlichkeitsorganisation berücksichtigen.

Kognitiv-emotionale Prozesse im Rahmen der Selbstregulation und -steuerung gewinnen in der verhaltenstherapeutischen Modelldiskussion eine immer größere Bedeutung. Im Fall des Alkohol- und Medikamentenmißbrauchs heißt das, daß subjektive Erwartungen an die Suchtmittelwirkung, das subjektiv empfundene Ausmaß von Streß in einer bestimmten Situation, die Einschätzung der Bewältigungsmöglichkeiten, die eigene Überzeugung, eine belastende Situation kontrollieren zu können, und die damit verknüpften Affekte entscheidende Variablen sind (Beck et al., 1997). Kurz gesagt, dieser kognitiv-emotionalen Steuerung kommt beim Mißbrauch, der nicht mit körperlicher Abhängigkeit einhergeht, große Bedeutung zu. „Craving", der „Hunger" nach dem Stoff als stark wirksame Komponente, die sich nur schwer kognitiv-emotional steuern läßt, und der wohl eng damit zusammenhängende „Kontrollverlust" als zentrale Merkmale der „Abhängigkeit" gehören **nicht** zu den Grundmerkmalen des Krankheitsbildes „Mißbrauch".

Natürlich liegt es nahe, Mißbrauch und Sucht in naher Verbindung miteinander zu diskutieren. Die bedeutsamen Unterschiede zwischen Mißbrauch und Abhängigkeit erlauben es aber nicht, umstandslos die Prinzipien der Suchttherapie auf die Behandlung des Mißbrauchs anzuwenden. „Exchange learning and exchange helping", die als methodisches Prinzip den therapeutischen Wohngruppengemeinschaften in der Behandlung Abhängiger zugrunde liegen, die emotional dichte Begegnung zwischen Gleichbetroffenen, die therapeutische Bezugsgruppe, die als Mikrokosmos wirkt, die interaktionelle Gruppentherapie – all dies ist nicht erforderlich für die Therapie des Suchtmittelmißbrauchs. Statt dessen rückt die Beeinflussung der kognitiv-emotionalen Prozesse in den Vordergrund und der kreative Umgang mit Widerstand und Abwehr.

Inhalte und Methoden. Die Schwerpunkte des Programms liegen auf folgenden Inhalten, Methoden und Techniken:

- *Verhaltensdiagnostik*
  Erstellen einer horizontalen (situativ-aktuellen) und vertikalen (biographisch-genetischen) Bedingungsanalyse als verhaltensdiagnostische Weichenstellung für den therapeutischen Prozeß. Zur vertikalen Bedingungsanalyse gehört die Herausarbeitung früher Erfahrungen in der Kindheit und Jugend, die zur Entwicklung und Aufrechterhaltung grundlegender subjektiver Überzeugungen beigetragen haben und den Suchtmittelkonsum fördern. In der situativ-aktuellen Bedingungsanalyse werden zunächst Risikosituationen festgehalten, d.h., die Situationen herausgearbeitet, in denen der Patient typischerweise zu Suchtmitteln greift. Besonderes Gewicht wird auf die Identifizierung der automatisiert ablaufenden Gedanken gelegt und auf Emotionen, die in der Regel eng verknüpft sind mit bestimmten automatisierten Gedanken und Grundannahmen. Darüber hinaus werden die kognitiven Prozesse analysiert, die mit negativen Gefühlen wie Ärger, Angst, Einsamkeitsgefühlen verknüpft sind. Das Problemverhalten „Mißbrauch" wird schließlich als Produkt der kognitiven Steuerung und der affektiven Verarbeitung aufgeschlüsselt.

- *Innere Steuerung*
  Identifikation und Modifikation von überdauernden inneren Einstellungen, die einen Substanzmißbrauch auslösen oder verstärken. Dazu gehören kognitive Grundüberzeugungen, die das Selbstbild einer Person prägen. Unangemessene Bewertungen als Denkgewohnheiten, die fest verwurzelt sind, werden modifiziert durch Techniken zur Überprüfung der Logik und Realitätsnähe der Bewertungen und durch Techniken zum Nutzen der Bewertungen (hedonistisches Kalkül).

- *Affektive Regulation*
  Veränderung negativer affektiver Zustände wie Ärger, Angst, Hoffnungslosigkeit, die häufig Auslöser des Suchtmittelkonsums sind bzw. deren Dämpfung durch das Suchtmittel operant den Suchtmittelkonsum verstärkt.

- *Streßbewältigung*
  Erlernen kognitiver und behavioraler Techniken, die es dem Patienten erleichtern, den Suchtmittelkonsum zu reduzieren und nicht mehr funktional einzusetzen. Dazu gehört in erster Linie die Vermittlung von Streßbewältigungsstrategien (außer Suchtmitteleinsatz) und Ermittlung und Förderung der Ressourcen.

- *Einzelne kognitive Techniken*
  Analyse der Vor- und Nachteile des Suchtmittelkonsums,
  Protokollierung der gedanklichen Steuerung,
  Imaginationstechniken und mentales Training,
  Veränderung der Aufmerksamkeitszentrierung,
  Gedankenstop dysfunktionaler Kognitionen und Bewältigungsphantasien als eine Form des mentalen Trainings,
  „Hausaufgaben", d.h. Anleitung zum systematischen Nach- oder Vorbereiten bestimmter therapeutischer Inhalte,
  Rückkoppelung und Auswertung: ggf. neue mentale Trainingsstrategien

- *Verhaltenstraining*
  Kognitive Problemlösefertigkeiten und sozial kompetentes Verhalten werden im Rollenspiel trainiert, um Situationen, die bislang mit Hilfe von Alkohol bzw. Medikamenten überstanden wurden, günstiger bewältigen zu können.
  Übungen zum Realitätstransfer schließen sich an.

Zu den wichtigen **Therapeutenvariablen** gehören Wertschätzung und Vertrauen in der Beziehung zum Patienten. Mit Abwehr- und Verleugnungstendenzen wird nicht-konfrontativ umgegangen. In der therapeutischen Beziehung wird angestrebt, Entdeckerfreude zu vermitteln bei der gemeinsamen Analyse der Funktionalität des Alkohol- bzw. Medikamenteneinsatzes.

Als **Erfolgskriterien** gelten das Einstellen des Suchtmittelkonsums zur Alltagsbewältigung und die Rückkehr zum Trinken im geselligen Rahmen bzw. Medikamenteneinnahme nach ärztlicher Verordnung mit

strenger Indikationsstellung sowie eine günstige Entwicklung der Streßbewältigungskompetenzen und sozialen Fertigkeiten.
Zur **Erfolgsmessung** werden Einjahreskatamnesen empfohlen hinsichtlich des Einstellens des Suchtmittelmißbrauchs und die Akzeptanzmessung der therapeutischen Maßnahmen im Patientenurteil.

Rahmenbedingungen. Das Programm kann sowohl im stationären Rahmen, etwa als indikative Gruppe in einer psychosomatischen Fachklinik, als auch als ambulante Gruppe in einer psychotherapeutischen Praxis, einer Beratungsstelle oder im Betrieb (Psychologischer oder Medizinischer Dienst) durchgeführt werden. Die einzelnen Programminhalte und -methoden wurden zwar ursprünglich für die Arbeit in der Gruppe konzipiert, haben sich aber auch bei Einzelkontakten bewährt (vgl. Abschnitt 4.2).

Indikationsstellung. Vordringlich ist in allen Fällen eine indikationsgeleitete Zusammenstellung der Gruppe bzw. indikationsgeleitete Anwendung des Programms im Einzelfall. Das Programm ist **nicht** geeignet für suchtmittelabhängige Patienten. Deshalb muß auf eine sorgfältige Diagnosestellung geachtet werden. Dazu empfiehlt sich das Münchwieser Diagnoseinventar als Fragebogenverfahren und die beschriebene Methode der diagnostischen Gesprächsführung. Ziel der diagnostischen Abklärung ist, „Mißbrauch" in Abgrenzung zur „Abhängigkeit" festzustellen. Wenn sich bei einem Patienten oder Klienten herausgestellt hat, daß Alkohol bzw. Medikamente zwar mißbräuchlich eingesetzt wurden, aber **keine** manifeste Abhängigkeit besteht, dann ist das Therapieprogramm die geeignete Behandlungsmethode.

Gruppe und Materialien. Eine Gruppenstunde wird mit ca. 100 Minuten veranschlagt. Das Programm ist auf zwölf Sitzungen konzipiert. Bewährt hat sich eine Gruppengröße von acht bis zwölf Teilnehmern. Als Material können die Arbeitsunterlagen aus diesem Buch verwendet werden. Sehr nützlich ist ein Overhead-Projektor und Folien der Arbeitsmaterialien, ebenso wie eine Stellwand mit Papierbögen zum Schreiben. Günstig sind Kassettenrecorder oder eine Videoanlage zur Aufzeichnung der Rollenspiele, die die Auswertung erleichtern können. Schließlich werden vier bis sechs kleine Igelbälle und eine von beiden Seiten begehbare Stehleiter benötigt. Nach jeder Gruppenstunde wird ein Beurteilungsfragebogen, der in Anlehnung an die in der klientenzentrierten Gesprächstherapie verwendeten Inventare (Minsel, 1975) und an den Fragebogen von Petry (1985) konzipiert wurde, verteilt.

Aufbau. Das Therapieprogramm ist in inhaltliche und methodische Schwerpunkte gegliedert. Frühere Versionen des gruppentherapeutischen Programms dokumentieren die Entwicklung von den Anfängen bis zur heutigen Form (Schuhler & Martin, 1990; Schuhler & Jahrreiss, 1994; Schuhler, 1998).
Folgende Übersicht faßt den Aufbau der zwölf Gruppenstunden zusammen:

Aufbau des Programms

Einführungsstunde

- Einführung in Ziele, Aufbau und Methoden des Programms
- Paarinterview und Vorstellungsrunde:
- Stellwandbild mit Erwartungen, Problemen und Ursachenzuschreibungen der Teilnehmer
- Narrative „Der Alkohol übernimmt die Macht" und „Der Alkohol als Seelentröster"
- Beurteilungsbogen für Patienten

Zweite Sitzung

- Einführung in das bio-psycho-soziale Verstehensmodell
- Erlebnisaktivierende Übung „Die Zitrone"
- Erlebnisaktivierende Hyperventilationsübung
- Erläuterung der Arbeitsweise des vegetativen Nervensystems und der Art und Weise, wie Alkohol und Medikamente eingreifen auf der Grundlage der Übungen
- Beurteilungsbogen für Patienten

Dritte Sitzung

- Vegetative Fehlsteuerung und Regulation durch Alkohol oder Medikamente
- Erlebnisaktivierende Übung „Wie wir das vegetative Nervensystem zum Anspringen bringen können"
- Narrativ „Ein alltäglicher Fall aus der Gruppenarbeit"
- Hausaufgaben: Alkohol und Medikamente auf dem Prüfstand „Mein persönlicher Leitfaden zum Durchleuchten meines Alkohol- bzw. Medikamentenkonsums"
- Beurteilungsbogen für Patienten

Vierte Sitzung

- Hausaufgaben besprechen
- Soziale Stressoren und Entspannungsfaktoren mit erlebnisaktivierenden Paarübungen
- Bearbeitung schriftlichen Materials „Wie ich meine Mitmenschen erlebe und welche Rolle der Alkohol bzw. Medikamente dabei spielen".
- Beurteilungsbogen für Patienten

Fünfte Sitzung

- Innere Steuerung mit erlebnisaktivierender Übung „Mein peinlichstes Erlebnis"
- Streßmodell und Entspannungsmodell
- Die Macht der Phantasie
- Stell Dir vor: Die Kräfte der Imagination
- Beurteilungsbogen für Patienten

Sechste Sitzung

- Verdeckte Sensibilisierung
- Gelenkte Streßimagination und innere Dialoge
- Rollenspiele
- Beurteilungsbogen für Patienten

Siebte Sitzung

- Verdeckte Verstärkung
- Aufmerksamkeitslenkung
- Rollenspiele
- Beurteilungsbogen für Patienten

Achte Sitzung

- Schäden durch Alkohol bzw. Medikamente
- Problemtrinken und schädlicher Medikamentenkonsum im Gegensatz zur Abhängigkeit
- Rollenspiele
- Beurteilungsbogen für Patienten

Neunte Sitzung

- Selbstabwertung und Alkohol bzw. Medikamente
- Übung: Der Kopf ist rund, damit das Denken seine Richtung verändern kann
- Beurteilungsbogen für Patienten

Zehnte Sitzung

- Angst und Alkohol bzw. Medikamente
- Patientengeschichte „Angst"
- Rollenspiele
- Hausaufgaben „Was denken – was fühlen – was tun"
- Beurteilungsbogen für Patienten

Elfte Sitzung

- Hausaufgaben besprechen
- Soziale Kontaktregulation
- Rollenspiele
- Beurteilungsbogen für Patienten

Zwölfte Sitzung

- Rückblick und Ausblick mit erlebnisaktivierender Übung „Die Leiter"
- Manöverkritik und Abschlußrunde

4.1 Einführungsstunde

4.1.1 Einführung in Ziele, Aufbau und Methoden des Programms

Zielsetzung, Aufbau und Methoden des Programms werden verdeutlicht. Die Erläuterung kann etwa folgendermaßen gehalten werden: „Uns hat ein gemeinsames Thema zusammengeführt: die Rolle, die Alkohol bzw. Medikamente bei der täglichen Streßbewältigung spielen. Wir gehen dabei von dem Grundverständnis aus, daß jeder von Ihnen Alkohol bzw. Medikamente gewissermaßen in einem Selbstheilungsversuch eingesetzt hat, um sich selbst zu helfen, um beispielsweise leistungsfähiger zu sein, weniger Angst zu haben oder mit Schmerzen besser fertig zu werden. In diesem Sinn ist es sehr verständlich, daß gerade Alkohol und Medikamente zu den häufigsten gefährlichen Problemlösern geworden sind, die uns im Alltag zur Verfügung stehen: Denn was ist natürlicher als trinken? – Und gehört der Alkohol in unserer Kultur nicht zu jedem Fest, begleitet er uns nicht schon seit unserer Kindheit? – Und erst Medikamente? Das ist doch Medizin, die kommt doch vom Arzt und Apotheker. Medikamente versprechen doch Heilung oder zumindest Linderung. Wer denkt da gleich an Gefahr, wenn man die Medikamente dringend braucht, um schließlich auch für andere da zu sein. So verständlich der Konsum von Alkohol und Medikamenten auch ist, so gefährlich kann dieser aber auch werden. Und ich möchte mit Ihnen zusammen herausfinden, **wie** Alkohol und Medikamente in Ihren Alltag integriert sind, d.h., welche Dienstfunktion für die großen und kleinen Probleme des Alltags sie übernommen haben. Das zeigt uns schon, daß es viel auch um Streß und Streßbewältigung gehen wird und Sie einiges erfahren können, auf welche Weise Belastung und Druck besser bewältigt werden kann als durch die chemischen Helfer im Alkohol und den Medikamenten. Hier sehen Sie eine Zusammenfassung über Inhalte und Methoden des Programms."

Alkohol und Medikamente im Alltag
Aufbau des Programms

Inhalte

- Wie wirken Alkohol und Medikamente im Körper und auf unser Verhalten?
- Unser inneres Steuerungssystem: Welche Rolle spielen unser Kopf, unsere Gedanken und Gefühle?
- Freunde, Kollegen, Familie – unser soziales Netz ist auch beteiligt

Übungsformen

- Vortragselemente, schriftliches Material
- Übungen in der Vorstellung und Phantasie („mentales Training")
- Übungen zu zweit und in der Gruppe
- Rollenspiele und Erproben im Alltag

„Weil das Spektrum des Zusammenwirkens von Streß und Alkohol oder Medikamenten aber unendlich groß ist und Ihre Sichtweise und Ihre ganz persönliche Situation das Programm bestimmen sollen, schlage ich Ihnen vor, daß wir uns alle zum Thema äußern – allerdings in einer bestimmten Form, die ich gleich erläutere."

4.1.2 Paarinterview und Vorstellungsrunde

Ziele. Die Erwartungen jedes Teilnehmers an die gruppentherapeutische Arbeit werden herausgearbeitet. Dabei erfolgt ein erstes Festlegen zentraler Problembereiche und deren Beschreibung. Der direkte Kontakt mit den anderen Patienten wird gefördert, um soziale Aktivität auf- und passive Erwartungshaltungen abzubauen. Die Gruppe wird darin unterstützt, soziale Rückkoppelungsprozesse zu erfahren. Das Zusammentragen der individuellen Erwartungen gibt Gelegenheit, unrealistische Wünsche und Ziele zu diskutieren und zu korrigieren, um so die Zielsetzung des Programms noch deutlicher zu machen.

Durchführung. Das Kennenlernen und ein erster Einstieg in die Thematik erfolgt im „Paarinterview". Jeder Patient erhält eine schriftliche Information dazu. Die Patienten werden gebeten, sich einen Gesprächspartner zu suchen und mit ihm drei Fragen zu erörtern. Jedes Gesprächspaar hat insgesamt zwanzig Minuten Zeit. Dabei steht zunächst der eine als Interviewpartner zehn Minuten zur Verfügung, dann wechseln die Rollen. Nach zwanzig Minuten stellt jeweils einer den anderen vor. Dabei wird der vorgestellte Partner stets ermuntert zu reflektieren, inwieweit er sich im Bericht seines Gesprächspartners abgebildet sieht. Korrekturen und Ergänzungen werden erbeten. Die zusammengetragenen Problembereiche werden während der Be-

richte an der Stellwand von dem Gruppentherapeuten gesammelt. Dabei trennt der Therapeut zwischen „Erwartungen und Wünschen", „Problem: ja, weil .../Problem: nein, weil ..." und „Ursachen für Probleme mit Alkohol bzw. Medikamenten".
In der ersten Stunde ergibt sich häufig ein typisches Bild der Auskünfte, wie der Auszug aus den Ergebnissen einer Vorstellungsrunde zeigt.

Auswertung. Welche Erfahrungen wurden im sozialen Kontakt gemacht? Welche Reaktionen auf Korrekturen durch andere und auf die Erfordernis, selbst zu korrigieren, hat der einzelne erfahren? Wie breit ist das Spektrum der Problembereiche und der individuellen Ziele? Erfahrungsgemäß ist diese Palette zunächst eher klein. Die Teilnehmer neigen zum Herunterspielen und Wegschieben der eigenen Verantwortung. Darauf sollte in nicht-konfrontativer Weise hingewiesen werden, etwa, daß sich herausgestellt habe, daß offenbar vor allem von außen die Anregung gekommen sei, an der Gruppe teilzunehmen. Das Ziel der Gruppenarbeit sei, die oft verdeckte Wirkung von Alkohol und Medikamenten offenzulegen und für den einzelnen deutlich werden zu lassen. Typischerweise sei diese am Anfang einer therapeutischen Arbeit nicht so deutlich. Nach aller Erfahrung sei es jedoch interessant und aufschlußreich, im Lauf der therapeutischen Arbeit die Wirkweise von Alkohol oder Medikamenten zu entdecken. Darüber hinaus sollen die Interaktionen der Gruppenteilnehmer beachtet werden: Wie ist der Kontakt der Interviewpartner? Interessiert sich die Gruppe füreinander? Gibt es Anzeichen für dominante oder submissive Gruppenteilnehmer?

4.1.3 Narrative „Der Alkohol übernimmt die Macht" und „Der Alkohol als Seelentröster"

Ziele. Im Verhalten der Hauptfiguren der Geschichten sollen zentrale Probleme und Zusammenhänge im Umgang mit Suchtmittel und deren Einsatz im Alltag deutlich werden. Es geht um die bildliche Beschreibung des Sachverhalts, die Figuren und Situationen sollen lebendig dargestellt werden.

Durchführung. Die Narrative werden nicht vorgelesen, sondern erzählt. Bewährt hat sich folgende Einleitung: „Was Sie zusammengetragen haben (Hinweis auf Tafelbild), erinnert mich an einen früheren Teilnehmer dieser Gruppe. Bei dem war es so, daß ..." An die Erzählung wird die Frage angeschlossen: „Kommt Ihnen davon etwas bekannt vor?" Das Narrativ „Der Alkohol übernimmt die Macht" thematisiert auf recht undramatische, fast heitere Weise die Rolle des Alkohols bei der Alltagsgestaltung. Davon fühlen sich u.a. solche Patienten angesprochen, die noch keine oder kaum negativ getönte Auslöser für ihren Suchtmittelkonsum erkennen können: „Ich habe getrunken, wenn es mir gut ging, wenn ich mir etwas gönnen wollte." Das Narrativ läßt bedrückende Elemente im Alltag nur anklingen, bspw. die Einsamkeit des Mannes, und stößt damit erste Assoziationen zwischen verdecktem Problem, Verleugnungstendenzen und Alkoholwirkung an. Der „Alkohol als Seelentröster" dagegen thematisiert direkt die besänftigende Wirkung des Alkohols bei Einsamkeit und Mißerfolgsängsten. Die Zusammensetzung der Gruppe hinsichtlich der subjektiven Problemsichtweisen entscheidet darüber, welches oder ob beide Narrative erzählt werden.

Tabelle 3: Auszug aus den Ergebnissen einer Vorstellungsrunde

Erwartungen/Wünsche	Problem: ja, weil ...	Problem: nein, weil ...	Ursachen für Probleme
Keine Wünsche	*Arzt sagt, Leberwerte nicht o.k.*	*trinke nicht mehr als andere*	*Mobbing: muß den Ärger mal vergessen* *körperliche Schmerzen*
bin geschickt worden			*vom Arzt verschrieben*
Information und Aufklärung			*kann nicht durchschlafen, muß aber morgens funktionieren* *zum Abschalten*

Auswertung. Die unterschiedlichen Assoziationen der Teilnehmer werden zusammengetragen und dabei soll die Problemsicht auf die Streßregulation durch Alkohol oder Medikamente vertieft werden.

4.1.4 Beurteilungsbogen für Patienten

Jeder Patient erhält nach dem Ende der Gruppenstunde ein Exemplar des Fragebogens. Diese Vorgehensweise gilt für jede Stunde.

Die Beurteilungen können einmal, direkt bezogen auf Verlauf und Ergebnis der jeweiligen Gruppenstunde, ausgewertet werden und andererseits in ihrer Veränderung über das gesamte Programm hinweg betrachtet werden. Wie sich in einer Untersuchung (Schuhler & Jahrreiss, 1996) zeigte, unterschieden sich Patienten, die mit großem Erfolg am Therapieprogramm teilgenommen hatten, von solchen, die nur wenig profitierten, vor allem hinsichtlich der schon in den ersten Stunden erfolgten subjektiven Einschätzung, ein Wir-Gefühl zu erleben, die Gruppe hoch zu bewerten, gerne zu kommen und in dem Bewußtsein, Hilfe erhalten zu haben.

Paarinterview

Bitte suchen Sie sich eine Gesprächspartnerin/einen Gesprächspartner und erörtern Sie mit ihr/ihm die nachstehenden drei Fragen. Bitte einigen Sie sich, wer zuerst Auskunft gibt und wer den anderen „interviewt". Die Interviewerin bzw. der Interviewer sollte bitte das Gegenüber ermuntern, über sich Auskunft zu geben durch Nachfragen, freundliches Interesse, Ermunterung. Nach zehn Minuten wechseln die Rollen.
Hier die Fragen:

1. Mit welchen Erwartungen und Wünschen sind Sie in die Gruppe „Probleme mit Alkohol oder Medikamenten" gekommen?
2. Sehen Sie Ihren eigenen Umgang mit Alkohol bzw. Medikamenten als problematisch an? Wenn ja, warum? Wenn nein, warum nicht?
3. Falls Sie bei sich ein Problem erkennen: Wo sehen Sie die Ursachen dafür, daß sich ein problematischer Umgang mit Alkohol bzw. Medikamenten entwickelt hat?
4. Mit welchem Gefühl und in welcher Stimmung sind Sie heute hierher gekommen?

Die Interviewer/innen sollen sich bitte die Antworten der Gesprächspartnerin/des Gesprächspartners so gut merken, daß sie/er später der Gruppe darüber berichten kann.
Bitte machen Sie sich keine schriftlichen Notizen.

Der Alkohol übernimmt die Macht

Ein Junggeselle, der sehr viel und engagiert arbeitet, kann am Sonntag oft nicht so recht mit sich etwas anfangen. Er weiß eigentlich, daß der Tag zum Entspannen da ist, versteht aber eigentlich nur schlafen darunter. Er lebt alleine und hat so niemanden, dem er die Anerkennung, die er durch seinen hohen Einsatz im Beruf findet, mitteilen könnte. Am Sonntag beschließt er also, sich etwas zu gönnen, sich etwas Gutes zu tun. Er plant eine Wanderung an einem Frühlingstag und geht auch um 8.00 h los. Er hat sich ca. 10 km für den ganzen Tag vorgenommen. Da er weiß, daß irgendwo unterwegs ein Gasthaus ist, hat er sich auch keinen Proviant mitgenommen. Die ersten drei Kilometer geht es ihm noch sehr gut, er fühlt sich wohl. Die nächsten Kilometer fallen schon schwerer, die Sonne wird stärker, der Körper baut ab, Durst kommt auf. Er fragt sich immer öfter, wann wohl das Gasthaus auftaucht, in dem er etwas zu sich nehmen kann. Endlich angekommen freut er sich auf ein Bier, zusammen mit einem guten Essen. Ihm geht es wirklich sehr gut. Er hat das Gefühl, etwas für sich getan zu haben und nun wirklich eine Erfrischung zu verdienen. Dann kommt das Pils, leuchtet ihm golden entgegen, das Kondenswasser rinnt am Glas herab und die weiße Schaumkrone wölbt sich über den Glasrand. Genießerisch setzt er das Glas an, trinkt die ersten kalten Schlucke und spürt, wie ihm das kalte Bier wohltuend die Kehle hinabrinnt. Weil er durstig ist, trinkt er schnell zwei Bier hintereinander. Der Alkohol wirkt und verstärkt seine gute Stimmung. Ihm wird immer leichter zumute, er genießt die Atmosphäre und das Essen. Noch hat er vor, in absehbarer Zeit wieder den Rückweg anzutreten. Doch nach dem Essen trinkt er noch ein Bier und dann bleibt er noch ein bißchen, weil es so schön ist. Schließlich bestellt er noch ein Bier, um das wunderbare Gefühl zu halten. Aber allmählich macht das Bier nicht mehr angenehm leicht ums Herz, sondern läßt ihn schläfrig und müde werden. Er schafft es schließlich nicht mehr, aufzustehen und nach Hause zu gehen. Ein Taxi wird gerufen und er fährt nach Hause. Dort trinkt er schließlich noch ein Bier und schläft ein.

Die Bilanz: Der Alkohol hat ihm den Tag gestohlen. Schon sehr früh hat das Suchtmittel angefangen zu bestimmen. Schon nach drei Kilometern war er zumindest gedanklich mit Bier beschäftigt. In dem Gasthaus kam er schließlich nicht mehr davon los. Kurzfristig hat der Alkohol ihm angenehme Gefühle verschafft, die aber bereits am Ende des Tages vergangen waren und abgelöst wurden von einem dumpfen Gefühl der Müdigkeit.

Der Alkohol als Seelentröster

Ein Vertreter für Elektrogeräte war beruflich viel unterwegs und mußte deshalb häufig in Hotels übernachten. Eines Tages war er schon vier Tage von zu Hause weg, hatte bereits Kunden in drei verschiedenen Städten besucht. Er übernachtete nun in einem fremden Hotel, genau wie an den vorangegangenen Tagen. Der Tag verlief für ihn nicht sehr erfolgreich und alles hing nun von einem wichtigen Gespräch am nächsten Morgen ab. Der Vertreter hatte zu Abend gegessen, war ein wenig in der fremden Stadt herumgelaufen und hatte nun wieder etwas unschlüssig sein Hotelzimmer erreicht. Zum Schlafengehen war es noch viel zu früh, andererseits wußte er aber auch nicht, was er noch mit seiner Zeit anfangen sollte. Lange Telefongespräche nach Hause waren nicht möglich wegen der Kosten. Ihm war etwas einsam zumute und er spürte das Bedürfnis nach einem Menschen, der für ihn da war und ihm zuhörte. Vielleicht würde es sogar einfach genügen, dachte er, wenn er mit jemandem etwas plaudern könnte. Aber er saß nun einmal in dieser fremden Stadt, in dem anonymen Hotelzimmer und niemand war für ihn da. Schließlich hatte er eine Idee: Er ließ sich ein heißes Bad einlaufen und schenkte sich aus der Zimmerbar einen Whisky ein. Er stieg in die dampfende Badewanne und trank dabei den Whisky, der ihm warm die Kehle hinunterrann. Als ob man innen ein Licht anzündet und alles hell und warm wird – so empfand er den Alkohol. Ein zweiter Schluck vertiefte das Gefühl von Entspannung und Wohlbefinden. Ihm wurde warm, er streckte sich wohlig, der Alkohol tat seine Wirkung. Zusammen mit dem heißen, dampfenden Bad wurde die entspannende Wirkung des Alkohols noch verstärkt. Das Einsamkeitsgefühl verflog, das schwierige Gespräch morgen glaubte er, lässig bestehen zu können. Der Alkohol machte aus einer kalten und nichtssagenden Umwelt, die zudem noch mit Mißerfolg drohte, im Handumdrehen eine warme und angenehme Atmosphäre. Das Suchtmittel gaukelte auf künstlichem Weg Entspannung vor. Der Vertreter erinnerte sich das nächste Mal daran, als er sich einsam fühlte, unverstanden oder als er vor einem schwierigen Verkaufsgespräch Angst hatte. Am Anfang half ihm der Alkohol nur beim Abschalten und beim Einschlafen, später trank er den Alkohol auch direkt vor besonders wichtigen Abschlüssen, weil er glaubte, dann sicherer und überzeugender sprechen zu können. Auf der nächsten Stufe brauchte er den Alkohol, um überhaupt seinen Alltag zu überstehen. Sein geschäftlicher Erfolg, sein Einkommen, sein Selbstwertgefühl wurde immer stärker mit dem Alkohol verbunden. Nach und nach übernahm der Alkohol das Zepter und bestimmte, wie der Alltag gestaltet wurde.

Fragebogen zur Beurteilung der Gruppenstunde

Name: Gruppe:

Nachfolgend werden Sie gebeten, die heutige Gruppenstunde zu beurteilen.
Durchkreuzen oder umkreisen Sie hierzu bitte die Antwort, die Ihrer Bewertung am besten entspricht.

1. Ich glaube, daß mir diese Gruppenstunde geholfen hat.

völlig richtig	eher richtig	keine Meinung	eher falsch	völlig falsch

2. Während der Stunde habe ich mich mit den anderen Gruppenteilnehmern verbunden gefühlt.

völlig richtig	eher richtig	keine Meinung	eher falsch	völlig falsch

3. In dieser Stunde sind mir manche Zusammenhänge zwischen meinem Alkohol- und/oder Medikamentenkonsum und meinen persönlichen Problemen deutlich geworden.

völlig richtig	eher richtig	keine Meinung	eher falsch	völlig falsch

4. Nach dieser Stunde setze ich größere Hoffnungen in die Zukunft.

völlig richtig	eher richtig	keine Meinung	eher falsch	völlig falsch

5. Heute habe ich neue Wege kennengelernt, um besser mit meinen Problemen umzugehen.

völlig richtig	eher richtig	keine Meinung	eher falsch	völlig falsch

6. Ich habe heute hilfreiche Ratschläge für mich erhalten.

völlig richtig	eher richtig	keine Meinung	eher falsch	völlig falsch

7. Die Probleme, die wir heute diskutiert haben, betrafen mich stark.

völlig richtig	eher richtig	keine Meinung	eher falsch	völlig falsch

8. In dieser Stunde fiel es mir leicht, mit den anderen über meine persönlichen Probleme zu reden.

völlig richtig	eher richtig	keine Meinung	eher falsch	völlig falsch

Fragebogen zur Beurteilung der Gruppenstunde

9. Ich habe nach dieser Stunde mehr Vertrauen in mich und in meine Fähigkeiten.

völlig richtig	eher richtig	keine Meinung	eher falsch	völlig falsch

10. Heute habe ich mehr Wissen über Alkohol- und Medikamente erworben.

völlig richtig	eher richtig	keine Meinung	eher falsch	völlig falsch

11. In dieser Gruppenstunde habe ich mich wohl gefühlt.

völlig richtig	eher richtig	keine Meinung	eher falsch	völlig falsch

12. In dieser Stunde sind mir Ursachen für meinen Alkohol- und/oder Medikamentenkonsum deutlich geworden.

völlig richtig	eher richtig	keine Meinung	eher falsch	völlig falsch

13. In dieser Gruppenstunde habe ich etwas über die Zusammenhänge zwischen körperlichen Beschwerden und Alkohol- bzw. Medikamentenkonsum erfahren.

völlig richtig	eher richtig	keine Meinung	eher falsch	völlig falsch

14. Nach dieser Gruppenstunde nehme ich mir vor, künftig anders mit Alkohol und/oder Medikamenten umzugehen.

völlig richtig	eher richtig	keine Meinung	eher falsch	völlig falsch

15. Heute ist mir klar geworden, wie kritisch sich mein Alkohol- und/oder Medikamentenproblem schon entwickelt hatte.

völlig richtig	eher richtig	keine Meinung	eher falsch	völlig falsch

4.2 Zweite Sitzung

4.2.1 Einführung in das bio-psycho-soziale Verstehensmodell

Ziele. Das bio-psycho-soziale Krankheitsmodell mit dem Schwerpunkt auf der psycho-physiologischen Steuerung wird eingeführt, dabei soll die Dynamik der vegetativen Steuerung deutlich werden, deren Ziel es ist, alle Körperfunktionen in einem ausgeglichenen Zustand zwischen Anspannung und Entspannung, Belastung und Erholung zu erhalten. Den Teilnehmern soll verdeutlicht werden, daß in einem lebendigen Organismus dieses Gleichgewicht nicht Stillstand bedeuten kann, sondern daß die einzelnen Funktionen – Blutdruck, Körpertemperatur etc. – ständig innerhalb bestimmter Grenzen schwanken und daß es auch beim gesunden Menschen zu „Fehlsteuerungen" kommen kann, die im Fall des Alkohol- bzw. Medikamentenmißbrauchs durch das Suchtmittel konterkariert werden. Das sympathische bzw. parasympathische Nervensystem wird erklärt und dessen Aufgaben der vegetativen Regulation, also die Energiebereitstellung und die Funktion, für Entspannung zu sorgen. Wie unterschiedlich sich das parasympathische bzw. sympathische Nervensystem in der körperlichen Reaktion ausdrücken kann, wird erläutert. Darüber hinaus erfolgt eine erste Heranführung an die Prinzipien und Dynamik der kognitiven Steuerung. Der Baustein basiert auf zwei erlebnisaktivierenden Übungen, der „Zitrone" und der Hyperventilationsübung, an die sich die thematische Einheit „das vegetative Nervensystem" anschließt. Das Vorgehen orientiert sich an Gruppentrainingsprogrammen bei psychosomatischen Störungen (Franke, 1984; Leidig & v. Pein, 1993).

4.2.2 „Die Zitrone"

Durchführung. Die Patienten werden gebeten, sich vorzustellen, in eine saftige große Zitrone hineinzubeißen. Der dabei unwillkürlich eintretende Speichelfuß wird als Resultat der vegetativen Steuerung erklärt.

Material. Bei der „Zitronenübung" sollte eine anschauliche Beschreibung der Zitrone erfolgen, etwa folgendermaßen: „Bitte stellen Sie sich eine schöne, gelbe Zitrone vor: großporig, von außen ahnt man schon die dicke Schale mit dem weißen Fruchtfleisch. Die Zitrone liegt vor Ihnen auf einem Brett. Sie schneiden die Zitrone durch, der Saft spritzt auf Ihre Hände. Und nun nehmen Sie eine Hälfte und beißen herzhaft hinein." Nach einer kleinen Pause fragt der Therapeut: „Bemerken Sie etwas in Ihrem Körper? – Vermutlich können wir alle feststellen, wie uns das Wasser im Mund zusammenläuft. Unser Organismus bereitet sich auf Nahrungsaufnahme vor. Und wenn wir ein Endoskopiegerät hier hätten und in unseren Magen hineinsehen könnten, dann würden wir feststellen, daß auch unsere Magensäfte vermehrt produziert wurden."

Auswertung. An dem kleinen Beispiel der Zitrone sollen zwei wichtige Betriebsfunktionen unseres vegetativen Nervensystems erläutert werden: 1. Das vegetative Nervensystem arbeitet ohne unser Zutun. Es ist gewissermaßen autonom, unabhängig von unserem Willen. 2. Das vegetative Nervensystem reagiert nicht nur auf die Realität, auf das, was wir wirklich erleben, sondern auch auf das, was wir uns nur vorstellen, auf das, was in unserem Kopf ist. Den Patienten soll vermittelt werden, daß schließlich keine Zitrone wirklich im Raum war: Sie war nur in unseren Köpfen. Das gibt uns einen ersten Hinweis darauf, wie wichtig unser Denken und Fühlen ist. Wenn wir grübeln, uns Sorgen machen, schwer träumen, gedanklich nicht loslassen können, registriert das unser inneres Betriebssystem, das vegetative Nervensystem, und signalisiert „Alarm". Alle Sirenen heulen gewissermaßen. Und: Alkohol und Medikamente stehen stets bereit zum Löschen!
Im Anschluß daran wird eine Hyperventilationsübung durchgeführt: Die Patienten werden gebeten, schnell und heftig Luft abzuatmen, also hechelnd zu atmen. Der – harmlose, weil vorübergehende – körperliche Stressor, die Hyperventilation, ruft eine Vielzahl von Körpersensationen hervor wie leichten Schwindel, Ohrendruck, beschleunigten Herzschlag, Kribbeln, Taubheitsgefühle in Armen oder Beinen. In der Regel tauchen dabei auch in Ansätzen die funktionellen oder psychosomatischen Beschwerden auf, unter denen die Patienten auch im Alltag leiden und die durch Alkohol bzw. Medikamente zu dämpfen versucht werden. Die Verbindung zwischen Streßfaktor, körperlicher Reaktion und Alkohol- bzw. Medikamentenwirkung wird erläutert.

4.2.3 Die Hyperventilationsübung

Durchführung. Die Hyperventilationsübung wird folgendermaßen eingeführt: „Ich will Sie nun zu einer kleinen Übung einladen, einer Atemübung, zu der ich vorab gar nicht viel sagen möchte, sondern deren Bezug zu unserem Thema nachher in der Auswertung hoffentlich deutlich werden wird. Ich möchte Sie bitten, mit mir zusammen einmal anders zu atmen, als unsere Spontanatmung abläuft. In der Übung geht es darum, möglichst hoch zu atmen, gewissermaßen im Brustraum, nicht im Bauch. Außerdem kommt es darauf an, möglichst viel Atem abzugeben, gewissermaßen in Atemwürfen die Luft nach drau-ßen zu befördern. Wenn man so will, ist es ein hechelndes Atmen. Ich mache Ihnen die Atmung kurz vor (Der Gruppentherapeut demonstriert das hyperventilierende Atmen). Gut, dann möchte ich Sie bitten, sich entspannt hinzusetzen, die Beine nebeneinander zu stellen, die Arme auf die Stuhl-lehne oder auf die Oberschenkel zu legen und mit mir zusammen in der hechelnden Art und Weise zu atmen".

Die Hyperventilationsatmung wird etwa eine bis maximal zwei Minuten durchgeführt. Die Gruppe wird dann gebeten, innezuhalten, die Augen zu schließen und von Kopf bis Fuß zu registrieren, welche Körperempfindungen wahrgenommen werden. Dabei gibt der Gruppentherapeut die Anweisung, Kopf, Hals, Brustbereich, Bauch, Gesäß, Oberschenkel, Unterschenkel, Füße, Hände, Herzgegend nach bestimmten Körperreaktionen zu „durchleuchten". Dann werden die Teilnehmer gebeten, die Augen zu öffnen und reihum zu berichten, was sie in ihrem Körper wahrgenommen haben. Dabei werden vielfältige Körpersensationen beschrieben: Von Benommenheit bis leichtem Schwindel, beginnendem Kopfschmerz, feuchten Händen, Ziehen in der Herzgegend, flauem Gefühl in der Magengegend, Kribbeln in Händen und Beinen und anderes mehr.

Auswertung. Die Hyperventilationsübung wird als körperlicher Stressor erklärt, der gezielt, quasi als Verhaltensexperiment, eingeführt wurde. Die Grundmerkmale der Hyperventilation werden erläutert, etwa daß die Streßbelastung für den Körper darin besteht, daß sich das Sauerstoffgemisch in der Lunge vorübergehend verändert, daß mehr CO_2, also verbrauchte Luft, abgeatmet wird, als der Atemkreislauf gewohnt ist. Die vorübergehende Irritation der Körperabläufe wird dargestellt, daß sie sich wie Beschwerden anfühlen, aber keine Krankheitssymptome im organmedizinischen Sinne sind. Da die Hyperventilation zu vielen psychischen bzw. psychosomatischen Krankheitsbildern gehört, vornehmlich zu den Angststörungen, wird auch demonstriert, daß die gezielte Rückatmung verbrauchter Luft, etwa durch das Atmen in die Armbeuge genügt, um die angenehm erlebte Balance im Körpergleichgewicht wieder herzustellen. Es wird darauf hingewiesen, daß bei Hyperventilationsanfällen häufig Beruhigungsmittel verabreicht werden oder auch oft Alkohol zur Beruhigung konsumiert wird. Die Verflechtung zwischen körperlichem Unwohlsein, Angstaufbau und Suchtmitteleinsatz ist besonders wichtig, um zu demonstrieren, daß Alkohol bzw. Medikamente durch alternative Bewältigungsmittel ersetzt werden können, wenn man die körperlichen Abläufe in Verbindung mit dem eigenen Denken und Fühlen kennt und sich dann darauf einstellen kann, ohne Suchtmittel Unwohlsein oder Krisen zu überstehen.

4.2.4 Beurteilungsbogen für Patienten austeilen

Körper – unser Betriebssystem: Das vegetative Nervensystem

Körperliche Streßreaktionen*, z.B. Schlafstörungen, Appetitverlust, Kopfschmerzen – können als sinnvolle Antwort des Körpers auf außergewöhnliche Belastungen verstanden werden. Man kann sich das folgendermaßen vorstellen: Die vegetative Steuerung bewegt sich, wenn keine besonderen Aufregungen passieren, auf einem Normalmaß. Tritt etwas Außergewöhnliches ein, – bspw. ein Autofahrer bremst unvorhergesehener Weise auf der Autobahn – dann schnellt der Adrenalinspiegel hoch, das vegetative Nervensystem meldet Alarm und schlägt über die normale Schwankungsbreite hinaus aus. Ihnen wird für einen Moment „flau" im Magen. Ist die Gefahr vorüber, weil Sie das bremsende Auto überholt haben, dann wird im Körper Entwarnung gegeben: Die vegetativen Funktionen pendeln sich wieder auf das normale Maß ein. Der Magen beruhigt sich wieder.
Der Körper versorgt uns in diesem Fall mit viel Energie und versetzt uns eigentlich in die Lage, loszusprinten oder uns heftig zu wehren – ein Erbe von unserem Vorfahr, dem Steinzeitmenschen. Sein Bio-Programm, also seine körperliche Bereitschaft zu reagieren angesichts einer Gefahr oder Bedrohung, haben wir – zum Glück – immer noch zur Verfügung. Diese biologische Ausstattung erlaubt uns nämlich im Grunde, flexibel und kraftvoll zu reagieren.
Im Alltag „beruhigt" sich das vegetative Nervensystem oft nicht so prompt, zudem gehen die Streßsituationen nicht so schnell vorüber, wie man einen nicht gut einschätzbaren Fahrer auf der Autobahn hinter sich lassen kann. Im Gegenteil: Immer wiederkehrende, nicht oder kaum zu beeinflussende (so kommt es dem Betroffenen zumindest oft vor) Streßfaktoren wirken so, wie ein steter Tropfen den Stein höhlt. Und in diesen chronischen Streßbelastungen lockt der Griff zur Flasche oder zum Psychopharmakon: Denn unser inneres Betriebssystem, das vegetative Nervensystem, profitiert davon! Zwar nur kurzfristig und zum Preis hoher Risiken – aber: Für den Augenblick fühlt man sich erleichtert. Manchmal schon dadurch, daß man nur an den Alkohol am Abend oder an die Pillen in der Tasche denkt. Merke: Auch hier greift die Tatsache, daß unser Nervensystem auf das reagiert, was in unserem Kopf vor sich geht.

* Unter körperlichen Streßreaktionen werden solche körperlichen Beschwerden verstanden, die keine organpathologische Ursache haben.

Wie man sich die streßlösende Wirkung von Alkohol und Medikamenten erklären kann

Wenn „uns der Schreck in die Glieder fährt", „das Herz in die Hose rutscht", „wir vor Wut an die Decke gehen" – dann beschreibt schon unsere Umgangssprache Abläufe, an denen unser inneres Betriebssystem, das vegetative Nervensystem, beteiligt ist. Dieses Nervensystem sorgt für die psychosomatischen Funktionen in unserem Körper, bei denen Alkohol oder Medikamente eine zunächst kleine Rolle spielen, dann aber still und heimlich immer mehr das Heft in die Hand nehmen und Regie führen.
Das Wort „psychosomatisch" kommt aus dem Griechischen und drückt den Zusammenhang zwischen leiblichem und seelischem Geschehen aus: „Psyche" heißt Seele und „Soma" Leib oder Körper. Hat jemand Kummer, dem „wird das Herz schwer" – „Ich hab mich über ihn schwarz geärgert". Wer das sagt, greift im Grunde die alte Vorstellung von der Galle auf, von der angenommen wurde, daß sie „schwarze Körpersäfte" produziere. Nach wie vor richtig ist, daß Ärger auf die inneren Organe so wirken kann, daß die Gallenfunktion angeregt wird. Verwandt ist auch das Bild von der „Galle, die übergeht". Und der Rat „Trink erst einmal einen Schnaps" ist gang und gäbe, wenn jemand gerade etwas Belastendes erlebt hat. In den vertrauten Redensarten finden wir somit bereits die bio-psycho-sozialen Bedingungsstücke der psychosomatischen Reaktion und die Gründe, warum Menschen trinken.

„**Bio**" weist auf die körperlichen Prozesse hin, wie zum Beispiel

- das Herz, das schneller schlägt
- die Gallentätigkeit, die aktiviert wird
- die Muskeln, die angespannt werden und sich verkrampfen
- der Schnaps, der auf biochemischem Weg die körperlichen Folgen der Spannung löst
- das Medikament, das auf biochemischem Weg die körperlichen Begleiterscheinungen der Angst löst (aber nicht die Ursache der Angst behebt).

„**Psycho**" umfaßt die Art und Weise, wie wir fühlen und denken, wenn das Herz schneller schlägt oder sich die Muskeln verkrampfen, wie beispielsweise

- ich fühle mich elend
- ich habe aber auch nie Glück
- gleich passiert etwas Schreckliches
- die Erfahrung, Alkohol macht mich ruhig
- das beruhigende Gefühl: „Ich habe mein Medikament in der Tasche – für alle Fälle".

„**Sozial**" berücksichtigt, daß wir stets im Austausch mit anderen leben und Konflikte mit anderen uns sehr zu schaffen machen können. Dabei spielt die Art und Weise, wie wir die soziale Welt begreifen, die entscheidende Rolle:

- „Das muß ich mir von dem nicht gefallen lassen"
- „Natürlich, ich bin ja in der Familie nur ein Gebrauchsgegenstand"
- „Keiner mag mich"
- „Wenigstens habe ich noch meinen Wein am Abend"
- „Ich weiß, das Medikament bringt mir Erleichterung".

Alle drei Faktoren – bio – psycho – sozial – beeinflussen sich gegenseitig. Alkohol oder Medikamente können dabei immer „mitmischen". Das macht sie so mächtig.

4.3 Dritte Sitzung

4.3.1 Vegetative Fehlsteuerung und Regulation durch Alkohol oder Medikamente

Ziele. Den Patienten soll deutlich werden, daß das vegetative Nervensystem unsere inneren Organe wie Herz, Kreislauf, Lungen, Magen, Darm, Geschlechtsorgane oder Harnblase steuert. Die Grundprinzipien der vegetativen Regulation werden vermittelt: Ohne unser willentliches Zutun sorgt die Schaltzentrale „Vegetatives Nervensystem" für das sehr komplexe Zusammenspiel zwischen inneren und äußeren Einflüssen und lebensnotwendigen Körperfunktionen. Im Prinzip stehen dabei der „Schaltzentrale" zwei „Betriebssysteme" zur Verfügung: Sympathikus und Parasympathikus, die beide dem Rückenmark entspringen, bilden ein Kommunikationsnetzwerk mit dem Gehirn, den inneren Organen, den Muskeln, dem Gefäßsystem und der Haut. Sie empfangen, interpretieren und senden Botschaften ab. Die beiden Teile des Nervensystems arbeiten als Antagonisten, d.h., sie sind in ihrer Wirkungsweise gegenläufig. Ist der eine aktiv, verharrt der andere in Ruhe. Das Betriebssystem Parasympathikus sorgt für Ruhe und Entspannung. Der Sympathikus aktiviert uns, sorgt für Alarmstimmung und bereitet den Körper auf Flucht oder Angriff vor. Die gemeinsame Aufgabe beider „Betriebssysteme" ist, für Ausgewogenheit zu sorgen zwischen Anspannung und Entspannung, Belastung und Erholung (Juli & Engelbrecht-Greve, 1980).

Das vegetative Nervensystem, das eine entscheidende Rolle bei der Entwicklung und Aufrechterhaltung psychischer Anspannung, körperlicher Beschwerden und Suchtmittelkonsum spielt, wird an zwei Beispielen „Herr Müller" und „Herr Schmidt" eingeführt. Den Teilnehmern soll die vegetative Steuerung und die Regulation unangenehm erlebter Befindlichkeiten durch Alkohol oder Medikamentenkonsum verdeutlicht werden.

Durchführung. Dem Teilnehmer wird folgender Sachverhalt erläutert:

Passiert anhaltend oder immer wieder etwas, das den Menschen erschreckt, wütend oder ängstlich macht, kommt es zu einer längeren Fehlsteuerung der Körperabläufe. Vagoton nennt man diese Fehlsteuerung dann, wenn vor allem der Parasympathikus „verrückt spielt", also beispielsweise Übelkeit aufsteigt, kalter Schweiß ausbricht, die Knie weich werden oder der Mensch sogar „ohnmächtig" wird. Die normale Schwankungsbreite der körperlichen Abläufe wird in diesem Fall unterschritten. Man spricht von einer Schreck- oder Schockreaktion: Möglich ist aber auch, daß der Mensch „sympathikoton" reagiert, d.h., daß vor allem der Sympathikus stärker als normal arbeitet. Dann erlebt der Mensch Herzklopfen und Muskelverkrampfung, seine Atmung wird schneller. Das kann bis zu Hyperventilationsanfällen gehen, die bedrohlich erlebt werden, aber eigentlich nicht gefährlich sind. Der Körper bereitet sich lediglich angesichts der anhaltenden Streßlage auf eine Kampf- oder Fluchtreaktion vor. Die Streßreaktionsbreite des menschlichen Körpers wird anhand der kleinen Narrative „Herr Müller" und „Herr Schmidt" verdeutlicht, die erzählt, nicht vorgelesen werden.

Allerdings sprinten wir nicht mehr los, um der bereitgestellten Energie Luft zu schaffen: Stehen wir heute unter Streß, ist unser Körper – wie früher – zu körperlichen Höchstleistungen zwar bereit – was tun wir aber oft? Wir halten die bereitgestellte Energie zurück und geben uns nicht die Möglichkeit zum natürlichen Abreagieren.

Auswertung. Den Patienten werden folgende Zusammenhänge erläutert: Die automatische Anpassung des Körpers an die Anforderungen aus der Umwelt funktioniert in einer gewissen Bandbreite. Sind die Anforderungen oder Belastungen allerdings zu groß oder halten sie über eine nicht mehr verkraftbare Zeit hinaus an, kommt es zu den sogenannten vegetativen oder funktionellen Störungen. Funktionelle Störungen deshalb, weil die inneren Organe, der Muskelapparat oder auch die Haut zwar noch medizinisch gesund, aber in ihrer Funktion gestört sind aufgrund der vegetativen Fehlsteuerung.

Wir „beherrschen" uns und bewahren mit aller Kraft „Haltung", d.h., die ursprünglich sinnvolle Körperreaktion ist nicht erwünscht, wir halten die Energie zurück und bezahlen dafür mit Verkrampfungen und unangenehmer bis schmerzhafter Anspannung. Für diesen Ablauf sorgt unser vegetatives Nervensystem, ganz ohne unser Zutun.

Die Schaltzentrale „Vegetatives Nervensystem" würde in einer technischen Beurteilung als Anlage qualifiziert werden, die zwar hochsensibel reagiert, aber wenig differenzierte Reaktionen zuläßt. So kann das vegetative Nervensystem nicht unterscheiden zwischen positiven oder negativen Gemütsbewegungen. Seine Reaktionen unterscheiden sich nicht, gleich ob es aus Freude, Wut, Ärger oder Streß in Gang gesetzt wurde.

Deshalb reagieren manche Menschen auch auf freudige oder langersehnte Ereignisse mit Streßsymptomen. Diese unangenehm erlebten Reaktionen auf eine angenehme Überraschung erscheinen dann besonders unerklärlich.

4.3.2 Erlebnisaktivierende Übung „Wie wir das vegetative Nervensystem zum Anspringen bringen können"

Ziele. Die Tätigkeit des vegetativen Nervensystems soll dadurch gezielt wahrgenommen werden, daß es zum „anspringen" gebracht wird durch die drei kleinen Übungen, die zur Aktivierung des vegetativen Nervensystems vorgeschlagen werden. Diese rufen ganz unterschiedliche Körperreaktionen hervor, die auch unterschiedliche physiologische Erklärungen haben.

Durchführung. Gemäß der Anleitung im Material „Das vegetative Nervensystem – unser inneres Betriebssystem" werden die drei Übungen durchgeführt.

Auswertung. Folgende Körpersensationen werden erörtert: Zum Beispiel Herzklopfen: Unter erhöhter Leistungsbereitschaft muß mehr Blut durch den Körper gepumpt werden, da es die Energie (Sauerstoff, Zucker) transportiert.
Oder Kribbeln in den Händen oder Füßen: diese Körpergefühle sind Folgen der Blutumverteilung. Eine rasche Umverteilung zeigt auch eine Veränderung der Warm- und Kaltwahrnehmung in den Händen und Füßen.
Erhöhter Speichelfluß: Die Vorstellung der Zitrone aktiviert die Speichelsekretion. Der Körper stellt sich auf das Verdauen von Nahrung ein, obwohl die Zitrone nur in der Vorstellung existierte.
Weiche Knie: Die Vorstellung, ein peinliches Erlebnis öffentlich zu machen, kann einen Flucht- oder Angriffsimpuls auslösen. Dann zittert die Muskulatur aufgrund der hohen Nervenerregung im Rahmen der Energiebereitstellung. Diese Körperreaktionen wurden jetzt bewußt herbeigeführt, deshalb beunruhigen Sie uns nicht.
Aber so wie der Körper in den kleinen Experimenten zuverlässig reagiert, so reagiert er auch, wenn wir uns im Alltag (nicht nur körperlich) anstrengen, uns Sorgen machen, die Zukunft schwarz sehen, nicht aufhören können zu grübeln und schafft Folgeprobleme: körperlich, seelisch, im Verhalten – der Mensch ist nicht mehr der alte.
Das **Problem**: Oft „hilft" im Alltag ein Glas Alkohol oder ein Psychopharmakon, das Medikament.
Die **Lösung**: Eigene Streßfallen erkennen – und wie der Alkohol oder das Medikament mißbräuchlich eingesetzt wurde, um vermeintlich besser damit fertig zu werden. Und umdenken: Welche besseren Wege als Alkohol oder Medikamente gibt es, um mit Streß fertig zu werden.

4.3.3 Narrativ „Ein alltäglicher Fall aus der Gruppenarbeit"

Ziele. Folgende Zusammenhänge werden verdeutlicht: Wer sich ständig mit Arbeit überhäuft, überall Konkurrenz wittert und kaum erholsamen Ausgleich hat, gibt seiner inneren Schaltzentrale, dem vegetativen Nervensystem, ständig den Impuls „Alarmbereitschaft". Das innere Betriebssystem Sympathikus sorgt auch entsprechend für eine ständige Aktivierung. Der Organismus wird auf Hochtouren gehalten, so wie wenn man ein Auto ständig mit Spitzengeschwindigkeit fährt. Innere Verkrampfungen sind die Folge, die beispielsweise zu Kopfschmerzen, Verspannungen im Wirbelsäulenbereich oder Schlafstörungen führen. In diesem Stadium wird ein Internist häufig noch keine organpathologische Ursache für die Beschwerden im engeren Sinn feststellen können. Die Organe sind nicht an sich, sondern in ihrer Funktion gestört. Es kommt zu schwachen oder zu überschießenden Reaktionen und zu einem mangelhaften Zusammenspiel der einzelnen Organe.
Prinzipiell können sich Streß oder besondere Belastungen in der Lebensführung auf den Kreislauf, die Atmung, die Verdauung, die Harn- und Geschlechtsorgane, die Haut und den Bewegungsapparat auswirken. Es kann sogar zu chronischen Schmerzzuständen, wie beim Spannungskopfschmerz, kommen.

Durchführung. Das Narrativ wird erzählt, um Grundprinzipien beim Streßabbau, sozialer Beziehung und innerer Steuerung plastisch werden zu lassen. Die Geschichte enthält viele Ansatzpunkte, mit denen sich die Patienten identifizieren können und die zum Nachdenken und Nachempfinden einladen.

Auswertung. In dem Fallbeispiel wird ein wichtiges Merkmal von Belastung, Druck, körperlichen Beschwerden und Suchtmittelkonsum angesprochen: Viele Betroffene deuten ihre körperliche Reaktion, z.B.

den Kopfschmerz oder die Schlafstörungen, falsch. Sie sehen in ihnen kein Signal ihrer inneren Schaltzentrale, die ihnen im Grunde dadurch mitteilt, daß irgend etwas nicht stimmt in der Lebensführung und der inneren Verarbeitung. Statt diesen Spuren nachzugehen, wird versucht, die lästigen Beschwerden oder die bedrückte Stimmung durch Alkohol oder Medikamente los zu werden. Schlafstörungen werden mit ein bis zwei Bier vor dem Zubettgehen bekämpft, Nervosität oder Unruhe mit einem kleinen Schnaps gedämpft, Einsamkeit oder Langeweile mit einer Flasche Sekt versüßt. Der Blick für die wirklichen Ursachen der Beschwerden wird dadurch mehr und mehr getrübt. Außerdem entwickelt sich neben der psychosomatischen Störung auch die Gefahr einer Abhängigkeitserkrankung (Schuhler & Jahrreiss, 1996).

4.3.4 Hausaufgaben

Die Teilnehmer sollen das Material „Alkohol und Medikamente auf dem Prüfstand" so bearbeiten, wie es für sie zutrifft und zur nächsten Gruppenstunde mitbringen.

4.3.5 Beurteilungsbogen für Patienten austeilen

‚Herr Müller' und ‚Herr Schmidt'

Herr Müller wird zu seinem Chef gerufen. Er ahnt schon, daß es mit dem letzten Monatsabschluß zu tun hat, der ihm viele Schwierigkeiten bereitete und an dem es einiges auszusetzen gibt. Herr Müller legt den Telefonhörer auf, nachdem ihn die Sekretärin des Chefs angerufen und ihn zu seinem Vorgesetzten gebeten hat, registriert das flaue Gefühl im Magen, räuspert sich, zieht die Krawatte zurecht und steht auf. Mit geistesabwesendem Blick eilt er über den Flur zum Chefbüro. Die Kollegen, die ihm unterwegs begegnen, nimmt er nur am Rande wahr. Als er anklopft, merkt er, wie feucht seine Handinnenflächen sind. Sein Herz klopft schneller und er atmet tief durch, wie um sich zu beruhigen. Seine Backenknochen sind, wie oft unter Streß, fest zusammengepreßt. Die Spannung empfindet er als fast schmerzhaft. Jetzt ein Glas trinken können, geht ihm sehnsüchtig durch den Kopf. Nur einen Schluck! Schnell geht er noch einmal zurück zu seinem Schreibtisch. Verstohlen greift er zur Flasche Cognac, die er dort stehen hat. Nur einen kleinen Schluck – und dann noch Zähneputzen. Gedacht, getan. Der Cognac rinnt warm die Kehle hinunter und tut seine beruhigende Wirkung. Ein letztes Straffen der Schultern und er geht zum Chef.

In der letzten Viertelstunde vor Beginn des Gesprächs hat sich sein Körper auf eine Kampf- oder Fluchtreaktion eingestellt: Der Körper hat **sympathikoton** reagiert. Der Alkohol wirkte wie ein Beruhigungsmittel.

Herr Schmidt wird am frühen Nachmittag ebenfalls von der Sekretärin des Vorgesetzten angerufen. Er ist hauptverantwortlich für die Etablierung eines neuen EDV-Systems, mit dem es nicht recht klappen will. Eigentlich hat Herr Schmidt diesen Anruf des Chefs schon lange erwartet oder besser gesagt befürchtet. Herr Schmidt legt langsam den Hörer auf. Er fühlt, wie eine Übelkeitswelle in ihm hochsteigt. Im Magen spürt er ein schmerzhaftes Ziehen. Ihm bricht kalter Schweiß aus, seine Knie werden weich. Fast fürchtet er, in Ohnmacht zu fallen. Auch er denkt sehnsüchtig an den Cognac in seinem Schreibtisch. „Nur einen Schluck! Das wird mir wieder auf die Beine helfen." Gedacht, getan. Noch schnell Zähne putzen. Tatsächlich: Es geht besser. Das flaue Gefühl wird schwächer, die weichen Knie werden wieder stabiler: Der Alkohol tut seine angstlösende Wirkung. Er steht auf und geht mit nicht ganz so weichen Knien zum Zimmer des Chefs. Seine Hand, die vom Alkohol „gestützt" wird, klopft ruhig an.

Herr Schmidt hat gerade eine sogenannte **vagotone** oder **parasympathische** Reaktion seines vegetativen Nervensystems erlebt. Wichtigstes Merkmal dieser Art von unwillkürlicher Steuerung ist das „Absacken" aller vegetativer Reaktionen. Mit dem Alkohol ist ihm eine kurzfristig „anfeuernde" Wirkung auf das innere Betriebssystem gelungen.

Das vegetative Nervensystem – unser inneres Betriebssystem – kommt ohne „Schmiermittel" (Alkohol oder Psychopharmaka) besser aus.

Die Tätigkeit des vegetativen Nervensystems können wir gezielt wahrnehmen, wenn wir es zum „anspringen" bringen, z.B. durch folgende Übungen:

1. Machen Sie zehn Kniebeugen. Nach der zehnten Kniebeuge verharren Sie einen Augenblick in Ruhe und registrieren sie von Kopf bis Fuß, was Sie gerade in Ihrem Körper wahrnehmen.
2. Stellen Sie sich eine schöne saftige Zitrone vor. Sie liegt aufgeschnitten vor Ihnen und Sie beißen jetzt herzhaft hinein. Verweilen Sie einen Augenblick bei diesem Phantasiebild und konzentrieren Sie sich dann darauf, was in Ihrem Mund passiert.
3. Gehen Sie in Ihrer Erinnerung zurück zu dem Tag Ihrer schwersten Schulprüfung oder dem für Sie wichtigsten Bewerbungsgespräch um einen Arbeitsplatz. Vergegenwärtigen Sie sich noch einmal genau die Stunden vor der Prüfung bzw. dem Bewerbungsgespräch.

Das vegetative Nervensystem springt also quasi auf Anstöße durch außen an, etwa durch Belastungen, aber auch durch innere Anstöße, etwa die vorweggenommene Angst **vor** einem bestimmten Ereignis. Aber alle weiteren Steuerungen der Körperabläufe laufen dann ohne willentliche Steuerung ab.
Besonders wichtig ist dabei, festzuhalten, daß nicht nur reale Ereignisse, wie zum Beispiel eine Kündigung, unsere inneren Betriebssysteme zum Laufen bringen, sondern auch Gedanken, Erinnerungen oder Phantasien oder einfache Bilder wie das der Zitrone. Der Körper kann in gewisser Weise nicht zwischen äußerer Realität und inneren Prozessen wie Gefühlen, Träumen oder Gedanken unterscheiden.

Sofort registriert das innere Betriebssystem jedoch Alkohol oder Psychopharmaka. Die darin enthaltenen biochemischen Substanzen greifen direkt über den Blutkreislauf in die Arbeitsweise des „Betriebssystems" ein.

Ein alltäglicher Fall aus der Gruppenarbeit

Ein gelernter Betriebsschlosser arbeitet in einem großen Werk im norddeutschen Raum als Schichtführer. Seit 20 Jahren leidet er unter mehr oder minder starken Magenschmerzen, die er auf Magengeschwüre zurückführt. Die gründliche diagnostische Abklärung ergab jedoch, daß außer einer leichten Oberflächengastritis kein pathologischen aktueller Befund vorlag. Es waren auch keine Hinweise auf alte Magengeschwüre nachweisbar. Der Patient reagierte zunächst mit Kopfschütteln auf diese Eröffnungen seines Arztes. Seiner Meinung müßte ihm mit Medikamenten gegen Magengeschwüre doch geholfen werden. Widerstrebend folgte er der Empfehlung seines Arztes und nahm an der Gruppe teil. Im gemeinsamen Gespräch wurde folgende Geschichte herausgearbeitet: Bis zu seiner Krankschreibung hatte er unter Termindruck und Hetze gestanden. Nächtelang saß er als Betriebsratsmitglied über dem Betriebsverfassungsgesetz, um sich auf Auseinandersetzungen mit Vorgesetzten vorzubereiten. Ständig litt er in dieser Zeit unter Magenbeschwerden. Bei den Betriebsratswahlen hatte er als Wahlleiter tagelang nichts gegessen, war von 4.00 h früh bis 7.00 h abends im Einsatz und brach schließlich am dritten Tag der Wahlen zusammen. Ihm war schwindlig geworden und er hattet das Gefühl gehabt, sich erbrechen zu müssen. In den folgenden Wochen konnte er sich nur von Brei, Haferschleim und Zwieback ernähren, da er fürchtete, daß sonst seine Magengeschwüre, die er zu haben glaubte, aufbrechen würden. Manchmal mußte er die Faust ganz fest in den Magen pressen und sich über einen Tisch legen, damit die Schmerzen erträglicher wurden. Er war so krank, daß seine Frau ihm sogar auf der Toilette helfen mußte. Gegen die brennenden und stechenden Schmerzen halfen schließlich nur noch Analgetika-Spritzen vom Hausarzt. Seine Frau fuhr ihn zu diesem Arzt, wenn die Schmerzen besonders schlimm wurden. Er fand es rührend, wie sich seine Frau um ihn sorgte, als es ihm so schlecht ging. Ihre Liebe und Fürsorge taten ihm gut und vermittelten ihm das Gefühl, daß immer jemand zu ihm halte. Im Grunde war seine Frau eigentlich immer fürsorglich und ängstlich um ihn besorgt, so wie es der Patient von früher, von seiner Mutter kannte. Wenn ihm seine vielfältigen Aufgaben, die er neben seiner Berufstätigkeit wahrnahm, wie Gewerkschaftsvertrauensmann, Tennisvereinsvorsitzender, Trainer einer Jugendmannschaft, noch Zeit ließen, verbrachte er diese Zeit mit seiner Frau und seinem Sohn. Obwohl seine Frau sehr stolz auf seine Arbeitsleistungen war, beschwor sie ihn, doch wenigstens in der Zeit, in der er krankgeschrieben war, auf handwerkliche Tätigkeiten zu verzichten. Der Patient hatte in dieser Zeit nämlich die ganze Wohnung renoviert, hatte Möbel selbst gezimmert und sich offenbar kaum einen Moment Ruhe gegönnt. Er beschrieb sich als nervös und kribbelig und immer auf dem Sprung.

Nachdem er in der Gruppe zunächst anderen und sich jedes kritische Wort über seine Familie und vor allem über seine Frau verbot, stellte sich nach und nach heraus, daß er sich oft in der Ehe gegängelt fühlte, ohne sich dagegen abgrenzen zu können.

So verbot ihm seine Frau, allein auf den Friedhof zum Grab seiner Mutter zu gehen – die beiden Frauen hatten sich nie gut verstanden. Oder: Als er mit seiner Fußballmannschaft eine Herrenpartie unternahm, tauchte plötzlich seine Frau auf und wollte dabei sein. Jeden Abend empfand er ihren Kopf auf seinem Arm beim Fernsehen als Last – aber er getraute sich nicht etwas dagegen zu sagen.

Das Verhalten des Mannes in der Gruppe war geprägt von einem fast augenblicklich eingegangenen Konkurrenzkampf zu einem Mitpatienten, der, als Betriebsleiter eines Weltunternehmens, sich als Konkurrent und Rivale besonders anbot. Der Versuch, den Rivalen durch Aufzählen seiner Leistungen auszustechen, wurde gelegentlich durch fast unterwürfig vorgetragene Friedensangebote an den Konkurrenten unterbrochen. Direkte Aggressionen gegen den Widersacher waren zu Beginn dem Patienten nicht möglich. Erst im fortgeschrittenen therapeutischen Verlauf konnte der Patient direkt und unverblümt seine Wut auf die „hohen Herren" in Gestalt des Mitpatienten zulassen. Besonders wütend und aufgebracht reagierte der Patient, wenn sich der Rivale mit ihm und seiner Problematik beschäftigte, vor allem, wenn die zunächst stark idealisiert vorgetragene Beziehung zu seiner Frau in Frage gestellt wurde. Die Gruppe reagierte positiv anerkennend auf den endlich geglückten offen Ausdruck von Wut gegenüber dem Mitpatienten und verstärkte dadurch die Leistung des Patienten, aggressive Regungen zuzulassen. Der Patient erlebte so eine massive Unterstützung, den Versuch zu wagen, stark angstbesetzte aggressive Regungen auszudrücken.

Im gruppentherapeutischen Verlauf wurde dem Patienten langsam klar, daß er sich bis zur Unfreiheit an die Erwartungen anderer, aber auch an ein rigides inneres Normensystem anpaßte und entsprechend stark Wünsche nach Spontaneität, Lebendigkeit und Freiheit unterdrückte. Bierkonsum wurde langsam aber sicher zum einzigen Fluchtpunkt: Am Wochenende zunächst, dann immer öfter auch unter der Woche erlebte er unter Alkoholeinfluß ein sonst schmerzlich vermißtes, aber doch auch uneingestandenes Gefühl von Lockerheit, Loslassen und rauschhaftem „Abdrehen". Der fortgesetzte Alkoholkonsum hatte offenbar auch die Gastritiden begünstigt, war aber wohl nicht der einzige auslösende Faktor: die durch das Leben in Zwang und übergroßer Ordnung aufgestaute Spannung hatte in den Magenbeschwerden, gesteuert durch das vegetative Nervensystem, ein Ventil gefunden.

Aufwind
für die
Psyche
Lexotanil® 6
bei nervösen Reiz-
Überforderungs- und
Erschöpfungs-Syndromen
Anxiolyse Stimmungsaufhellung
Entspannung Antriebsförderung
Beruhigung Kontaktverbesserung
ZUSAMMENSETZUNG: Lexotanil® 6 enthält als Wirkstoff in 1 Tablette 6 mg Bromazepam [7-Bromo-1,3-dihydro-5-(2-pyridyl)-2H-1,4-benzodiazepin-2-on]. INDIKATIONEN: Nervöse Reiz-, Überforderungs- und Erschöpfungssyndrome. DOSIERUNG: 1 Tablette abends oder 2-3x ¼ oder ½ Tablette täglich. HINWEISE: Wird Lexotanil mit anderen zentral wirksamen Pharmaka vom Typus der Neuroleptika, Tranquilizer, Antidepressiva, Hypnotika, Analgetika und Anästhetika kombiniert, ist zu beachten, daß es den zentralsedativen Effekt dieser Präparate verstärken kann. Wie für alle Psychopharmaka gilt auch für Lexotanil, daß man unter dem Einfluß seiner Wirkung keinen Alkohol genießen sollte, da die individuelle Reaktion im einzelnen nicht vorauszusehen ist. Ebenso wie alle Arzneimittel vom gleichen Wirkungstyp kann Lexotanil je nach Anwendung, Dosierung und individueller Empfindlichkeit das Reaktionsvermögen (z.B. Fahrtüchtigkeit, Verhalten im Straßenverkehr) beeinflussen. Im übrigen wird an den ärztlichen Grundsatz erinnert, Medikamente in der Frühschwangerschaft nur bei zwingender Indikation zu verabreichen. Für Lexotanil kann bisher nicht ausgeschlossen werden, daß Wirksubstanz in die Muttermilch übertritt. Bei notwendiger regelmäßiger Einnahme wird Abstillen empfohlen. KONTRAINDIKATION: Myasthenia gravis. PACKUNGEN UND PREISE: 20 Tabletten DM 9.96 m. USt., 50 Tabletten DM 23.– m. USt. Weitere Anstaltspackungen – Stand bei Drucklegung
HOFFMANN-LA ROCHE AG 7889 Grenzach-Wyhlen
ROCHE

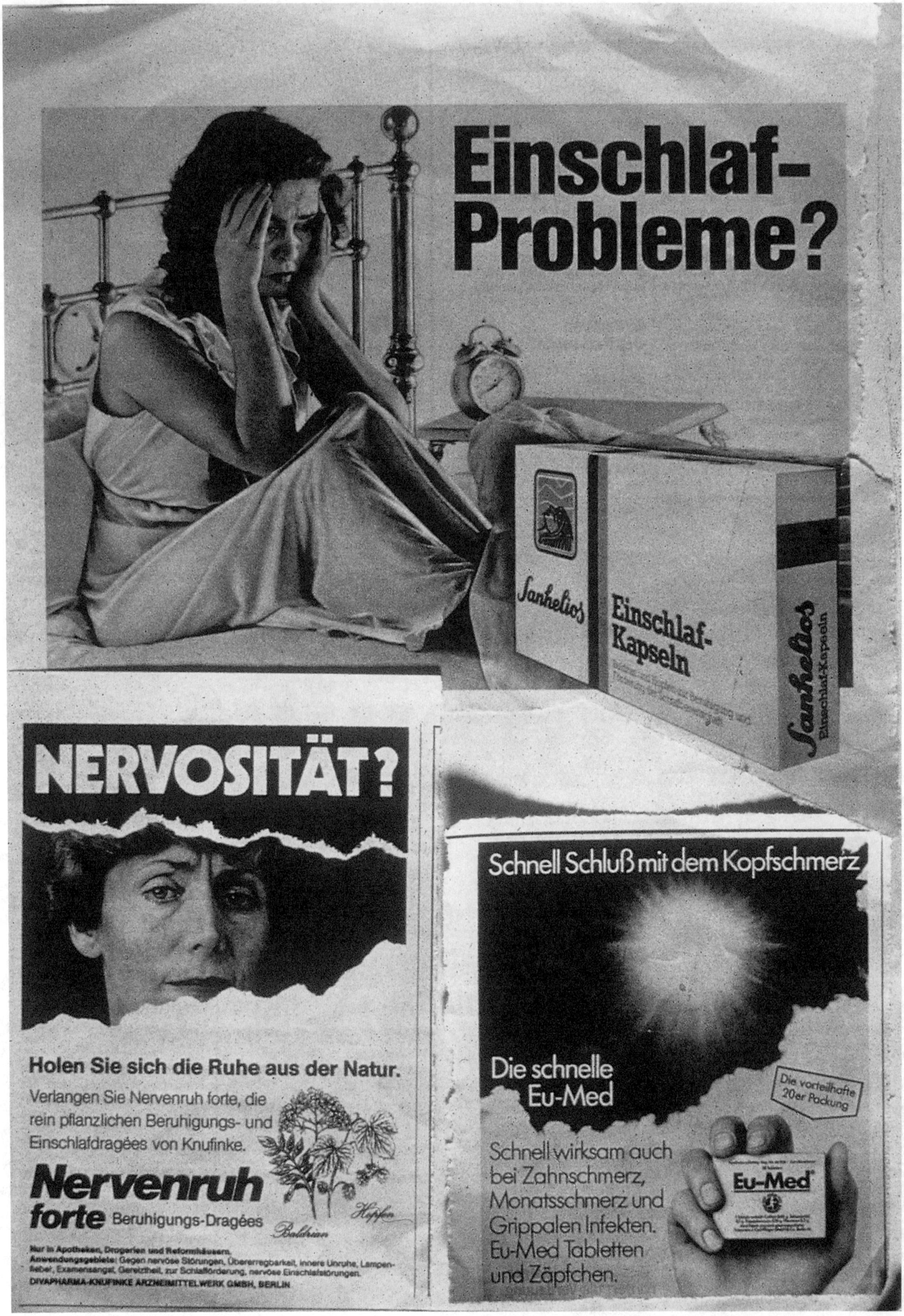
Einschlaf-
Probleme?
Sanhelios
Einschlaf-
Kapseln
Sanhelios
Einschlaf-Kapseln
NERVOSITÄT?
Holen Sie sich die Ruhe aus der Natur.
Verlangen Sie Nervenruh forte, die rein pflanzlichen Beruhigungs- und Einschlafdragées von Knufinke.
Nervenruh
forte Beruhigungs-Dragées
Hopfen
Baldrian
Nur in Apotheken, Drogerien und Reformhäusern.
Anwendungsgebiete: Gegen nervöse Störungen, Übererregbarkeit, innere Unruhe, Lampenfieber, Examensangst, Gereiztheit, zur Schlafförderung, nervöse Einschlafstörungen.
DIVAPHARMA-KNUFINKE ARZNEIMITTELWERK GMBH, BERLIN
Schnell Schluß mit dem Kopfschmerz
Die schnelle
Eu-Med
Die vorteilhafte
20er Packung
Schnell wirksam auch bei Zahnschmerz, Monatsschmerz und Grippalen Infekten. Eu-Med Tabletten und Zäpfchen.
Eu-Med

Alkohol und Medikamente auf dem Prüfstand (1)

Mein persönlicher Leitfaden zum Durchleuchten meines Alkohol- bzw. Medikamentenkonsums

Vorteile			Nachteile		
	kenne ich auch			kenne ich auch	
	ja	nein		ja	nein
Nach Alkohol/Medikamenten kann ich besser schlafen.			Zu Hause gibt es Szenen wegen des Alkohols/der Medikamente.		
Ich muß mit Alkohol/Medikamenten weniger grübeln.			Ich habe mir selbst Vorwürfe gemacht wegen des Trinkens/des Medikamentenkonsums.		
Bier, Wein oder Schnaps schmecken gut.			Es kommt sogar zu körperlichen Beschwerden wegen des Trinkens/des Medikamentenkonsums.		
Alkohol bzw. Medikamente haben mich stark gemacht.			Ich habe nach Alkoholgenuß/Medikamenteneinnahme Filmrisse.		
Das ewige Schimpfen, das ich mir immer anhören muß, hat mir nach Alkoholgenuß/Medikamenteneinnahme nichts mehr ausgemacht.			Ich habe mich unter Alkoholeinfluß/Medikamenteneinfluß schon mal richtig daneben benommen.		
Ich kann Hemmungen mit Alkohol/Medikamenten überspielen.			Ich bin sogar am Arbeitsplatz aufgefallen wegen des Alkoholkonsums oder wegen der Medikamente.		
Ich habe den Druck mit Alkohol/Medikamenten ausgehalten.			Wenn ich abends getrunken oder Medikamente eingenommen hatte, konnte ich mich morgens nicht so gut konzentrieren.		
Medikamente oder Alkohol haben mich fit gemacht für die Arbeit.			Ich habe vermutlich wegen des Trinkens/der Medikamenteneinnahme keine Lust auf die Arbeit.		
Ich kann mit Alkohol/Medikamenten freier sein. Ich kann mich besser abgrenzen gegen andere.			Durch Alkohol/Medikamente bin ich manchmal gefühlsmäßig ganz abgestumpft.		
Ich kann damit Ruhe finden.			Am Morgen nach Alkoholkonsum oder nach Medikamenteneinnahme bin ich müde und kraftlos.		
Der Alkohol/das Medikament ist ein richtiger Kumpel.			Mir ist oft schlecht wegen des Trinkens/der Medikamenteneinnahme.		
Ich bin mit Alkohol/Medikamenten ruhiger.			Der Schlaf nach Alkoholkonsum/Medikamenteneinnahme ist doch nicht so gut.		

Alkohol und Medikamente auf dem Prüfstand (2)

Mein persönlicher Leitfaden zum Durchleuchten meines Alkohol- bzw. Medikamentenkonsums

Vorteile			Nachteile		
	kenne ich auch			kenne ich auch	
	ja	nein		ja	nein
Ich bin mit Alkohol/Medikamenten zufriedener.			Ich habe zugenommen wegen der Medikamente/des Trinkens.		
Ich habe mit Alkohol/Medikamenten weniger Angst.			Ich habe wegen Alkohol meinen Führerschein verloren.		
Durch Alkohol/Medikamente bin ich geselliger.			Wenn die Wirkung des Alkohols/der Medikamente nachläßt, wurde das depressive Loch noch größer.		
Alkohol/Medikamente ist die einzige Möglichkeit, über den Tod eines geliebten Menschen hinwegzukommen.			Alkohol kostet mich Geld, das mir woanders fehlt.		
Der Alkohol/das Medikament gibt mir Sicherheit.			Wegen des Alkohols/der Medikamenteneinnahme riskiere ich gesundheitliche Schäden.		
Ich habe mit Alkohol/mit Medikamenten keine Angst mehr vor meinem Mann.			Ich bin durch Alkohol/Medikamente nicht mehr so leistungsfähig.		
Alkohol/Medikamente machen das Leben wunderschön.			Manches rauscht an mir vorbei durch Alkohol/Medikamente.		
Mit Alkohol bzw. Medikamenten hört das Denken auf.			Mein gutes Aussehen leidet durch Alkohol/Medikamente.		
Nur mit Alkohol kann man richtig feiern.					
Haben Sie sich wiedergefunden? – Welche Vor- und Nachteile müßten Sie aus Ihrer Sicht hinzuführen?					

4.4 Vierte Sitzung

4.4.1 Hausaufgaben besprechen

Die Teilnehmer werden nach ihren Erfahrungen beim Bearbeiten des Materials gefragt, welche Nachteile und vor allem Vorteile jeder für sich erkannt hat. Der Schwerpunkt der Auswertung soll auf den Vorteilen liegen, um die Dienstfunktion von Alkohol und Medikamenten deutlich zu machen. Hat jemand keine Vorteile für sich in dem Material gefunden, wird erarbeitet, wo im speziellen Fall die Funktionalität des Alkohol- oder Medikamentenmißbrauchs liegt.

4.4.2 Soziale Stressoren und Entspannungsfaktoren mit Paarübungen

Ziele. Die Rolle sozialer Streßfaktoren als auslösende Bedingungen des Problemverhaltens körperlicher Beschwerden und des Alkohol- bzw. Medikamentenkonsums soll verdeutlicht werden. Dabei werden die Auswirkungen auf den drei Ebenen, der physiologischen, der kognitiven und der motorischen, herausgearbeitet, ebenso wie die Verschränkung der Ebenen untereinander. Dabei wird vor allem die Verbindung zwischen kognitiver Steuerung und der Verhaltensebene betont.

Durchführung. Soziale und gedankliche Stressoren werden erläutert und durch folgende Übungen verdeutlicht: Die Patienten werden gebeten, sich ihrem Nachbarn zuzuwenden, diesen an den Händen zu fassen und ihm direkt in die Augen zu sehen. Diese Haltung soll etwa eine Minute beibehalten werden.
Die Patienten werden danach gebeten, ihre Empfindungen und körperlichen Abläufe, die sie während der kurzen Übung beobachten konnten, zu berichten. Anhand dieser Übung wird das Problem von Nähe und Distanz im sozialen Kontext und dessen Auswirkungen auf körperliches Befinden, auf Verhalten und Alkohol- bzw. Medikamenteneinnahme verdeutlicht. In der Diskussion sollten vor allem die Hemmungen, Ängste oder aggressiven Regungen im nahen Kontakt mit anderen herausgearbeitet werden. Dabei ist besonders die Verbindung zu den Problemen im Alltag der Teilnehmer bedeutsam: die Schwierigkeiten mit dem Partner, dem Chef, den Kollegen.
Eine zweite Übung vermittelt die – in der Regel – angenehme Erfahrung, die die Nähe zum anderen bedeuten kann: Die Patienten werden gebeten, sich paarweise zusammenzusetzen, wobei ein Patient dem anderen den Rücken zukehrt, auf dem dieser mit der Handfläche einen kleinen Igelball bewegt. Nach drei Minuten werden die Rollen gewechselt. Während der Übung wird nicht gesprochen. Danach berichtet jeder der Gruppe über seine Erfahrungen.

Auswertung. In der Diskussion werden die angenehmen Erfahrungen, die im nahen Kontakt mit anderen möglich sind, herausgearbeitet. Als Ausgangspunkt dienen die positiven Erfahrungen der körperlichen Entspannung, die nur durch den andern zu erreichen war.

4.4.3 Bearbeitung schriftlichen Materials

Die Teilnehmer bearbeiten das Material „Wie ich meine Mitmenschen erlebe und welche Rolle der Alkohol bzw. das Medikament dabei spielt". Die Auswertung soll die vermittelnde Rolle des Alkohols bzw. des Medikaments verdeutlichen.

Auswertung. Den Teilnehmern wird folgende Interpretationsweise der Ergebnisse vorgestellt: „Wenn Sie mehr als drei Stimmt-Antworten angekreuzt haben in Verbindung mit Kreuzen in den Spalten „manchmal" und „immer" beim Alkohol bzw. Medikamentenkonsum, dann weist das auf eine deutliche Verzahnung zwischen Problemen im zwischenmenschlichen Bereich und Alkohol- bzw. Medikamentenmißbrauch hin. Empfehlung: Versuchen Sie, neue Wege im Zusammenleben mit anderen zu finden, damit Sie auf Alkohol bzw. Medikamente als Problemlöser verzichten können."

4.4.4 Beurteilungsbogen für Patienten austeilen

Wie ich meine Mitmenschen erlebe und welche Rolle der Alkohol bzw. Medikamente dabei spielt

	Stimmt nicht	Stimmt	In diesem Zusammenhang trinke ich dann Alkohol bzw. nehme Medikamente			
			nie 1	selten 2	manchmal 3	immer 4
1. Es gibt einen Menschen in meiner Familie, der mich gängelt.						
2. Ein geliebter Mensch ist gestorben und sein Bild hält mich fest.						
3. Mein Mann/meine Frau will sich von mir trennen. Da kann ich wohl nichts dagegen tun.						
4. Mein Mann hat ein Verhältnis mit einer anderen Frau./Meine Frau hat ein Verhältnis mit einem anderen Mann.						
5. Am Arbeitsplatz bekomme ich nur Vorschriften gemacht, schroffe Anweisungen und fühle mich unterdrückt.						
6. Manchmal schlägt mich mein Mann./Meine Frau hackt dauernd auf mir rum.						
7. Meine Mutter betrachtet mich als ihre Altersversicherung.						
8. Der Chef kommt mir körperlich nahe, obwohl ich es nicht will.						
9. Meine Mutter behandelt mich immer noch wie einen dummen Jungen./... wie ein kleines Mädchen.						
10. Zu Hause sind sie alle gegen mich.						
11. Ich werde belogen und ausgenutzt.						
12. Zu Hause bin ich nur ein Gebrauchsgegenstand.						
13. Wenn wir zu Hause alle am Tisch sitzen, herrscht eine drückende Atmosphäre.						
14. Meine Frau/Mein Mann tut nicht, was ich will.						
15. Alle lassen mich allein.						
16. Alles wird auf mir abgeladen.						
17. Die anderen sagen, ich trinke zuviel.						
18. Jetzt heißt es plötzlich, daß mein Medikamentenkonsum schädlich ist.						
19. Meine Partnerin/mein Partner beschimpft mich, weil ich zuviel trinke.						
20. Die meisten Menschen gehen mir auf die Nerven.						
21. Mein Mann/meine Frau hat nie ein gutes Wort für mich übrig.						
22. Es gibt Familienmitglieder, die sich über mich lustig machen.						
23. Mir hört niemand zu.						
24. Ich werde als Alkoholiker abgestempelt.						
25. Ich habe Angst vor meinem Mann/meiner Frau.						
26. Weihnachten ist für mich beklemmend.						
27. Ich habe keine richtige Familie.						
28. Mein Chef hat kein Verständnis für mich.						
29. Ich habe keinen wirklich guten Kontakt zu meinen Freunden.						
30. Manch einer hat schon gesagt, trink doch nicht so viel.						

4.5. Fünfte Sitzung

4.5.1 Innere Steuerung und erlebnisaktivierende Übung „Mein peinlichstes Erlebnis"

Ziel. Den Teilnehmern sollen die inneren Steuerungsmöglichkeiten bewußt werden, die uns zur Regulation des Verhaltens zur Verfügung stehen. Gedanken und Gefühle sollen als beeinflußbare Prozesse deutlich werden, die bei entsprechender Handhabung förderlich und wohltuend wirken. Zur Einführung der kognitiv-emotionalen Steuerung sind eine Reihe von Übungselementen vorgesehen, die auf mehrere Gruppenstunden verteilt werden.

Durchführung. Den Teilnehmern wird erläutert, daß es um die Verflechtung der Regulationsebenen Gedanken, Gefühle und Verhalten gehen soll. Hierzu wird eine Übung angekündigt, zu der wieder vorab nicht allzu viel erklärt werden soll. Es wird lediglich gesagt, daß es sich um eine Phantasieübung handelt, die durchgeführt wird, damit jeder Erfahrungen damit sammeln kann, und daß im Anschluß daran die Übung ausgewertet und in den Gesamtzusammenhang integriert werden wird.
Die Teilnehmer werden gebeten, sich entspannt hinzusetzen, d.h., die Beine nicht übereinanderzuschlagen, die Arme locker auf der Stuhllehne bzw. auf den Oberschenkeln ruhen zu lassen. Daran schließt sich die Bitte an, daß jeder die Augen schließt und sich in Gedanken auf ein sehr peinliches Erlebnis konzentriert. Die Teilnehmer werden gebeten, dieses Ereignis noch einmal genau vor ihrem inneren Auge ablaufen zu lassen, die eigene Rolle zu bedenken und sich zu vergegenwärtigen, was damals in ihnen abgelaufen ist. Nach einer bis zwei Minuten wird die Gruppe gebeten, auf DIN-A-5-Blättern, die der Gruppenleiter mitgebracht hat und ebenfalls mitgebrachten Kugelschreibern ein Kennwort für ihre peinliche Situation zu notieren.
Im Anschluß werfen die Teilnehmer die zusammengefalteten Zettel in eine Tasche, die der Gruppentherapeut herumreicht. Der Gruppentherapeut kündigt dann an, daß er nun einige Kennworte ziehen und diejenigen bitten wird, zu denen die Geschichte gehört, diese zu erzählen. Es ist wichtig, nun einige Zeit verstreichen zu lassen, um die provozierte Anspannung und das Unbehagen für jeden spürbar werden zu lassen. Nach ein bis zwei Minuten wird dann Entwarnung gegeben. Natürlich muß niemand seine peinliche Geschichte erzählen, sondern es geht nur darum, die gedanklichen, emotionalen und körperlichen Reaktionen zusammenzutragen, die allein auf die Vorstellung erfolgten, daß man „dran" sein könnte. Jedes Gruppenmitglied wird gebeten, seine Gedanken, seine Gefühle und die körperlichen Abläufe zu beschreiben.

Auswertung. Bei jeder Rückmeldung sollte, bezogen auf den individuellen Fall, herausgearbeitet werden, welche Macht die gedankliche Vorstellung hat und wie der Körper darauf reagiert. Der zweite Auswertungsgesichtspunkt bezieht sich auf den Transfer im Alltag der Teilnehmer, also auf die Erarbeitung der Fragen, wann solche Reaktionen im Alltag auftauchen und welche Rolle bei dieser unangenehmen und spannungsvoll erlebten Reaktion der Alkohol bzw. das Medikament spielt. Der dritte Auswertungsgesichtspunkt sollte darin bestehen, daß die gedanklichen Auslöser im Alltag mit den Teilnehmern erarbeitet werden und die moderierende Rolle, die der Alkohol oder das Suchtmittel übernimmt, und wie die Unlust- und Spannungsgefühle zumindest kurzfristig positiv beeinflußt werden.

4.5.2 Streßmodell und Entspannungsmodell

Ziel. Im Anschluß an die Diskussion werden die beiden Folien „Anspannung und Streß" bzw. „Entspannung und Wohlbefinden" im Zusammenhang mit gedanklichen, emotionalen Prozessen und Körperreaktionen vorgestellt und erläutert. Dabei sollte immer wieder auf die Verflechtung zwischen gedanklich emotionaler Steuerung, Körperreaktion und Suchtmitteleinsatz eingegangen werden.

Durchführung. Als Ausgangspunkt dient das Material für Patienten „Bio-psycho-soziales Verstehensmodell", das die durchgeführten Übungen, die dadurch bereitgestellten Streßfaktoren und körperliche Reaktionen zusammenfaßt.

Auswertung. Gewicht wird auf die besonders enge Verknüpfung zwischen gedanklicher Verarbeitung und sozialer Interaktion gelegt: vor allem unsere sozialen Beziehungen werden durch unsere innere Verarbeitung moderiert. Unser Denken und Fühlen entscheidet wesentlich darüber, ob andere als belastend oder unterstützend erlebt werden. Die Reaktionsweise unseres Körpers ist ähnlich – gleich welchem Stressor wir uns aussetzen.

4.5.3 Die Macht der Phantasie

Ziel: Der Einfluß der kognitiv-emotionalen Steuerung im Sinne positiver mentaler Vorstellungen auf starke Spannungszustände, in diesem Fall Schlafstörungen, werden deutlich gemacht.

Durchführung. Das Strukturmodell, das die Zusammenhänge zwischen Entspannung, Wohlbefinden und dem Verzichten-können auf Suchtmittelkonsum deutlich macht, wird genutzt, um zu erläutern, daß die gedankliche Steuerung nicht nur in negativer Weise für den Menschen ausgeht, sondern daß sie auch die Möglichkeit eröffnet, sich Entspannung und Wohlbehagen zu verschaffen. Dies wird verdeutlicht mit der Erzählung „Das Traumfresserchen" von Michael Ende und Annegert Fuchshuber (1978). Die Geschichte wird als Beispiel für die Macht der Phantasie folgendermaßen erzählt: „Ich möchte Ihnen in diesem Zusammenhang eine kleine Geschichte erzählen. Eigentlich ist sie für Kinder geschrieben worden, aber wir Erwachsene können wohl auch viel daraus lernen."

Auswertung. Die spielerische, phantasieanregende Darbietung der Erzählung Endes spricht die Teilnehmer an und motiviert sie, sich mit den eigenen Selbstheilungsversuchen auseinanderzusetzen, die oft die Möglichkeiten der kognitiv-emotionalen Steuerung außer acht lassen. Es kommt in der Auswertung darauf an, die entspannende und wohltuende Wirkung des Bildes vom Traumfresserchen deutlich werden zu lassen, das in der Phantasie die bösen Träume wegfrißt und als imaginierter Beistand wirkt. Dagegen wird die Realität der Teilnehmer gestellt, in der nur die Flasche oder das Medikament zur Verfügung stehen, um beispielsweise böse Träume zu vertreiben. Die Nachteile des Suchtmittels sollen angesprochen werden, im Vergleich zu den großen Kräften, die die gedanklich-emotionale Steuerung dem Menschen bereitstellt, wenn er diese nur zu nutzen weiß.

4.5.4 Stell Dir vor: Die Kräfte der Imagination

Ziel. Die Teilnehmer sollen weiter dazu angeleitet werden, aversiven Situationen mit kognitiv-emotionaler Steuerung zu begegnen, um auf den Suchtmitteleinsatz verzichten zu können.

Durchführung. Den Teilnehmern wird anschaulich als Beispiel eine aversive Situation erzählt, nämlich eine Bewerbung um eine Arbeitsstelle, die der Betreffende dringend haben möchte. Er wird als nervös und aufgeregt geschildert, etwa folgendermaßen:
„Schon seit einiger Zeit kämpft er mit Schlafstörungen und wird von pessimistischen Erwartungen geplagt, daß die Sache doch schiefgehen würde und er die Stelle nicht erhalten wird. Statt sich nun mit diesen Katastrophenerwartungen lahm zu legen, stellt sich der Arbeitssuchende seinen Wunsch plastisch vor: Er sieht den Raum, in den er hineinkommt. Er sieht, wie sich drei Gesichter ihm erwartungsvoll zuwenden, ein Herr im mittleren Alter, der offenbar der Chef ist, und noch zwei leitende Mitarbeiter. Er stellt sich genau vor, wie er unverkrampft vortritt, allen freundlich die Hand gibt, sich locker hinsetzt und alle freundlich anlächelt. Er hört den Vorgesetzten fragen und sich selbst auf alle Fragen vernünftige Antworten geben. Er sieht die Gesichter nicken und lächeln und spürt, wie eine freundliche und entgegenkommende Atmosphäre aufkommt. Die finden mich sympathisch – geht die Geschichte in seiner Phantasie weiter und er sieht auch den Vorgesetzten mit wohlwollendem Nikken in seinen Bewerbungsunterlagen blättern. Er wird freundlich verabschiedet und am nächsten Tag läutet das Telefon und die Stelle wird ihm zugesagt."
Entscheidend ist nicht, wie wahrscheinlich es ist, ob sich die Situation genauso abspielt, weil man ja schließlich nicht wissen kann, wie der Raum gestaltet ist, wie freundlich die Herren wirklich sind etc. Wichtig ist herauszuarbeiten, daß mit dieser oder einer ähnlichen Imagination der Betreffende seine Ressourcen und Kräfte am besten aktivieren kann. Er bringt sich damit in die beste Ausgangsposition, da er mental seine Fähigkeiten und Kräfte mobilisiert und mit positiven Resultaten verknüpft.

Auswertung. An diesem Beispiel wird verdeutlicht, wie die Ausgestaltung einer zunächst aversiven Situation in der Phantasie durch freundliche Elemente entängstigt. Es hat sich als effektiv erwiesen, immer wieder auf das Strukturmodell zurückzugreifen, um die gedankliche Steuerung als Weichenstelle bei den Teilnehmern zu verankern, um die Dinge positiv zu beeinflussen. Die gezielte gedanklich-emotionale Steuerung soll immer als Alternative zum Einsatz von Alkohol und/oder Medikamenten diskutiert werden.

4.5.5 Beurteilungsbogen für Patienten austeilen

Bio-psycho-soziales Verstehensmodell

		Schwindel
Körperlicher Streßfaktor	➔	*Engegefühl / Brust*
	Hyperventilationsübung	*Kribbeln*
		Feuchte Hände
Gedanklicher Streßfaktor	➔	*heißer Kopf*
		Stechen / Schulter
	Zitrone vorstellen	*Leichtes Zittern*
	peinliches Erlebnis	*Kopfleere*
↕		*flaues Gefühl / Magen*
Sozialer Streßfaktor	➔	*Angstgefühl*
		Kalte Hände
		Mundtrockenheit
		weiche Knie

Anspannung und Streß: Die Zusammenhänge zwischen Körper, Seele, Verhalten und Alkohol- bzw. Medikamentenkonsum

Situation →	Gedanken →	Gefühle →	Körper →	Verhalten →	Alkohol/Medikamente
Was macht mir zu schaffen?	*Was denke ich?*	*Was fühle ich?*	*Was passiert in meinem Körper?*	*Was tue ich?*	*Warum trinke ich Alkohol oder nehme Medikamente?*
Jemand hält mir Fehler vor.	Immer bin ich der Dumme.	verletzt gekränkt	roter Kopf Engegefühl auf der Brust	ziehe mich zurück	um zu vergessen
Ich stehe unter Zeitdruck.	Ich schaffe das nie.	mutlos	schwache Knie Kloß im Hals	werde fahrig und gehetzt	um leistungsfähiger zu sein
Ich werde nicht anerkannt.	Niemand kann mich leiden.	traurig wütend	Herzrasen	sage gar nichts mehr werde aggressiv	um mich zu beruhigen
Ich habe mich vergeblich bemüht.	Ich bin vom Pech verfolgt.	verzweifelt hoffnungslos	Weinen Müdigkeit	bin wie gelähmt	um abschalten zu können

Entspannung und Wohlbefinden: Die Zusammenhänge zwischen Körper, Seele, Verhalten und Alkohol- bzw. Medikamentenkonsum

Situation →	Gedanken →	Gefühle →	Körper →	Verhalten →	Alkohol/Medikamente
Was löst mein Behagen aus?	*Was denke ich?*	*Was fühle ich?*	*Was passiert in meinem Körper*	*Was tue ich?*	*Warum brauche ich keinen Alkohol/keine Medikamente?*
Jemand lächelt mich an.	Die Leute mögen mich.	Ich fühle mich ruhig.	Alle Muskeln sind locker.	Ich plaudere ungezwungen.	Weil ich mich nicht künstlich beruhigen muß.
Mir ist eine schwierige Arbeit gelungen.	Ich kann schon etwas auf die Beine stellen.	Ich fühle mich wohl.	Mein Atem geht ruhig.	Ich arbeite mit Freude und Zuversicht.	Weil ich keinen Mißerfolg „wegmachen" muß.
Ich bin freundlich bedient worden.	Ich habe wohl eine angenehme Ausstrahlung.	Ich fühle mich kraftvoll.	Mein Kopf ist frei.	Ich kann die Bedienung auch loben.	Weil ich Freude und Lebenswertes wahrnehmen und für mich bewahren kann.
Ich habe ein Lob erhalten.	Das kann ich richtig gut.	Ich bin ausgeglichen.	Mein Herz schlägt ruhig.	Ich freue mich darüber.	
Ich habe den Duft von Heu und Wiesengräsern genossen.	Ich bin mit der Welt in Einklang.	Ich fühle mich innerlich entspannt usw.	Ich kann gleichmäßig atmen usw.	Ich tanke Kraft auf.	

Die Macht der Phantasie: Geschichte zum Träumen

Die Geschichte spielt in Schlummerland, in dem der König wird, der nicht nur am längsten, sondern am besten schlafen kann. Und wer das kann, den machen die Schlummerländer zu ihrem König. Einmal gab es dort einen König und eine Königin, die hatten eine Tochter, die nicht schlafen konnte. Sie fürchtete sich vor dem Einschlafen, weil sie dann oft Alpträume hatte. Sie machten sich große Sorgen. Und der König fragte Ärzte, Heilkundige, die sich mit Kräutern und Salben auskannten, weise alte Frauen, sogar ins Ausland schickten er seine Boten. Aber niemand wußte Rat. Kein Arzt und kein Professor, kein Pfarrer und kein Kräuterweib. Dann machte sich der König also selbst auf die Suche. Er war lange unterwegs in vielen fremden Ländern und fragte jeden, der ihm begegnete. Aber er fand keinen Menschen, der ein Mittel gegen böse Träume wußte. Am Ende war der König ganz müde. Er wußte nicht mehr, was er noch machen sollte. Schließlich hatte er sich verirrt. Er war auf eine große graue Heide geraten. Nach einer Weile sah er etwas zwischen den Büschen glitzern und funkeln. Neugierig ging er näher und entdeckte ein kleines Kerlchen mit einem großen Kopf voller Stacheln wie eine Distel oder ein Igel. Das Kerlchen hatte glitzernde Sternenaugen und bewegte das Gesicht in tausend lachenden Fältchen. Aber das merkwürdigste an ihm war sein ungeheuer großer Mund, den es immerfort aufsperrte wie ein hungriger kleiner Vogel seinen Schnabel. Ach wer läd mich zum Essen ein, rief das Männchen immerfort mit einer feinen knisternden Stimme, ich hab so schrecklichen Hunger. Der König meinte: Ich hab mich verirrt. Bitte sag mir, wie ich hier wieder hinausfinde. Hier findet niemand hinaus, antwortete das Männchen, nur mit mir. Nur ich kann dir zeigen, wie es hinaus geht. Aber das tue ich nur, wenn du mich zum Essen einlädst. Der König bedauerte sehr, daß er nichts mehr zum Essen dabei hatte und zeigte dem Männchen seinen leeren Rucksack. Das Männchen aber sagte, ich will doch keine Butterbrote. Ja, aber was willst du dann, sagte der König. Bitte hilf mir doch hinaus. Ich muß meine kleine Tochter von ihren bösen Träumen befreien. Da wurde das Männchen plötzlich sehr höflich, sprang in die Luft und rief, dann kann uns ja allen dreien geholfen werden, denn ich bin ein Traumfresserchen. Ich lebe von den bösen Träumen anderer. Je böser, desto lieber, je mehr, desto besser. Jetzt drängte das Männchen aber danach, endlich zu der Königstochter zu kommen. Aber der König wollte noch eins wissen, Warum sitzt du hier, warum gehst du nicht zu den Menschen, die schlecht träumen und nimmst dir ihre Träume? Ach was sind Menschen für Umstandskrämer, knurrte das Männchen. Ich kann nur kommen, wenn man mich ruft. Von alleine klappt das nicht, kann nur nehmen, was man mir schenkt, – und wie durch Zauberei waren sie plötzlich am Bett der Königstochter. Und das kleine Männchen verriet ihr einen Spruch. Jedesmal, wenn sie den Spruch aufsagen würde, wäre das für das Traumfresserchen die Einladung und es könnte kommen und die bösen Träume der Prinzessin aufessen. Den Einladungsspruch hatte das Traumfresserchen der Prinzessin aufgeschrieben.

> Traumfresserchen, Traumfresserchen!
> Komm mit dem Hornmesserchen, komm mit dem Glasgäbelchen.
> Sperr auf dein Schnappschnäbelchen.
> Träume, die schrecken das Kind, die laß dir schmecken geschwind, aber die schönen,
> die guten sind mein, drum laß sie sein.
> Traumfresserchen, Traumfresserchen, dich lad ich ein.

Gesehen hat sie Traumfresserchen zwar nie, aber manchmal, wenn sie einschlief, hörte sie noch ein feines knisterndes Stimmchen sagen „Schlaf gut, mein Kind, keine Sorge und schönen Dank auch für die Einladung". Und das Traumfresserchen muß auch wirklich dagewesen sein, denn die Prinzessin hatte keinen einzigen bösen Traum mehr.

Das Traumfresserchen kommt natürlich gern auch zu anderen Leuten, die von bösen Träumen geplagt werden.

Quelle: Ende, M., Fuchshuber, A. (1978) Das Traumfresserchen

4.6 Sechste Sitzung

4.6.1 Verdeckte Sensibilisierung

Ziel. Hier soll deutlich werden, wie eine Verhaltenskette unterbrochen und Verhaltensalternativen entwickelt werden können.

Durchführung. Die Methode wird durch das Narrativ „Lehrer vor der Klasse", das anschaulich erzählt wird, eingeführt.

Auswertung. An das Narrativ schließt sich die Frage an: „Kommt Ihnen davon etwas bekannt vor?" Die Beiträge der Teilnehmer werden so zusammengefaßt, daß zu kognitiven Streßverarbeitungsmöglichkeiten und deren Beeinflussungsmöglichkeiten übergeleitet wird:
„Diese Stop-Befehle oder andere Methoden, die eigene Person durch Streß, Belastung und Druck – ohne Alkohol oder Medikamente – zu führen, müssen gelernt und eingeübt werden. Genauso etwa wie man Autofahren lernen und üben muß. Keiner kann das auf Anhieb. Und um die Stop-Befehle oder eine andere Art der gedanklichen Steuerung zu lernen, muß man sich zunächst gewissermaßen wie durch ein Mikroskop die Situation ansehen, in der diese Stop-Befehle eingesetzt werden müssen, damit sie wirken können. Denn die gedankliche Steuerung läuft in vielen Fällen verdeckt ab und wir müssen den richtigen Zeitpunkt erwischen, damit diese verdeckten, aber hoch wirksamen Prozesse beeinflußt werden können. Um das zu erreichen, ist es notwendig, die unter der üblichen Bewußtseinsebene ablaufenden Gedanken und Kommentierungen einer Situation gewissermaßen an die Oberfläche zu bringen, damit wir sie genau untersuchen und beeinflussen können."

4.6.2 Gelenkte Streßimagination und innere Dialoge

Ziel. Dem Patienten soll geholfen werden, detailliert auf Elemente der Streßverarbeitung zu achten, die im allgemeinen verdeckt wirken und einer direkten Befragung nicht zugänglich sind. Aufbauend auf den Übungen zur kognitiven Steuerung wird vermittelt, daß der Betroffene nicht nur ein Opfer von Streß ist, sondern daß die Art und Weise, wie das Fühlen und Denken das Verhalten moderiert, die Streßbelastung entscheidend beeinflußt. Zur Einführung in das Thema „Streß, Alkohol und Medikamente" wird die vorstellungsgestützte Erinnerung nach Meichenbaum (1985) herangezogen.
In einem zweiten Schritt sollen die Teilnehmer den Suchtmittelkonsum als unzureichenden Selbstheilungsversuch verstehen lernen. Der Grundgedanke des interaktiven Streßmodells von Lazarus und Folkman (1984) wird dabei unter dem Gesichtspunkt vermittelt, daß es von den Fähigkeiten zur Streßbewältigung abhängt, ob und wie stark Belastung empfunden wird. Das Suchtmittel wird als Selbstheilungsversuch des Patienten definiert, der zunächst versuchte, die ihm zur Verfügung stehenden Mittel und Wege (Alkohol oder Medikament) auszuschöpfen, ehe er fremde Hilfe (Psychotherapie) in Anspruch nahm. Die Betonung dieses positiven Aspekts, nämlich die Selbsthilfe bei der Entwicklung des Suchtmittelkonsums, hat sich als besonders bedeutsam erwiesen. In dieser Gruppenstunde geht es vor allem um die situative gedankliche Steuerung in alltäglichen Streßsituationen und deren Regulation durch Alkohol bzw. Medikamente.

Durchführung. Den Teilnehmern wird das Material „Eine problematische Situation im Leben" vorgestellt und erläutert, daß die Bearbeitung in einer bestimmten Weise erfolgt: Die Teilnehmer werden nämlich gebeten, sich in ihrem Stuhl zurückzulehnen, die Augen zu schließen und sich an ein bestimmtes einzelnes Streßerlebnis zu erinnern. Dieses Ereignis soll möglichst plastisch in ihrer Erinnerung auftauchen. Der Gruppentherapeut gibt folgende Instruktionen:
„Lehnen Sie sich bequem im Stuhl zurück, schließen Sie Ihre Augen und denken Sie an Ihr Streßerlebnis, mit dem Sie sich jetzt beschäftigen wollen. Das kann im Beruf gewesen sein, aber auch privat. Denken Sie an die Menschen, die vielleicht beteiligt waren und an die Rolle, die Sie selbst dabei spielten. Lassen Sie die Situation vor Ihrem geistigen Auge ablaufen, als ob ein Film in Zeitlupe abgespult werden würde. Beginnen Sie an dem Punkt – kurz bevor Sie sich gestreßt fühlten. Gehen Sie bitte ganz langsam den Prozeß durch und achten Sie darauf, was Ihnen in den Sinn kommt. Registrieren und beschreiben Sie, was Sie sehen, fühlen, hören, schmecken oder riechen. Ist es Tag oder Nacht? Wie groß ist der Raum, in dem Sie sich befinden? Ist jemand bei Ihnen? Was sagt er oder sie? Welche Atmosphäre herrscht? Was geht Ihnen durch den Kopf?"
Nach ca. zwei Minuten bittet der Therapeut die Gruppe, die Augen aufzumachen und fragt, ob jemand sein Streß-Szenario erzählen möchte. Anhand der Arbeit

Narrativ „Lehrer vor der Klasse"

„Mir fällt zu unserem Thema ein Lehrer vor der Klasse ein, der schon lange mit Disziplinschwierigkeiten bei seinen Schülern zu kämpfen hatte. Sie müssen sich das folgendermaßen vorstellen: Er betritt das Klassenzimmer, registriert die Lautstärke, sieht, daß keiner Anstalten macht, zu seinem Platz zu gehen und spürt schon, wie Anspannung und Ärger in ihm hochsteigen. Gleichzeitig kämpft er mit Gefühlen der Resignation und Verzweiflung: Wieder sieht er eine Stunde an sich vorbeiziehen, in der er nicht Herr wird über Chaos und Unordnung. Er sieht sich hilflos an der Tafel stehen und umsonst versuchen, den Lärm zu übertönen. Eine lächerliche Figur, das ist es, was ich abgebe, geht ihm durch den Kopf. Drängend kommt das Bedürfnis nach einem beruhigenden Schluck Alkohol auf. Er spürt ihn schon auf der Zunge, den herben Geschmack des Weißweins, fühlt ihn die Kehle runterrinnen, für ein warmes Gefühl im Magen sorgen, das sich langsam ausbreitet und ihm Ruhe gibt. Da erinnert er sich an das, was er gelernt hat. Halt, Stop, denkt er, in das Fahrwasser will ich nicht wieder. Wie war das, was macht man am besten, wenn eine Klasse einfach nicht ruhig werden will? Jetzt überleg ich mir einmal die einzelnen Schritten und versuche, das ganze nicht persönlich zu nehmen. Er atmet ein paar Mal tief durch, nimmt eine gerade und entspannte Körperhaltung ein, geht langsam zur Bank der größten Unruhestifter und schaut sie fest, aber freundlich an. Bevor es im Klassenzimmer ruhiger wird, hat es in seinem Inneren Entwarnung gegeben, der Pulsschlag ist nicht mehr so beschleunigt, das Herz klopft nicht mehr bis zum Hals, das unangenehme feuchte Gefühl in den Achselhöhlen, das zu den verräterischen Schweißflecken führen würde, hat aufgehört. – Mit dem Stop-Befehl ist es dem Lehrer gelungen, eine günstigere innere Steuerung in einer ihn sehr belastenden Streßsituation, die bislang für ihn mit Alkohol als Ruhegeber verknüpft war, einzufädeln."

mit einem Teilnehmer werden die geschilderten Gedanken und Gefühle in der Streßsituation deutlich. In einem zweiten Schritt fragt der Gruppentherapeut, ob ähnliche Gedanken und Gefühle, die in dieser Situation auftauchten, auch in anderen Streßsituationen vorhanden sind. Wichtig dabei ist, daß die Formulierungen des Teilnehmers möglichst genau festgehalten werden, etwa: „Ich halte es nicht mehr aus. Schon wieder so ein Durcheinander. Da könnte man doch reinhauen." Ob diese oder ähnliche Gedanken oder Gefühle auch in anderen Situationen auftauchen, nicht nur bei der gerade imaginierten Episode, ist wichtig zu erfahren. Die Frage danach dient der Suche nach situationsübergreifenden gedanklichen Kommentierungen, die im Zusammenhang stehen mit Alkohol oder Medikamenten.

Die Streßsituation, die in der vorstellungsgestützten Erinnerung auftauchte, wird zur Grundlage der Bearbeitung des Materials „Stumme Selbstgespräche ..." benutzt, in der die Teilnehmer dazu angeregt werden, ihre individuellen inneren Dialoge unter Streß und deren relative Vor- und Nachteile genauer kennenzulernen.

Wenn jeder in der Gruppe das Material bearbeitet hat, wird die Bedeutung der Ergebnisse erläutert: „Ich möchte nun die stummen Selbstgespräche unter Streß im einzelnen erläutern, damit jeder die Bedeutung seines Ergebnisses herauslesen kann. Es handelt sich um häufig eingesetzte Möglichkeiten, mit sich selbst unter Streß umzugehen. Von vornherein ist nicht die eine oder andere schlechter oder besser, sondern es kommt auf das Ausmaß, gewissermaßen die Dosierung, an und darauf, wieviele innere Dialogstrategien prinzipiell zur Verfügung stehen." Daran schließt sich die Erläuterung an (s. Therapeutenmaterial „Innere Dialoge unter Streß").

Jeder Patient kann zwar selbst seine Ergebnisse einordnen, dennoch sollte eine Diskussion und Erörterung der zusammengetragenen Streßsituationen und stummen Selbstgesprächsstrategien zumindest an einigen Beispielen aus der Gruppe erfolgen. Die Auswertung sollte berücksichtigen, welche Selbstkommentare vielleicht gar nicht auftauchen, welche zu viel Raum haben, wie diese Art und Weise zu kommentieren wohl die nahen Beziehungen beeinflußt – und welche Selbstgesprächsstrategien am besten den Alkohol- bzw. Medikamentenkonsum ersetzen könnten. „Je nach Situation, die durch unterschiedliche Herausforderungen geprägt ist, empfiehlt sich eine jeweils andere Selbstgesprächsstrategie. Man ist also gut beraten, möglichst viele zur Verfügung zu haben, weil die Situationen, die zu Streß und Druck geraten können, keine Grenze haben. Alles kann für den Menschen zur Belastung werden, sogar ein Ereignis, das von den meisten Menschen als freudig, angenehm und positiv erlebt wird. Was zu Streß und Belastung wird, hängt von unserer subjektiven Bewertung ab. Wie wir den Streß bewältigen, hängt wiederum davon ab, wie wir mit der Situation umgehen, ob wir ihre Herausforderung verstehen und ob wir eine genügend breite Palette an inneren Dialogen zur Verfügung haben, um den jeweiligen Herausforderungen gerecht zu werden."

Als nächster Schritt werden Rollenspiele eingeführt: „Um neue Formen der Streßbewältigung zu erproben und sich anzueignen, braucht man Rollenspiele. Das sind leichte Varianten der Wirklichkeit, die genau richtig sind, um Neues in den Gedanken und im Verhalten auszuprobieren und einzuüben."

4.6.3 Durchführung der Rollenspiele

Die Situationen, mit denen sich Patienten in der gelenkten Streßimagination beschäftigt haben, dienen als Material für die Rollenspiele. Zur Rekapitulierung wird das Material für Patienten „Eine problematische Situation ..." verteilt, das entscheidende Merkmale, die für die Durchführung der Rollenspiele wichtig sind, in Frageform aufgeführt.

Gedankliche Steuerungsprozesse, die sich ungünstig auf das Verhalten im Rollenspiel auswirkten, werden erfragt. Das Material „Regeln für das Einfädeln günstiger innerer Dialoge" wird diskutiert und auf die Rollenspielsituation angewandt. Daran schließt sich eine Wiederholung der Rollenspielsituation an, in der der Patient dazu angehalten wird, günstige innere Dialoge zu führen.

4.6.4 Beurteilungsbogen für Patienten austeilen

Stumme Selbstgespräche unter Streß: Wenn Sie unter Streß stehen – was sagen Sie zu sich selbst?

Bitte stellen Sie sich „Ihre" Streßsituation vor, die Sie sich in Erinnerung gerufen haben. Wenn Sie unter dieser Belastung stehen, was sagen Sie dann zu sich selbst? Bitte kreuzen Sie an, welche der folgenden Aussagen von Ihnen stammen könnte oder dem ziemlich nahe kommt:

„Als ich unter diesem Druck stand, habe ich zu mir selbst gesagt:

	ja	nein
„... wird schon nicht so schlimm werden."	☐	☐
„... da konnte ich wirklich nichts dafür."	☐	☐
„... Probleme sind da, um gelöst zu werden."	☐	☐
„... ich muß mich zusammenreißen."	☐	☐
„... es gibt doch viel Schlimmeres."	☐	☐
„... ich muß jetzt mal abschalten."	☐	☐
„... da hab ich schon ganz andere Sachen durchgestanden."	☐	☐
„... wem könnte ich mich jetzt anvertrauen?"	☐	☐
„... dem gehe ich jetzt besser aus dem Weg."	☐	☐
„... ich will keinen mehr sehen."	☐	☐
„... da könnte ich um mich schlagen."	☐	☐
„... wie kann ich mich nur so dumm dranstellen."	☐	☐
„... ich bin wirklich arm dran."	☐	☐
„... ich geb's auf."	☐	☐
„... bloß weg hier."	☐	☐
„... da muß ich doch dahinterkommen."	☐	☐
„... jetzt brauch' ich was zu trinken."	☐	☐
„... wo ist mein Medikament?"	☐	☐

„Innere Dialoge unter Streß"

Der besonders ungünstige Fall ist dann gegeben, wenn sich etwa der Gedanke an Suchtmittel immer mehr in den Vordergrund geschoben und andere Selbstgesprächselemente oder innere Dialogstrategien nicht mehr „benutzt werden". Hier zeichnet sich auch schon die Gefahr des Alkohol- bzw. Medikamentenkonsums zur Alltagsbewältigung ab. Hat sich einmal jemand darauf eingelassen, neigt er dazu, die Ressourcen und Aktivposten, die ihm eigentlich zur Verfügung gestanden haben, gewissermaßen zu vergessen und dem recht gefräßigen Drang des Alkohols und der Medikamente, immer mehr vom Menschen in Besitz zu nehmen, nachzugeben. Aber jetzt zu den einzelnen inneren Dialogstrategien:

„... wird schon nicht so schlimm werden." Der Ehemann, der nach einem frühmorgendlichen Krach mit seiner Frau im Auto denkt, das wird sich schon wieder einrenken, alles halb so schlimm, spielt den Ernst der Situation herunter und gibt ihm in seiner persönlichen Bewertung weniger Gewicht. Dadurch reduziert er für sich seine Streßbelastung. Insofern kann diese gedankliche Bewertung durchaus von Vorteil sein. Tut man es aber zu oft, läuft man Gefahr, daß man sich abzeichnende krisenhafte Entwicklungen übersieht. Der Ehemann wird vielleicht eines Tages überrascht vor der Entscheidung seiner Frau stehen, sich scheiden zu lassen. Möglicherweise hat er zu oft die Brüche und den Streit in der Beziehung heruntergespielt.

„... da konnte ich jetzt wirklich nichts dafür." Man entlastet sich selbst von einem negativen Ereignis oder einer negativen Entwicklung, an der man beteiligt war: So mag der Autofahrer, der ein Kind angefahren und schwer verletzt hat, versuchen, dieses Unglück für sich erträglicher zu machen, indem er sich sagt, ich habe keine Schuld. Die Ampel für mich war auf Grün. Weniger dramatisch, aber durchaus den gleichen Nutzen erreichend, sind die Versuche, Vorwürfe und Anklagen von sich abzuweisen und sich zu sagen, ich habe keine Schuld, beispielsweise, wenn der Chef moniert, daß die Abteilung nicht richtig arbeitet oder wenn der gemeinsame Urlaub mit dem Ehepartner eher eine Enttäuschung war. Diese gedankliche Kommentierung entlastet und läßt die Streßbelastung weniger drückend werden. Auf der anderen Seite vergibt man sich dadurch die Möglichkeit, bei sich selbst auf neue Wege und bessere Strategien zu kommen, wenn man sich quasi den Stoff entzieht, um überhaupt Analysen des eigenen Verhaltens vornehmen zu können und neue Lösungen zu entwickeln. Sie sehen, wie sich bei jeder inneren Verarbeitung von Streß und Belastung im Selbstgespräch ein Für und ein Wider für die jeweilige Strategie finden läßt.

„... Probleme sind da, um gelöst zu werden." Dies ist die zupackende, die aktive, die sich offensiv den Schwierigkeiten stellende Strategie. Wer hier oft ja sagt, der gehört vielleicht zu den Menschen, die meinen, Probleme müssen immer gelöst werden. Wenn man nur will, dann schafft man es auch oder ähnliches mehr. Natürlich steckt in dieser Herangehensweise viel Energie und vielleicht auch die Macht zur Veränderung von Problemen, aber die Kosten einer solchen Vorgehensweise treten schnell in den Blick. Was wie eine bewunderungswürdige tatkräftige Herangehensweise aussieht, entpuppt sich bei näherem Hinsehen als kräftezehrende Strategie, nämlich dann, wenn sie zu oft angewandt wird. Der, der sie anwendet, beißt sich vielleicht die Zähne aus, daß manche Probleme nicht so „geknackt" werden können, wie er das gern möchte. Wenn ein naher Angehöriger stirbt, ein geliebter Partner einen verläßt, ein Lebenstraum in die Brüche geht, hilft die zupackende durchgreifende Art nicht, sondern schafft vielleicht erst recht neue Probleme.

„... ich muß mich zusammenreißen." Gemütsbewegungen in Schach zu halten und nicht loszuweinen oder nicht loszuschreien, ist dann von Vorteil, wenn es dienlich ist, die eigenen Gefühle zu kontrollieren, wie etwa am Arbeitsplatz. Das wird aber dann zum Fallstrick, wenn man zu häufig und zu strikt Ärger, Zorn, Trauer unterdrückt, bei sich behält und auf keinen Fall versucht preiszugeben. Wenn Sie sich noch mal die Funktionsweise des vegetativen Nervensystems in Erinnerung rufen, erkennen Sie, wie gefährlich es sein kann, starke Gefühle zu unterdrücken. Die dadurch zwangsläufig aufgestaute Spannung im Körper kann sich nur ein Ventil suchen, indem sie ein inneres Organsystem ansteuert und so Beschwerden oder Schmerzen verursacht.

„... es gibt doch viel Schlimmeres." Schwere oder belastende Dinge werden dadurch relativiert, daß anderes herangezogen wird, das eben viel schlimmer ist. Wenn jemand z.B. auch in diesem Jahr wieder keine Gehaltserhöhung bekommen hat, dann mag er sich dadurch trösten, indem er sich sagt, immer noch besser als arbeitslos. Wie schlecht würde es mir erst gehen, wenn ich zum Arbeitsamt gehen und Arbeitslosengeld beantragen müßte. Eine solche Form der Verarbeitung hilft und läßt die Enttäuschung über die ausgebliebene Gehaltserhöhung weniger schwer werden. Mache ich das jedoch oft, eigene Belastungen und Enttäuschungen herunterzuspielen, indem ich noch schlimmere Vergleiche heranziehe, besteht die Gefahr, daß ich ganz meine Interessen und Bedürfnisse vergesse. Diese nicht einmal mehr formulieren kann, weil ich mir gewissermaßen gleich das Recht abspreche, Bedürfnisse zu haben, etwas zu vermissen und auf etwas drängen zu dürfen, weil ich von vornherein mir sage, es gibt doch Schlimmeres. Andererseits kann es aber durchaus hilfreich sein durch den Vergleich mit anderen, denen es schlechter geht als mir selbst, Gelassenheit und Zufriedenheit zu erlangen mit dem, was man hat.

„... ich muß jetzt mal abschalten." Sie haben ja schon kennengelernt, daß oft die einzige Möglichkeit, sich Entspannung und Wohlbefinden zu verschaffen, darin liegt, sich bewußt auf etwas anderes zu konzentrieren als auf die Streßquelle. So gesehen ist diese Verarbeitungsstrategie ein großer Aktivposten. Tue ich das aber nur oder sehr oft, wird mir auch die Möglichkeiten verwehrt, krisenhafte Entwicklungen in Beziehungen oder am Arbeitsplatz zu erkennen. Denn ich muß mich erst einmal mit einer belastenden Situation beschäftigen, wenn ich Problemlösungen finden will. Lenke ich mich ab, schüttele quasi das belastende Ereignis ab, bin ich zwar für den Moment entlastet – manches mag sich sogar von selbst erledigen – aber die Gefahr besteht doch, daß wirkliche Probleme, wenn man sie unbeachtet liegen läßt, zu einer Lawine werden können, die mich dann überrollen.

„... da habe ich schon ganz andere Sachen durchgestanden." Hier machen wir uns unser inneres Steuerungssystem zunutze, um uns selbst zu ermuntern und Kraft zu geben für die Bewältigung der Probleme, die vor uns liegen. Wird die Selbstermunterung jedoch in einem zu großen Ausmaß betrieben, gerät sie vielleicht zur Schönfärberei und zum Übersehen kritischer Punkte, die eher zur Resignation raten würden, als zum immer wieder sich selbst ermutigenden beherzten Daraufzugehen.

„... wem könnte ich mich jetzt anvertrauen." Ein mächtiger Aktivposten, der unter allen anderen Selbstgesprächsstrategien in seiner positiven Bedeutung herausragt, ist der Freimut, Rat und Hilfe bei anderen zu suchen. Diese menschlichen Sprungtücher, d.h. die Freunde, die Bekannten, die Kollegen, gehören zu den Wunderwaffen gegen Streß und Streßbelastung. Wer sich einem anderen anvertraut, seine Not oder Belastung eingesteht und sich Rat und Hilfe holt, wird besser mit Belastung fertig.

„... dem gehe ich jetzt besser aus dem Weg." Die Versuche des Menschen, unangenehme Situationen (oder Menschen) zu meiden, sind manchmal ein durchaus angebrachtes Verhalten. Man muß nicht jede Herausforderung annehmen und kann sich dadurch schonen. Andererseits kann eine ausgeprägte Tendenz das eigene Handlungsrepertoire immer mehr einschränken. Besonders augenfällig werden die negativen Konsequenzen im Falle der Angstreaktion: Indem ich die Angst vermeide, füttere ich sie regelrecht, mache sie groß und stark und lasse sie immer mehr Macht über mich gewinnen.

„... ich will keinen mehr sehen." So positiv wie die Selbstanweisung, sich Rat und Hilfe zu holen, unter den inneren Dialogstrategien herausragt, ist der Rückzug von den Mitmenschen zu sehen. Zwar hilft es manchmal, die Menschen zu meiden, weil der Mensch mit sich alleine sein muß, aber wenn dies im Alltag des Menschen zu sehr die Regel wird, lauern viele Gefahren. Der Mensch ist ein soziales Wesen und soziale Isolation schadet ihm, wenn sie über längere Zeit betrieben wird.

„... da könnte ich um mich schlagen." Ärger und Zorn brauchen ein Gesicht, d.h., es muß auch möglich sein, kritische oder ärgerliche Regungen auszudrücken. Unterdrückte Wut kann zu starken Spannungen führen.

Von Nachteil ist, wenn es zu oft geschieht, zu ungesteuert, zu wenig überlegt – wenn die Wut mit einem durchgeht.

„... wie kann ich mich nur so dumm dranstellen." Es ist wichtig, ein schlechtes Gewissen haben zu können, in der Bilanz eigenen Verhaltens Kritikpunkte entdecken zu können und – falls man falsch gehandelt hat – auch Schuldgefühle zu entwickeln. Nun liegt es auf der Hand, daß das Sich-an-die-eigene-Nase-fassen von großem Nachteil dann werden kann, wenn Selbstkritik zur Selbstverdammung wird.

„... ich bin wirklich arm dran." Das sieht auf den ersten Blick nach einer Selbstkommentierung aus, die nicht empfehlenswert ist. Aber auch sie hat ihre Berechtigung: Es ist durchaus wichtig, sich auch selbst schwache und hilflose Seiten zuzugestehen. Dazu gehört auch, daß man sich selbst leid tun kann. Menschen, denen das gar nicht möglich ist, sind oft von einer inneren Härte, die sich schließlich gegen sie wendet.

„... ich geb's auf." Auch diese Selbstanweisung, die zunächst ungünstig erscheinen mag, hat Vorteile: Wenn ich beispielsweise in einer verfahrenen Partnerschaft lebe, brauche ich die Resignation als Phase, um mir innerlich einzugestehen, daß die Beziehung nicht mehr zu retten ist. In diesem Fall schaffe ich mir eine Plattform, die mir neue Handlungsmöglichkeiten eröffnet. Natürlich ist diese Strategie nicht förderlich, wenn sie allzu großen Raum im Leben eines Menschen einnimmt. Der packt dann womöglich gar nichts mehr an, verharrt im Stillstand und vergibt sich viele Möglichkeiten.

„... bloß weg hier." Schnell die unangenehme Situation verlassen wollen, ist auf den ersten Blick vielleicht nicht empfehlenswert, kann es aber dennoch sein. Es gibt Situationen, in denen man am besten die Flucht ergreift, beispielsweise wenn man von überlegenen Gegnern angegriffen wird, aber auch, wenn man einer bedrückenden Situation entfliehen möchte, weil man der Belastung zumindest für heute ein Ende setzen will. Die Nachteile dieser inneren Selbstanweisung liegen aber auch auf der Hand. Ergreife ich zu schnell das Hasenpanier, schränke ich meine Entwicklungsmöglichkeiten ein, gebe ich mir kaum eine Chance, weiter zu kommen in meinen Fähigkeiten, mich zu wehren. Darüber hinaus leidet das Selbstwertgefühl beträchtlich, wenn ich immer mehr von mir den Eindruck gewinnen muß, daß ich Gefahren, Bedrohungen oder drückenden Atmosphären nicht standhalten kann.

„... da muß ich doch dahinterkommen." Diese Selbstanweisung birgt viele Möglichkeiten, weil sich der einzelne mit dem, was geschehen ist, gedanklich auseinandersetzt. Er analysiert die Situation, untersucht ihre Einflußfaktoren, sieht sich an, was geschehen ist. Dadurch wird er auf manche Idee kommen, wie er etwas besser machen kann. Insofern ist dies günstig. Wenn dies aber zum Grübeln wird, zum nutzlosen Mühlrad im Kopf, dann wird diese Aufgabenstellung, die der Mensch sich selbst gibt, zum Streß und belastet den Menschen.

„... jetzt brauch' ich was zu trinken." „... wo ist mein Medikament." Dabei ist stets zu bedenken, daß Alkohol bzw. Medikamente tatsächlich kurzfristig „helfen". Alkohol dämpft oder putscht auf, je nach Situation, in der er getrunken wird. Und Psychopharmaka „helfen" sogar noch gezielter. Für den Moment bekämpfen sie die Auswirkungen von Angst, Schmerz oder Anspannung. Allerdings zu einem hohen Preis, zudem an den Ursachen nichts geändert wird: Selbst das spezielle Medikament zur Angstlösung bekämpft nicht die Ursache der Angst, sondern nur deren Erscheinungsformen. Aber langfristig sind die Nachteile von Alkohol bzw. Medikamenten beträchtlich: In letzter Konsequenz wird sogar eine chronische Krankheit, die Suchtmittelabhängigkeit, riskiert. Aber lange bevor die manifeste Abhängigkeit eintritt, wird das vielleicht ursprünglich vorhandene facettenreiche und vielfältige innere Dialogrepertoire des Menschen schleichend eingeschränkt. Der Mensch verarmt innerlich.

Eine problematische Situation im Leben . . .

Denken Sie bitte an eine problematische Situation in Ihrem Leben. Lassen Sie diese plastisch vor Ihrem inneren Auge entstehen, als ob Sie einen Film im Fernsehen sehen würden, und beantworten Sie dann bitte folgende Fragen:

1. Um welche Situation handelt es sich ?
2. Wer ist außer mir noch daran beteiligt?
3. Was tun diese Personen in der Situation, an die ich denke?
4. Was geht mir in dieser Situation durch den Kopf?
   Was sage ich zu mir selbst? Wie erlebe ich die anderen?
5. Was empfinde ich dabei?
   Welche Gefühle kommen auf?
6. Welche körperlichen Reaktionen tauchen auf?
7. Wie verhalte ich mich?
8. Nehme ich Medikamente? (Wieviele Tabletten, in welcher Dosierung, in welcher inneren Verfassung nehme ich sie ein?)
9. Trinke ich Alkohol? (Was trinke ich? Wieviel? In welcher inneren Verfassung greife ich zur Flasche?)
10. Was erwarte ich mir von der Wirkung des Alkohols/der Medikamente?
11. Was tun jetzt die Menschen in meiner Umgebung?
12. Habe ich mit negativen Konsequenzen meines Alkohol- oder Medikamentenkonsums zu rechnen?
13. Würde ich mich gern anders verhalten? Wie würde der Film dann ablaufen?

Rollenspiele

Für einen erfolgreichen Verlauf der **Rollenspiele** empfiehlt sich folgendes Vorgehen:

- Bitten Sie einen Teilnehmer, „seine" Situation vorzustellen, um diese genauer durchzuarbeiten, nämlich in Form eines Rollenspiels. Erläutern Sie, daß Rollenspiele der Königsweg sind, um Verhalten einzuüben. Allerdings sind sie als abgemagerte Variante der Wirklichkeit leichter zu bewältigen als die realen Situationen, die im Alltag auf die Teilnehmer warten. Im gewissen Sinn handelt es sich bei Rollenspielen um Trockenübungen, die aber dennoch genügend Realitätsverbindung haben, um auch im Alltag wirksam werden zu können.
- Wenn sich kein Teilnehmer spontan meldet, sprechen Sie einen Teilnehmer gezielt an, dessen Situationen Ihnen besonders geeignet erscheint, im Rollenspiel durchgespielt zu werden. In der Regel bedürfen die Teilnehmer einer gewissen Ermutigung, Rollenspiele durchzuführen. Die Metapher vom langsamen Autofahrenlernen (s. 4.6.1) wird gut verstanden und erleichtert, das anfängliche Zögern aufzugeben.
- Bitten Sie den Teilnehmer, noch einmal genau zu beschreiben, wie der Situationsablauf war, was wer wie gesagt hat und welche Gefühle und Verhaltensweisen gezeigt wurden. Geben Sie insofern Modell für die Rollenspiele, als Sie nach der Schilderung des Teilnehmers die Rolle einzelner Beteiligten exemplarisch im Dialog ausführen, etwa „Und hat Ihre Frau dann vielleicht gesagt, daß es nun aber endgültig Schluß ist, und daß Sie sich das nicht mehr länger bieten lassen wolle..." und „Wenn ich Sie richtig verstanden habe, haben Sie sich vielleicht folgendermaßen geäußert: „Also, wenn du so anfängst, brauchen wir überhaupt nicht mehr weiterzureden..."
- Bitten Sie den Teilnehmer darum, einen anderen aus der Runde zu benennen, der seiner Meinung nach gut eine Rolle einer beteiligten Person übernehmen könnte. Wenn sich der Teilnehmer entschieden hat, fragen Sie freundlich und motivierend die betreffende Person, ob sie diese Rolle übernehmen könnte.
- Wenn die Protagonisten des Rollenspiels feststehen, bitten Sie den Teilnehmer noch einmal darum, genau für alle zu berichten, wie sich die Situation abgespielt hat, damit die anderen, die am Rollenspiel teilnehmen, auch eine Idee bekommen, in welcher Richtung und in welcher Art und Weise sie sich in dem Rollenspiel verhalten sollen. Fragen Sie die anderen Beteiligten am Rollenspiel, ob sie nun eine ausreichende Vorstellung von der Rolle haben, die sie gleich übernehmen sollen.
- Bitten Sie die Gruppe zu beobachten, was sie beim Rollenspiel wahrnehmen und was Ihnen am Verhalten der einzelnen auffällt. Es hat sich bewährt, eine Hälfte der Gruppe zu bitten, auf das nichtsprachliche Verhalten der am Rollenspiel Beteiligten zu achten, während die andere Hälfte auf das, was gesagt wurde, achtet. Teilen Sie der Gruppe mit, daß anschließend den Beteiligten am Rollenspiel Rückmeldung gegeben wird.

- Das Rollenspiel wird in einer exponierten Stelle im Raum durchgeführt. Beispielsweise werden Stühle gegenübergestellt außerhalb des üblichen Kreises, oder es wird ein Tisch herangezogen, wenn er zu der im Rollenspiel dargestellten Situation paßt und ähnliches. Wenn möglich, sollte eine Videokamera zur Verfügung stehen, mit der das Rollenspiel aufgenommen werden kann.
- Die Teilnehmer werden gebeten, das Rollenspiel durchzuführen, wobei die Dauer des Rollenspiels nicht viel länger als fünf Minuten betragen sollte.
- Wenn das Rollenspiel zu Ende ist, werden zunächst die am Rollenspiel Beteiligten nach ihren Gefühlen und Eindrücken während des Rollenspiels befragt. Es ist für die Teilnehmer oft verblüffend zu sehen, wie rasch und authentisch eine bestimmte Rolle erlebt wird. Dieser Gesichtspunkt sollte herausgearbeitet werden, da er für die Motivierung, weitere Rollenspiele durchzuführen, entscheidend ist. Die Perspektiven seiner Interaktionspartner, die dem Urheber des Rollenspiels wahrscheinlich nicht so präsent sind, sollten für ihn besonders deutlich gemacht werden, indem beispielsweise gefragt wird: „Hätten Sie sich das so vorgestellt, daß Ihrer Frau so etwas durch den Kopf gehen könnte?" Besonders wichtig ist die gedanklich-emotionale Steuerung des Teilnehmers, wie sie in „seinem" Rollenspiel abläuft. Seine Gedanken und Gefühle in der Situation sollten besonders plastisch werden.
- Dann erst wird die Gruppe nach ihrer Rückmeldung gefragt. Zu dieser Rückmeldung werden bestimmte Feedback-Regeln benannt:

  1. Die Rückmeldung sollte kurz sein.
  2. Die Rückmeldung sollte sich auf Verhaltensweisen, nicht auf Persönlichkeitseigenschaften oder Charaktereigenschaften beziehen.
  3. Die Rückmeldung sollte sowohl positive wie auch negative Elemente enthalten.
  4. Die Rückmeldung sollten mit einem positiven Element beginnen.

Im Lauf des Programms werden die Teilnehmer immer geübter darin, diese wichtigen Feedback-Regeln zu beachten und einzuhalten.

- Wenn eine Videokamera zur Verfügung steht, sollte im Anschluß an diese Feedback-Runde die Aufzeichnung wieder vorgeführt werden. Dabei hält der Gruppentherapeut das Band an den für ihn wichtigen Stellen an, um auf Zusammenhänge zwischen Verhalten und Reaktionen noch einmal hinzuweisen. Es ist dabei wichtig, die von den Teilnehmern geäußerten Feedback-Elemente aufzugreifen im Sinne einer Verstärkung, so daß die Teilnehmer weiterhin ermuntert werden, Feedback zu geben. Der Urheber des Rollenspiels sollte gefragt werden, was er sich an bestimmten Stellen anders vorstellen könnte, oder wo er für sich Veränderungsziele sieht.

Regeln für das Einfädeln günstiger innerer Dialoge

1. Machen Sie sich klar, daß Sie sich im Moment in einer Streßsituation befinden, d.h., daß es eine Situation ist, die hohe Anforderungen an Sie stellt. Diese Anforderungen können ganz verschiedener Natur sein, beispielsweise kann die Anforderung darin bestehen, daß Sie sich durchsetzen müssen gegen andere, daß Sie einem Gefühl Ausdruck geben wollen, daß Sie etwas tun wollen, das Ihnen Angst macht oder irgend etwas anderes. Wichtig ist, daß Sie sich klar machen, daß Sie im Moment vor der Aufgabe stehen, Ihre gedanklichen und gefühlsmäßigen Prozesse bewußt zu steuern.
2. Registrieren Sie, wie die alten ungünstigen Gedanken versuchen, über Sie Macht zu gewinnen, beispielsweise, es wird wieder so laufen wie immer ... ich brauch es gar nicht erst zu versuchen ... ich kann das nicht ... oh Gott, es wird schief gehen ...
3. Beschwören Sie ein Bild vor Ihrem geistigen Auge herauf, mit dem Sie besonders gut umgehen können, beispielsweise eine Ampel, die von grün auf rot springt und damit die alten Gedanken anhält, oder einen Gulli, der die alten Gedanken gurgelnd in sich aufnimmt. Sie können auch versuchen, mit diesen alten Gedanken, die das ungünstige Verhalten für gewöhnlich einfädeln, in einen Boxring zu steigen und sie langsam aber sicher aus diesem Ring herauszudrängen. Finden Sie heraus, welches Bild Ihnen am nächsten ist und mit welchem Bild Sie am besten arbeiten können.
4. Ihr Kopf ist jetzt frei für neue, günstige Gedanken. Legen Sie in Ihrem Kopfkino eine neue Kassette ein, beispielsweise: „Ich hab mich gut vorbereitet, wenn ich ruhig bin, kann ich es schaffen" oder: „Jetzt mal mit der Ruhe, ich kenne eigentlich genügend Leute, die das können und die sind auch nicht besser als ich". Schreiben Sie Ihren günstigen gedanklichen Satz auf, so daß Sie ihn sofort parat haben, wenn Sie ihn brauchen.
5. Denken Sie daran, daß jede Streßsituation eine neue gute Gelegenheit zum Üben ist.
6. Verstärken Sie sich dafür, wenn Sie die Situation besser als sonst bewältigt haben. Halten Sie genau fest, was Sie gut gemacht haben.

4.7 Siebte Sitzung

4.7.1 Verdeckte Verstärkung

Ziel. Erwünschte Verhaltensweisen, die als Alternativen zum bisherigen Alkohol- oder Medikamentenkonsum erarbeitet wurden, sollen mit einer sehr angenehmen Vorstellung gekoppelt werden.

Durchführung. Die Teilnehmer werden gebeten, nach dem Beispiel „das alte Lied" präzise eine Situation, die bislang vom Alkohol- oder Medikamentenkonsum reguliert wurde, zu visualisieren. Dabei spielen Details eine große Rolle: Wo sieht sich der einzelne, in welchem Raum, bei welcher Tageszeit, wohin fällt das Sonnenlicht, was sehen Sie, was steht auf dem Tisch etc.
„Bitte lehnen Sie sich in Ihrem Stuhl zurück, schließen Sie die Augen und gehen Sie in Gedanken in eine bestimmte Situation, in der Alkohol bzw. Medikamente bei Ihnen eine große Rolle spielten. Wann war das? Wo waren Sie gerade? Was haben Sie getan? In dem Material sollen wichtige Situationsmerkmale festgehalten werden. Wer war dabei? War es Tag oder Nacht? Waren Sie in einem Raum oder im Freien? Was haben Sie gesprochen, was gehört, was hatten Sie im Blick? Welche Stimmung herrschte? Und was hat sich durch den Alkohol bzw. das Medikament geändert? (Die Gruppe erinnert sich mit geschlossenen Augen ca. drei Minuten lang). Jetzt tragen Sie bitte entscheidende Merkmale der Situation, an die Sie sich erinnert haben, in das Protokollblatt ein." Danach werden die Patienten gebeten, erneut die Augen zu schließen und folgender Instruktion zu folgen: „Malen Sie sich nun bitte aus, wie Ihr Wunschtraum dieser Situation, mit der Sie sich gerade beschäftigt haben, ohne Suchtmittel aussehen würde. Wie müßte das sein? Wie müßte sich alles abspielen, damit Sie zufrieden und glücklich sind?"

Die Gruppe soll wieder ca. drei Minuten Zeit haben, die Wunschsituation zu visualisieren, die danach im Protokollblatt skizziert wird.

Auswertung. Bei der Visualisierung der erwünschten Situation kommt es nicht darauf an, eine möglichst große Realitätsnähe zu erreichen etwa in dem Sinn, ob bestimmten Personen das visualisierte Verhalten wirklich „zuzutrauen" wäre. Der Schwerpunkt bei der Visualisierung liegt darauf, daß positive und erwünschte Situationen und Ereignisse präzise in der Vorstellung ablaufen, gekoppelt mit der in der therapeutischen Arbeit angezielten Verhaltens- und Einstellungsänderung, die ermöglicht, auf Alkohol bzw. Medikamentenmißbrauch zu verzichten.

4.7.2 Aufmerksamkeitslenkung

Ziel. Die autosuggestiven Fähigkeiten sollen weiter gestärkt werden, die von einem inneren negativen Spannungszustand weglenken, der gewöhnlich mit Alkohol bzw. Medikamentenkonsum verbunden war, auf positive und entspannende Inhalte.

Durchführung. Die Übung wird folgendermaßen eingeführt:
„Nehmen Sie bitte eine entspannte Sitzposition ein und schließen Sie dabei die Augen. Nehmen Sie sich ein wenig Zeit und achten Sie auf Ihre momentane Wahrnehmung. Beobachten Sie einfach, wohin Ihre Aufmerksamkeit oder Ihre Gedanken wandern. Vielleicht ist Ihre Aufmerksamkeit bei einem inneren Vorgang, z.B. bei einem Gedanken oder einer angenehmen Erinnerung. Ihre Aufmerksamkeit kann aber auch auf etwas äußeres gerichtet sein, z.B. auf meine Stimme. Versuchen Sie, sich nun einmal auf die verschiedenen Geräusche oder Töne zu konzentrieren, die um Sie herum hörbar sind. Während Sie dies tun, achten Sie wahrscheinlich weniger auf Ihre Hände und Sie sind sich Ihrer Empfindungen dort nicht bewußt. Als soeben Ihre Hände erwähnt wurden, ist Ihre Aufmerksamkeit wahrscheinlich sofort dorthin gewandert und diese Empfindungen in den Händen treten nun deutlich in den Vordergrund der Wahrnehmung, während die Geräusche wieder in den Hintergrund treten ... Konzentrieren Sie sich nun bitte einmal auf ein inneres Bild, nämlich auf die Vorstellung eines kleinen weißen Elefanten, der auf einer grünen Wiese steht ... Versuchen Sie, dieses geistige Bild deutlich vor Ihrem inneren Auge zu haben ... Und nun versuchen Sie, dieses Bild mit dem kleinen weißen Elefanten auf der grünen Wiese nicht mehr zu sehen ... Beobachten Sie bitte auch, wie Sie versuchen, diesen weißen Elefanten nicht mehr mit Ihrem inneren Auge zu sehen ... Und nun konzentrieren Sie sich bitte genau auf Ihre Atmung ... Beobachten Sie, wie sich beim Einatmen die Muskulatur in Brust und Bauch anspannt ... Und wie beim Ausatmen die Muskulatur wieder locker wird ... vielen Dank" (nach Stevens, 1976).

Die inneren Ablenkungsstrategien werden den Teilnehmern noch weiter verdeutlicht, indem das Beispiel einer Frau erzählt wird, die, „... um ihre Einsamkeit zu betäuben, angefangen hat zu trinken, nun dies aber nicht weiter tun möchte, sich aber abends vor dem Fernseher alleine in ihrer Wohnung nicht weiter zu helfen weiß. Alle Ablenkungs- und Entspannungsversuche konnten nicht das drängende Verlagen nach einem Glas Wein, von dem sie weiß, daß sie dann noch ein weiteres trinkt, dann nicht gut schlafen kann und am nächsten Morgen unausgeruht ist, bezähmen. Sie hat bereits versucht, eine Bekannte anzurufen, die jedoch nicht zu erreichen war. Sie hat ein heißes Bad genommen, um sich in Schlafstimmung zu bringen. Sie hat sich sogar auf das Heimfahrrad gesetzt, um der aufgestauten Spannung in ihrem Körper ein Ventil zu eröffnen. Nichts hat bisher gefruchtet. Plötzlich hat sie eine Idee: Sie setzt sich mit dem Rücken zum Fernsehen und stellt sich genau vor, was sich wohl – entsprechend den Dialogen und dem Text, den sie hört – auf dem Bildschirm abspielen mag. Diese Phantasietätigkeit, die ihr eine innere Ablenkung ermöglicht hat, hat schließlich bewirkt, daß sie sich von dem Verlangen nach Wein frei machen konnte."

Auswertung. Mit den Teilnehmern wird erarbeitet, daß der einzelne über große Fähigkeiten verfügt, seine Aufmerksamkeit und Bedürfnisse zu lenken, um einen möglicherweise vorhandenen starken Drang nach Alkohol oder Medikamenten abzumildern. Wichtig dabei ist, daß mit den Teilnehmern die jeweils individuell kritische Situation erarbeitet wird, in der sie diese Ablenkungsstrategie einsetzen können. Diese Form der inneren Ablenkung sollte dann auch in Realitätserprobungen geübt werden und die Erfahrungen in der Gruppe berichtet werden.

4.7.3 Rollenspiele

Rollenspiele werden wieder nach dem empfohlenen Aufbau (Abschnitt 4.6.3) durchgeführt. Dabei sollen die neu erlernten Möglichkeiten zur kognitiven Umstrukturierung großen Raum einnehmen.

4.7.4 Beurteilungsbogen für Patienten austeilen

Protokollblatt	
„Das alte Lied"	**„Das neue Lied – das bessere Lied"**
Eine Frau leidet seit langem darunter, daß sie sich in ihrer Ehe wie ein Gebrauchsgegenstand fühlt. So empfindet sie die Sprachlosigkeit ihres Mannes, der sie, gleich, wieviel sie zu tun hat, nie fragt, wie es ihr geht, obwohl sie doch offensichtlich häufig unter Kopfschmerzen leidet. Mit zusammengebissenen Zähnen, blasser Hautfarbe und häufigem Massieren der Schläfen deckt sie den Abendbrottisch, während ihr Mann am Tisch sitzt und Zeitung liest. Ihr geht durch den Sinn, wenn er auch nur einen Funken Interesse für mich übrig hätte, würde er doch bemerken, wie schwer mir die Arbeit fällt und welch heftige Kopfschmerzen ich habe. Gegen die Schmerzen nimmt sie, am Küchenschrank stehend, zwei Schmerzmittel ein.	Sie hat Kopfschmerzen, der Abendbrottisch will gedeckt werden und ihr Mann sitzt da und liest Zeitung, scheinbar nimmt er keine Notiz von ihr. Heute leidet sie aber nicht stumm, sondern sagt freundlich, aber bestimmt zu ihm: „Wenn ich den Abendbrottisch alleine decken soll und es mir im Moment wirklich nicht gut geht, dauert das mit dem Essen um so länger und ich fühle mich auch vernachlässigt. Ich hätte wirklich gern, daß du mir beim Decken hilfst." Der Mann blickt ganz überrascht hoch, steht aber auf und nimmt ihr die Teller aus der Hand. Die Frau freut sich, daß es ihr gelungen ist, so gut ihrem Wunsch Ausdruck zu verleihen. Die gute Stimmung hält an und das Abendessen verläuft harmonisch, um nicht zu sagen heiter. Ihr Mann lächelt sie an, was sonst kaum vorkommt, fragt sie nach ihrem Tag und macht mit ihr Pläne für das Wochenende
Wie mein altes Lied geht:	**Wie mein neues, besseres Lied geht:**

4.8 Achte Sitzung

4.8.1 Schäden durch Alkohol bzw. Medikamente

Ziele. Die Folgen des Alkohol- oder Medikamentenkonsums als Schädigung der inneren Organe, des peripheren und zentralen Nervensystems werden verdeutlicht. Der Schwerpunkt wird dabei nicht auf eine medizinisch-physiologisch lückenlose Vermittlung der Suchtmittelschäden gelegt, sondern auf die Verankerung von Einsicht und Wissen, das der Patient in sein subjektives Erklärungsmodell der Alkohol- bzw. Medikamentenprobleme integrieren kann.

Durchführung. Die Metapher des Schwimmbades und die Glas-Wasser-Demonstration führt die Patienten an ein grundlegendes Verständnis der Schadenswirkung durch Alkohol und Medikamente heran.

Auswertung. Die Metaphern wirken durch ihre drastische und plastische Anschaulichkeit. Sie lösen in der Regel großes Interesse, aber auch emotionale Betroffenheit darüber aus, welche Schäden der einzelne wohl schon seinem Organismus durch den Alkohol zugeführt hat. In der Auswertung soll es nicht darum gehen, den Teilnehmern Angst zu machen. Die Betroffenheit und das Interesse an den medizinisch-physiologischen Fragen sollten eher wieder genutzt werden, um neben den Gefahren, die der Suchtmittelkonsum mit sich bringt, auch die inneren Beweggründe aufzuzeigen: nämlich daß die kurzfristigen positiven Konsequenzen, die durch Alkohol und Medikamente herbeigeführt wurden, offenbar (noch) so wertvoll waren, daß die beträchtlichen negativen mittel- und langfristigen Konsequenzen vergessen wurden. In diesem Zusammenhang werden die „Auswirkungen des Alkohols auf die Fahrtüchtigkeit" (Material für Patienten) und „Der Einfluß des Alkohols auf neuro- und molekularbiologische Veränderungen im Gehirn" (Material für Patienten) besprochen.

Die Metapher von Pattex und Kleister

Ziel. Die Schwierigkeiten werden bearbeitet, die bei dem Versuch entstehen, von Suchtmitteln wieder loszukommen.

Durchführung. Dabei wird die Haft- und Klebefähigkeit der Suchtmittel in Metaphern dargestellt. Zur Demonstration wird Pattex und Kleister in die Gruppe mitgebracht. Von vier dünnen Kartonblättern (DIN-A-4) werden jeweils zwei zusammengeklebt und dann wird versucht, die Kartonblätter wieder auseinanderzuziehen. Die zwei Blätter, die mit Pattex geklebt wurden, lassen sich schon nach kurzer Zeit nicht mehr auseinanderziehen, während die Blätter, die mit Kleister geklebt wurden, noch lange hin- und hergeschoben werden können. Pattex, das rasch und stark klebt, wird dabei mit Medikamenten verglichen, von denen oft nur ein geringer Konsum und eine kurze Einnahmedauer genügen, um in eine mißbräuchliche Verwendung überzugehen oder sogar zur Abhängigkeit zu führen. Der Alkohol wird mit dem Kleister verglichen, da man viel Kleister braucht, der längere Zeit braucht, um zu trocknen und die erwünschte Klebewirkung zu erzielen. Das Material „Wissenswertes über Medikamente" wird besprochen.

Auswertung. Die Teilnehmer werden dazu angeregt, die „Haftstärke" von Alkohol bzw. Medikamenten, die sich im individuellen Fall bereits eingestellt hat, zu reflektieren.

4.8.2 Problemtrinken und schädlicher Medikamentenkonsum im Gegensatz zur Abhängigkeit

Ziele. Erwerb grundlegender Kenntnisse über Suchtmittel und deren Wirkung. Grundlegende Begriffe wie „bewußtseinsverändernd, sedierend bzw. aufputschend" werden definiert und Fragen geklärt, woran vermehrter Konsum von Alkohol bzw. Medikamenten, deren Mißbrauch und davon abgrenzend schließlich die Abhängigkeit erkannt werden können.

Durchführung. Mit den Patienten wird das schriftliche Material „Phasen des Alkohol- und Medikamentenkonsums" bearbeitet. Die Patienten, die wegen Alkoholmißbrauchs am Programm teilnehmen erhalten die Alkoholversion, die Patienten, die wegen Medikamentenmißbrauchs teilnehmen, die Medikamentenversion.

Auswertung „Alkohol"

Wie die Ergebnisse ermittelt und interpretiert werden:

Wenn Sie die Aussagen 5, 6, 7, 10, 11 angekreuzt haben, spricht das für einen Alkohol**mißbrauch**, weil mit dem Trinken ein bestimmtes Ziel verfolgt wurde,

meist eine Veränderung des Befindens, der Stimmung oder der Leistungsfähigkeit. Der Alkohol leistet in diesen Fällen Hilfe bei der Alltags- und Problembewältigung.
Wenn Sie die Aussagen 3, 4, 8, 12, 13, 15, 16, 17 angekreuzt haben, hat sich bereits ein kritischer Alkoholkonsum eingestellt, die Schwelle zur Abhängigkeit als chronischer Erkrankung ist erreicht. Heimliches Trinken, häufige „Filmrisse", Steigerung der Trinkmenge, Tricks, um an Alkohol heranzukommen, Abstinenzversuche, vielleicht auch schon Verstecken von Alkoholika sind die Merkmale der kritischen Phase des Alkoholkonsums.
Wenn Sie die Aussagen 9, 14, 18, 19, 20 angekreuzt haben, dürfte sich bereits eine manifeste Alkoholabhängigkeit eingestellt haben, die vor allem durch Kontrollverlust und körperliche Entzugszeichen beim Abbau des Alkohols im Körper gekennzeichnet ist.

Auswertung „Medikamente"

Wie die Ergebnisse ermittelt und interpretiert werden:
Wenn Sie die Aussagen 5, 6, 7, 9, 10 angekreuzt haben, spricht das für einen Medikamenten**mißbrauch**, weil mit der Medikamenteneinnahme ein bestimmtes Ziel verfolgt wurde, meist eine Veränderung des Befindens, der Stimmung oder der Leistungsfähigkeit. Das Medikament leistet in diesen Fällen Hilfe bei der Alltags- und Problembewältigung.
Wenn Sie die Aussagen 3, 4, 11, 12, 14, 16 angekreuzt haben, hat sich bereits ein kritischer Medikamentenkonsum eingestellt, die Schwelle zur Abhängigkeit als chronischer Erkrankung ist erreicht. Heimliche Einnahme, Steigerung der Dosis, Tricks, um an Medikamente heranzukommen, Abstinenzversuche, vielleicht auch schon Verstecken von Medikamenten sind die Merkmale der kritischen Phase des Medikamentenkonsums.
Wenn Sie die Aussagen 8, 13, 15, 17, 18, 19, 20 angekreuzt haben, dürfte sich bereits eine manifeste Medikamentenabhängigkeit eingestellt haben, die vor allem durch Kontrollverlust und körperliche Entzugszeichen beim Abbau des Medikaments im Körper gekennzeichnet ist.

Die Auswertung wird in der Gruppe besprochen und in der Diskussion erfolgt die Erläuterung des Mißbrauchs, des chronischen Mißbrauchs und der Kriterien für die Abhängigkeit. Den Teilnehmern sollte deutlich werden, daß sich je nach erfolgter Standortbestimmung unterschiedliche Konsequenzen für den weiteren Umgang mit Alkohol bzw. Medikamenten zwingend ergeben: Liegen Anzeichen einer Abhängigkeit von Alkohol bzw. Medikamenten vor, muß der Betreffende abstinent leben, d.h., er darf keinen Alkohol oder suchtpotente Psychopharmaka einnehmen. Suchtpotente Schmerzmittel sollten nicht in Eigenregie, sondern nur nach strenger indikativer Zweckbestimmung in Ausnahmefällen verordnet und eingenommen werden. In der Regel ist eine abstinente Lebensführung nur durch das Absolvieren einer stationären Entwöhnungsbehandlung und den anschließenden Besuch von Selbsthilfegruppen zu erreichen. Wenn ein Teilnehmer für sich (trotz der zu Beginn erfolgten ausführlichen Diagnostik) eine Abhängigkeit zutreffend erkennt, sollte mit Hilfe des Therapeuten eine stationäre Entwöhnungsbehandlung in die Wege geleitet werden. Für den größten Teil der Patienten dürfte jedoch die kritische Phase des Alkohol- bzw. Medikamentenkonsums zutreffen und die Patienten können jetzt anhand der eigenen Angaben in der Diskussion noch einmal nachvollziehen, welche Alarmzeichen es gibt für Suchtmittelmißbrauch und welche Wege aus diesem Mißbrauch hinausführen. Es sollte dabei noch einmal hingewiesen werden auf die enge Verflechtung zwischen psychischen bzw. psychosomatischen Beschwerden und den damit zusammenhängenden Defiziten, Fehlregulationen und mangelnden Ressourcenaktivierungen einerseits und dem Suchtmittelkonsum zur Bewältigung dieser Krisen und Probleme andererseits.

4.8.3 Rollenspiele

Ein weiteres Rollenspiel wird aus der Bearbeitung des Materials „Eine problematische Situation" abgeleitet, durchgeführt und ausgewertet nach der in Abschnitt 4.6.3 empfohlenen Vorgehensweise.

4.8.4 Beurteilungsbogen für Patienten austeilen

Die Metapher vom Schwimmbad und dem Glas Wasser

Die Wirkung von Alkohol und Medikamenten auf den Organismus kann man sich etwa folgendermaßen vorstellen. Denken Sie an ein Hallenbad oder an ein Freibad – das Wasser wird täglich verschmutzt durch die Badegäste, durch Hautpartikel, Schmutz, Fett oder Schweiß. Würde es keine Filteranlage geben, die das Wasser in gewissen Abständen immer wieder reinigt, wäre das Wasser bald so verschmutzt, daß man nicht mehr darin schwimmen könnte. So gibt es in den meisten Schwimmbädern eine Filteranlage, durch die am Abend das Wasser durchgewälzt wird. Der Filter funktioniert so, daß feine kieselsteinartige Substanzen wie ein Filter wirken, die die Schmutzpartikel zurückhalten und das saubere Wasser wieder hinauslassen. Dieser Vorgang ist natürlich nur begrenzt wiederholbar – denn: nach einer gewissen Inanspruchnahme hat sich der Filter zugesetzt: Er kann keine Filter- und damit Reinigungsfunktion mehr übernehmen. Das Filtermaterial muß ausgetauscht werden.
Ganz ähnlich wie den Schwimmbadfilter kann man sich die Funktionsweise der Leber vorstellen, sie dient quasi als Filteranlage für den Alkohol (aber auch für den Abbau der Medikamentensubstanzen), die versucht, das Suchtmittel mit seinen giftigen Substanzen zu „entsorgen". Aber ebenso wie der Filter im Schwimmbad hat eine menschliche Leber nur eine begrenzte „Entsorgungskapazität" für die Schadstoffe. Wird sie zu sehr belastet, d.h., wird beispielsweise zuviel Alkohol durchgepumpt, setzt sich der Filter zu, d.h., die Leber kann ihren Dienst als Filteranlage unseres Organismus nicht mehr versehen. Es bleibt ihr nichts anderes übrig, als die anflutenden Schadstoffe wieder ungefiltert an den Organismus zurückzugeben. In der Folge kommt es dann zu alkoholbedingten Schädigungen, wie z.B. Herz-Kreislauf-Erkrankungen, Fettstoffwechselerkrankungen, Hormonstörungen, Vitaminmangel, Magen-Darm-Erkrankungen, Bauchspeicheldrüsenentzündungen, Ausfallserscheinungen des Zentralnervensystems (Gehirn und peripherer Nerven) oder Krampfanfälle. Ab einem gewissen Stadium wird die Leber aber selbst Opfer: Wird sie als Filteranlage zu sehr beansprucht, kann sie nicht nur nicht mehr ihre Filterfunktion versehen, sondern der Filter wird ebenso zerstört oder geht genau so kaputt, wie die überbeanspruchte Filteranlage im Schwimmbad. Bis es aber zu der bekannten Leberzirrhose kommt, ist es ein weiter Weg. – Auf dem Weg dahin kommt es nicht nur zu Leberschädigungen, sondern auch zu Auswirkungen auf das Gehirn. Was Sie vielleicht kennen von sogenannten Filmrissen, ist, daß unter Alkoholeinfluß bestimmte, einmal gespeicherte Funktionen gelöscht werden, bestimmte Situationen sind nicht mehr erinnerlich, was man gesagt hat, was ein anderer getan hat, ist wie verschwunden aus dem Gedächtnis. Was ist da passiert? Ich will es Ihnen einmal an einem einfachen Glas Wasser demonstrieren. (Der Therapeut nimmt ein volles Glas Wasser, das er vorher schon bereitgestellt hat. Er nimmt das volle Glas in die Hand und schüttet es etwa zur Hälfte aus auf den Boden.) Hat der Alkoholgenuß oder Medikamentenkonsum einmal eine bestimmte Grenze überschritten und zu körperlichen Schädigungen geführt, ist eine Regenerierung ab einem bestimmten Punkt nicht mehr möglich. Genauso wie ich das Wasser, das ich ausgeschüttet habe, nicht mehr in das Glas zurückbefördern kann, kann ich einmal zerstörte Gehirnzellen oder zerstörte Leberzellen nicht mehr zurückgewinnen. Sie sind für mich verloren und ich kann nur noch über den Rest verfügen."

Alkoholgehalt verschiedener Getränke

Spirituosen	Vol.-%	Gramm Alkohol in 0,7 l (= 1 Flasche)	Gramm Alkohol in 20 ml (= 2 cl)
Eierlikör	20	112	3
Kirsch, Whisky	30	167	5
Wacholder	32	178	5
Doppelkorn	38	210	6
Edellikör, Gin	40	224	6
Cognac	42	233	7
Whisky, Wodka	43	238	7
Magenbitter	49	271	8
Obstler	50	277	8
Rum	70	388	11
Rum	80	445	13

Biere	Gramm Alkohol in 0,5 l (= 1 Flasche)	Gramm Alkohol in 0,2 l
Malzbier	5	2
Kölsch	14	5
Helles, Pils	16	6
Weizenbier	21	8
Diätbier	24	10
Starkbier	34	14
„Alkoholfreies“ Bier	1 (0,33 l)	

Weine	Gramm Alkohol in 0,7 l (= 1 Flasche)	Gramm Alkohol in	
		250 ml (= 1/4 l)	125 ml (= 1/8 l)
Viez süß	22	8	4
Viez feinherb	33	12	6
leichter Wein	44	16	8
kräftiger Wein	67	24	12
Sekt	70	25	13
schwerer Wein	83	30	15
Sherry, Portwein, Wermut	122	44	22

Auswirkungen des Alkohols auf die Fahrtüchtigkeit

Die hier dargestellten Auswirkungen gelten für den Regelfall. Sie können verstärkt und schon bei geringeren Promillewerten auftreten, wenn Sie müde, leicht erkältet, abgespannt und überarbeitet sind oder psychische Probleme haben.

BAK	
0,2 ‰	Das Wahrnehmungsvermögen für bewegte Lichtquellen verschlechtert sich, Sie können nachts die Entfernung entgegenkommender Fahrzeuge nicht mehr genügend sicher abschätzen. Das Bremsen erfolgt nicht mehr so gefühlvoll. Der Mut zu riskanter Fahrweise wächst.
0,3 ‰	Die Entfernungsschätzung wird beeinträchtigt. Sie beurteilen Entfernungen nicht mehr richtig. Die Folge können gewagte Überholmanöver oder zu dichtes Auffahren zum Vordermann sein.
0,4 ‰	Beginnender „Tunnelblick": Das Gesichtsfeld wird seitlich eingeengt.
0,5 ‰	Anvisierte Objekte liegen für Sie weiter entfernt als in Wirklichkeit. Deshalb sehen Sie zum Beispiel den Beginn einer Kurve in größerer Entfernung, als es tatsächlich der Fall ist. Dadurch fahren Sie vielleicht zu schnell in die Kurve und werden hinausgetragen. Die Umstellung auf wechselnde optische Reize erfolgt langsamer. Es fällt Ihnen schwerer, sich den unterschiedlichen Lichtverhältnissen beim Übergang vom Fern- zum Abblendlicht ausreichend schnell anzupassen. Es treten Gleichgewichtsstörungen auf. Auf Zweiradfahrzeugen können schon geringe Gewichtsverlagerungen die Fahrweise empfindlich beeinträchtigen.
0,6 ‰	Die Empfindlichkeit der Augen für rotes Licht läßt nach, die Rotschwäche tritt ein. Das heißt, daß Sie rotes Licht schlechter erkennen, beispielsweise das Rot von Verkehrsampeln oder die Schluß- und Bremslichter vorausfahrender Fahrzeuge. Reaktionsfähigkeit und Aufmerksamkeit lassen bereits deutlich nach, der Anhalteweg wird länger. Treten Sie zum Beispiel bei einer Geschwindigkeit von 50 km/h nur 1 Sekunde später auf die Bremse, so vergrößert er sich um 14 m. Die Gefahr von Auffahrunfällen wächst dadurch erheblich.
0,8 ‰	Die Lenkbewegungen sind gestört. Wichtige Verkehrsinformationen werden häufiger übersehen.
1,0 ‰	Die Fähigkeit der Augen, sich auf plötzliche Helligkeitsunterschiede einzustellen, ist erheblich gestört. So erkennen Sie nach der Blendung durch den Gegenverkehr oder nach dem Wechsel vom Fern- zum Abblendlicht Fußgänger, Radfahrer, abgestellte Fahrzeuge oder Gegenstände auf der Fahrbahn zu spät. Das Blickfeld verengt sich erheblich (Tunneleffekt). Sie können nicht mehr ausreichend wahrnehmen, was von links oder rechts auf Sie zukommt, was aber gerade bei der Beachtung der Vorfahrt von Bedeutung ist. Aufgrund des Tunnelblicks können Sie auch Ihre Geschwindigkeit nicht mehr richtig einschätzen. Denn da der Mensch kein Sinnesorgan zur Wahrnehmung von Geschwindigkeiten hat, kann er sie nur mit Hilfe des Umfeldes feststellen, also zum Beispiel durch „vorbeifliegende" Bäume. Durch den Tunneleffekt sieht man jedoch gerade diesen wichtigen Teil des Umfeldes nicht mehr. Die Wahrnehmung und Abschätzung von Entfernungen sowie die Aufmerksamkeit verringern sich um die Hälfte. Dadurch wählen Sie ungenügende Abstände und reagieren zu spät oder gar nicht. Auf diese Weise kommt es häufig zu Auffahrunfällen, wenn der Vorausfahrende plötzlich bremst. Die Reaktionszeit und damit der Anhalteweg werden noch länger.
1,1 ‰	Die absolute Fahruntüchtigkeit tritt bei allen Kraftfahrern ein.

Der Einfluß des Alkohols auf neuro- und molekularbiologische Veränderungen im Gehirn

Akuter und chronischer Alkoholkonsum beeinflussen die Hirnfunktion, die Hirndurchblutung und die Funktion zahlreicher Neurotransmitter (biochemische Botenstoffe) in unterschiedlicher Weise.

Akute Alkoholbelastung

- steigert die sogenannten Lustgefühle, bewirkt eine euphorisierende Stimmung über das sogenannte Dopamin-Belohnungssystem
- stimuliert das sogenannte Opiatsystem und die Gammaaminobuttersäure mit den Folgen von Beruhigung, Entängstigung, Schmerzlinderung und Streßreduktion
- führt zur Reduktion sogenannter Streßhormone, was entängstigend wirkt
- führt über das Adrenalin- und Noradrenalin-System zu einer Steigerung der Herz-Kreislauf-Funktionen.

Chronischer Alkoholkonsum

- führt dagegen zu einer Verminderung des Domapin-Systems mit der Folge der Abnahme lustbetonter Gefühlszustände und der Zunahme affektiver und motivationaler Defizite
- „trocknet" das Opiat-Endorphin-System aus mit der Folge eines abgeschwächten Belohnungsverhaltens und dysphorischer Stimmungen
- dämpft das Serotonin-System mit der Folge gesteigerter motorischer Aktivität, Störung der Impulskontrolle, verminderter Frustrationstoleranz und depressiver Verstimmungen
- erhöht die Streßhormone mit der Folge ängstlicher Grundstimmungen und vegetativer Unruhe.

Der kurze, aber nicht vollständige Überblick über die Beeinflussung akuter und chronischer Alkoholwirkung auf die verschiedensten Transmittersysteme zeigt die Unterschiedlichkeit und Vielgestaltigkeit auf. Die subjektiv empfundenen Wirkungen und die Bewertung der Wirkungen sind jedoch auch in beträchtlichem Maße von der Persönlichkeitsorganisation, den subjektiven Wünschen und Erwartungen und Befürchtungen abhängig.

Wissenswertes über Medikamente

Zum allgemeinen Verständnis:
Es gibt viele Milliarden von Zellen im Gehirn. Bewußtseinsverändernde Arzneimittel wirken nicht nur auf diejenigen Zellen, die mit einer *angestrebten* Wirkung reagieren, sondern auch auf solche, die mit *unerwünschten* Nebenwirkungen reagieren.
Die Empfindlichkeit der Milliarden von Zellen ist von Mensch zu Mensch gegenüber den bewußtseinsverändernden Arzneimitteln unterschiedlich. Sie wissen, daß Medikamente, Alkohol, Kaffee u.a.m. bei verschiedenen Menschen unterschiedlich wirken. Auch sind die unterschiedlichen Wirkungen von Mensch zu Mensch dosisabhängig, d.h., was für den einen die richtige Dosierung bedeutet, ist für den anderen zu viel oder zu wenig.
Grundsätzlich sollten Sie bedenken: Die angestrebten Wirkungen dürfen nicht zur Scheinlösung von seelischen Konflikten führen. Medikamente verhelfen zwar zur Beschwerdelinderung oder stützen kurzfristig die Arbeitskraft, doch führen sie nicht zu einer dauerhaften Gesundung. Durch die Medikamenteneinnahme wird allgemein der Leidensdruck zwar häufig gemildert, jedoch verwechselt der Betroffene Beschwerdebesserung mit Gesundung, was zur Chronifizierung beiträgt und möglicherweise auch zur Medikamentenabhängigkeit führt.

Gründe für den Gebrauch:

- Linderung von Beschwerden und Befindlichkeitsstörungen (Schmerzen, Schlafstörungen, Unruhezustände, „Streß")
- zur Aufrechterhaltung der Leistungsfähigkeit (Leistungszwang, Anpassungsschwierigkeiten)
- zur allgemeinen seelischen Entspannung („Abschalten-wollen")

Gründe für den Mißbrauch:

- Kritiklose Verschreibung und kritiklose Einnahme
- Geringer Aufklärungsgrad, mangelnde Kenntnisse über Mißbrauchs- und Abhängigkeitspotential
- Gewöhnung im Sinne eines langsamen Wirkungsverlustes mit der Folge der Dosissteigerung

Woran Sie Medikamentenmißbrauch erkennen können

Mißbrauch liegt vor, wenn Sie

- Medikamente zeitüberdauernd einsetzen, um den Alltag zu bewältigen („Dopingmittel")
- die Auseinandersetzung mit dem Leben vermeiden und sich nicht um eigene Lösungsmöglichkeiten bemühen

- Angst davor haben, die Arzneimittel von sich aus abzusetzen
- bemerken, daß Sie sich selbst in die Tasche lügen in bezug auf die Menge der Einnahme und auf die Dauer der Einnahme

Arzneimittel mit Mißbrauchs- und Abhängigkeitspotential

Barbiturate
Wirken schlaferzwingend, je nach Dosierung auch narkoseartig.
Handelsnamen: Vesperax mite®, Speda®, Somnupan C®, Noctal®

Tranquilizer
Werden als Schlafmittel oder Beruhigungsmittel eingesetzt, wirken sedierend, angstlösend, spannungslösend.
Handelsnamen: Adumbran®, Lexotanil®, Normoc®, Tafil®, Tavor®, Demetrin®, Frisium®, Librium®, Tranxilium®, Valium®, Rohypnol®, Limbatril®

Amphetamine
Aufputschmittel („Weckamine")
Handelsnamen: AN1®, Captagon®, Reaktivan®, Catovit®, Tradon®, Vitalin®
Sind als Kombinationsanteil in sogenannten Appetitzüglern wie Mirapront®, Ponderax®, Antiadipositum X 112®, Recatol®, Fugoa® enthalten. Sie wirken leistungssteigernd, schlafreduzierend, appetithemmend.

Schmerzmittel
Wirken schmerzstillend, schmerzlindernd, häufig „high" machend.

Morphin-(Opiat-) Analgetika
Handelsnamen: Dicodid®, Dolantin®, Polamydon®, Dipidolor®, Fortral®, Tramal®, Valeron N®.

Sogenannte Kombinationsanalgetika mit den Wirkstoffen Paracetamol bzw. Aspirin plus Codein
Handelsnamen: Gelonida NA®, Talvosilen forte®, Nedolon P®, Treupel N®

Kombinationsanalgetika mit dem zusätzlichen Wirkstoff Coffein
Handelsnamen: Thomapyrin®, Vivimed®, Neuralgen®, Neuranidal®, Tetralgan®

Kombinationsanalgetika mit Codein plus Coffein
Handelsnamen: Dolomo TN®, Dolviran®, Lonarid®, Azur compositum®, Mega-Dolor®.

Phasen des Alkoholkonsums

		Stimmt	stimmt nicht
1.	Ich habe nur bei Geselligkeiten Alkohol getrunken.		
2.	Ich habe regelmäßig Alkohol getrunken und sehe kein Problem darin.		
3.	Manchmal gebrauchte ich Ausreden oder Entschuldigungen, wenn ich etwas trank.		
4.	Es kam vor, daß ich in Gesellschaft heimlich zwischendurch etwas trank.		
5.	Vor wichtigen Ereignissen habe ich Alkohol getrunken.		
6.	Vor Einladungen habe ich gelegentlich ganz schnell etwas getrunken, um richtig in Stimmung zu sein.		
7.	Ich habe Alkohol getrunken, damit mir alles weniger bedrückend erschien.		
8.	Es kam vor, daß ich nach Alkoholgenuß Erinnerungslücken hatte, daß der „Film gerissen" war.		
9.	Es passierte mir öfters, daß ich nach dem Genuß einiger Gläser Alkohol mehr trank als ich ursprünglich wollte.		
10.	Nach einigen Gläsern Alkohol fühlte ich mich in meinen Fähigkeiten gesteigert.		
11.	Wenn ich etwas getrunken hatte, fühlte ich mich einsatzfreudiger.		
12.	Im Laufe der Zeit habe ich meinen Alkoholkonsum gesteigert.		
13.	Manchmal gebrauchte ich Tricks, um an Alkohol zu kommen.		
14.	Es kam vor, daß ich mein Trinken nicht mehr unter Kontrolle halten konnte.		
15.	Um ohne Wissen der anderen etwas trinken zu können, habe ich alkoholische Getränke versteckt		
16.	Wenn eine gewisse Zeit ich keinen Alkohol zu mir nahm, habe ich manchmal ein Zittern bemerkt.		
17.	Zeitweise habe ich versucht, völlig ohne Alkohol auszukommen.		
18.	Wegen meines Trinkens haben sich Änderungen in meinen persönlichen Beziehungen ergeben.		
19.	Mitunter habe ich tagelang getrunken.		
20.	Manchmal habe ich Alkohol und Medikamente gleichzeitig eingenommen, um eine raschere Wirkung zu erzielen.		

Phasen des Medikamentenkonsums			
		Stimmt	stimmt nicht
1.	Ich nehme Psychopharmaka und/oder Schmerzmittel nur nach ärztlicher Anweisung.		
2.	Ich nehme regelmäßig Psychopharmaka und/oder Schmerzmittel und sehe kein Problem darin.		
3.	Manchmal gebrauchte ich Ausreden oder Entschuldigungen, wenn ich Tabletten einnahm.		
4.	Es kam vor, daß ich in Gesellschaft heimlich zwischendurch Medikamente einnahm.		
5.	Vor wichtigen Ereignissen habe ich Medikamente eingenommen.		
6.	Vor Einladungen habe ich manchmal Tabletten eingenommen, um es mir leichter zu machen.		
7.	Ich habe Medikamente genommen, damit mir alles weniger bedrückend erschien.		
8.	Es passierte mir öfters, daß ich mehr Tabletten einnahm, als ich ursprünglich wollte.		
9.	Nach der Medikamenteneinnahme fühlte ich mich in meinen Fähigkeiten gesteigert.		
10.	Wenn ich Medikamente genommen hatte, fühlte ich mich einsatzfreudiger.		
11.	Im Laufe der Zeit habe ich meinen Medikamentenkonsum gesteigert.		
12.	Manchmal gebrauchte ich Tricks, um an Medikamente zu kommen.		
13.	Es kam vor, daß ich meinen Medikamentenkonsum nicht mehr unter Kontrolle halten konnte.		
14.	Um ohne Wissen der anderen Medikamente einnehmen zu können, habe ich Psychopharmaka und/oder Schmerzmittel versteckt.		
15.	Wenn ich Medikamente absetzte, habe ich manchmal ein Zittern bemerkt.		
16.	Zeitweise habe ich versucht, völlig ohne Medikamente auszukommen.		
17.	Wegen meines Medikamentenkonsums haben sich Änderungen in meinen persönlichen Beziehungen ergeben.		
18.	Mitunter habe ich viel mehr Medikamente eingenommen, als der Arzt verordnet hatte oder auf dem Beipackzettel angegeben waren.		
19.	Mitunter habe ich große Mengen Medikamente eingenommen.		
20.	Manchmal habe ich Alkohol und Medikamente gleichzeitig eingenommen, um eine raschere Wirkung zu erzielen.		

4.9 Neunte Sitzung

4.9.1 Selbstabwertung und Alkohol bzw. Medikamente

Ziel. Die Teilnehmer sollen an die Entwicklung von alternativen kognitiven Möglichkeiten herangeführt werden. Als schriftliches Arbeitsmaterial dient der Protokollbogen „Veränderung der inneren Selbstabwertung".

Durchführung. Das Material „Veränderung der inneren Selbstabwertung" wird besprochen. Jeder Patient soll ein Beispiel finden, das auf ihn zutrifft und die Alternativen erarbeiten. Dies erfolgt zu zweit: Jedes Paar hat 20 Minuten Zeit. Dabei soll der Gesprächspartner jeweils Hilfestellung für den anderen geben. Danach werden die Ergebnisse vorgestellt und diskutiert.

Auswertung. In der Diskussion sollen verzerrte Denkstile den Patienten verdeutlicht werden, ebenso wie die gefährliche Verführung, Alkohol oder Medikamente einzusetzen, um die einengende oder peinigende Wirkung dieser Denkmuster zu mildern.

4.9.2 Übung: „Der Kopf ist rund, damit das Denken seine Richtung verändern kann"

Ziel. Die kurzfristige Selbstaufwertung bzw. Milderung der pessimistischen Sicht der Gegenwart und der Zukunft, die durch die Suchtmittel möglich ist, wird problematisiert und durch die Verankerung positiver Selbstbildelemente bzw. positiver Konnotationen der Gegenwart und der Zukunft ersetzt.

Durchführung. Die drei Beispiele 1–3 werden vorgestellt und in der Gruppe werden drei Formulierungen für die Situationen 4–6 erarbeitet.

Auswertung. Die Verbindung zwischen Selbstabwertung, pessimistischer Erwartung, mangelnder Kontrollkompetenz einerseits und Alkohol- bzw. Medikamentenkonsum andererseits wird herausgearbeitet. Die dämpfende und beruhigende Wirkung des Suchtmittels als, wenn auch untaugliche, Selbsthilfe des Menschen, der sich selbst abwertet und in Unruhe und Angst versetzt, soll deutlich werden.

4.9.3 Beurteilungsbogen für Patienten austeilen

Veränderung der inneren Selbstabwertung

Auszug aus den Tagesprotokollen eines Patienten
Ziel der Protokollierung: Unterstützung des Aufbaus positiver Selbstgesprächsstrategien

Situation	**Stimmung/Gefühl**	**Bewertung**
„Was ist passiert?"	*„Wie fühle ich mich dabei?"*	*„Was sage ich zu mir selbst in der Situation?"*
Ein Kollege geht in Rente. Er erwartet morgen ein paar Worte zum Abschied.	Angst, etwas Falsches zu sagen	„Ich Idiot, ich muß doch etwas Wesentliches sagen können." *Alternative:* „Claudia, eine Kollegin, hat mir gesagt, ich habe schon mal die richtigen Worte gefunden. Vielleicht klappt es morgen auch!"
Gespräche in der Kantine beim Mittagessen.	unsicher gehemmt	„Ich rede doch nur verkrampften Blödsinn. Sei lieber ruhig." *Alternative:* „Vielleicht erwarten die anderen gar nicht, daß ich immer etwas Tolles sage."
Mein Arbeitsergebnis ist nicht einwandfrei gelungen.	möchte es kaputtschlagen und wegrennen Selbstzweifel Wut auf mich und Vorgesetzten	„Du bist eben ein völliger Versager. Laß dich doch begraben!" *Alternative:* „Jetzt nur mal mit der Ruhe. Mir ist auch schon manches gelungen. Was war denn jetzt schiefgelaufen?"
Sitze morgens beim Frühstück, gucke auf die Uhr, denke an mein Programm heute.	Komme in Unruhe, Hektik, Angst, etwas nicht zu schaffen	„Los, mach, alte Schlafmütze. Noch nicht mal an einem stinknormalen Werktag kommst du zu Rande." *Alternative:* „Das, was ansteht, kann ich doch nach Dringlichkeit ordnen und der Reihe nach erledigen. Ich will mich nicht unter Druck setzen."
Wir sitzen im Freundeskreis zusammen, eher lustige Themen und Frotzeleien.	Niedergeschlagen, minderwertig, verkrampft, ängstlich	„So locker wie der Martin bringst du im Leben nichts über die Lippen. Du bist eben nicht lustig. Du verdirbst den anderen bloß die Stimmung. Am besten gehst du nach Hause." *Alternative:* „Ich sehe wohl bei den anderen immer nur das beneidenswerte. Dabei hat doch jeder Fehler. Auch ich kann mir welche leisten."

„Der Kopf ist rund, damit das Denken seine Richtung verändern kann“

Beispiele:

1. Ein Betriebsfest steht vor der Tür. Ich sage zu mir selbst ...

typisches altes Denken	günstiges neues Denken
„Da werde ich wieder abseits stehen	„Vielleicht gehe ich mal auf einen zu,
und mich an mein Glas mit Wein oder	der freundlich aussieht und fange ein
Bier klammern.“	einfaches Gespräch an, z.B. vom
	letzten Urlaub. Muß ja nichts wer weiß
	wie Tolles sein.“

2. Im Betrieb werden Personaleinsparungen angekündigt. Ich sage zu mir selbst ...

typisches altes Denken	günstiges neues Denken
„Da werde ich dabei sein. Die wollen	„Stop – Moment mal. Kann sein,
mich loswerden. Ich werde wieder die	daß ich gemeint bin. Kann aber auch
ganze Nacht nicht schlafen können.	nicht sein.Keine Panik. Ich mache
Wo sind meine Beruhigungsmittel?“	jetzt mal meine Arbeit so gut ich
	kann.“

3. Meine Arbeit fällt mir in letzter Zeit zunehmend schwerer. Ich sage zu mir selbst ...

typisches altes Denken	günstiges neues Denken
„Ich schaffe das nicht mehr – aber ich	„Ich mache meine Arbeit nach und
muß es doch schaffen! Ohne Alkohol	nach. Jetzt mal mit der Ruhe! Andere
am Abend kann ich gar nicht abschalten	haben auch mal einen Durchhänger.
und mal neue Kräfte tanken.“	Ich muß mir Erholungsinseln im Alltag
	suchen.“

Material für ein Paar oder eine Dreiergruppe

4. Oft denke ich an die Zukunft. Ich sage dann zu mir selbst ....

typisches altes Denken	günstiges neues Denken

5. Ein Bekannter lobt meine Fähigkeiten. Ich sage dann zu mir selbst ...

typisches altes Denken	günstiges neues Denken

6. Manchmal denke ich an meine Kindheit und Jugend. Ich sage dann zu mir selbst ...

typisches altes Denken	günstiges neues Denken

4.10 Zehnte Sitzung

4.10.1 Angst und Alkohol bzw. Medikamente

Die Zusammenhänge zwischen Angstzuständen und dem Einsatz von Alkohol bzw. Medikamenten stehen im Mittelpunkt. Dieser Schwerpunkt wird nur dann gewählt, wenn „Angst" und deren Bewältigung ein Thema in der Gruppe ist.

Ziel. Den Patienten wird vermittelt, daß im Gegensatz zur normalen Angst, die zum Menschsein gehört, die pathologische Angst ohne unmittelbar erkennbaren oder nachvollziehbaren Anlaß auftritt. Tatsächlich ist jedoch die Angst, die die Patienten zum Arzt führt, nur der von außen sichtbare Endpunkt einer oft bis in die Kindheit zurückreichenden inneren Konfliktkonstellation, die jedoch weitgehend unbewußt ist. Typische auslösende Konflikte sind Trennungssituationen, Ambivalenzkonflikte, starke aggressive Impulse gegenüber wichtigen Bezugspersonen, wobei der Betroffene diesen Zusammenhang meist nicht sieht, für ihn kommt der Angstanfall aus heiterem Himmel. Der Patient soll Experte für seine Angst werden auf der Basis des bio-psycho-sozialen Krankheitsmodells, das er auf seine individuelle Geschichte anwenden lernt. Er soll sich dem Angstreiz dosiert und nach Anleitung aussetzen und seine Fortschritte nach und nach ausdehnen. Dabei steht im Mittelpunkt die bislang angstreduzierende Wirkung des Alkohols bzw. Medikaments zumeist genau registrieren zu können: In welcher Situation hilft das Suchtmittel? Wie hilft es? Wie lange? Was ist der Preis dafür etc. – und in einem zweiten Schritt alternative Angstlöser kennenzulernen und in das persönliche Bewältigungsrepertoire aufzunehmen.

Durchführung. Die Gruppe wird noch einmal an das bio-psycho-soziale Erklärungsmodell erinnert, das für alle als Grundlage ihres Alkohol- bzw. Medikamentenmißbrauchs eingeführt wurde. Auf diesem Hintergrund erscheint die Angst als Spezialfall des Erklärungsmodells: Die fehlangepaßte Streßregulation führt bis zur Angst. Der Gruppe wird erläutert, daß man gerade wegen der zugespitzten Reaktion bis hin zur Angst besonders gut noch einmal die für alle gültigen Verflechtungen zwischen Druck im Alltag und in der inneren Welt, daraus resultierendem Streßaufbau einerseits und Erleichterungssuche im Suchtmittel andererseits beobachten kann. Diese Zusammenhänge werden anhand der Patientengeschichte „Angst" erläutert.

4.10.2 Patientengeschichte „Angst"

Ursachen können verborgen sein: Frau Müller arbeitet halbtags als Schreibkraft im Büro, hat zwei Kinder im Alter von drei und fünf Jahren, den Haushalt bewältigt sie überwiegend allein. Ihr Alltag besteht aus organisieren, hetzen, schnell einkaufen, die Kinder vom Kindergarten abholen, kochen, abends noch bügeln. Eigentlich, glaubt sie, ist das alles zu schaffen. Aber heute, in der Straßenbahn: Es ist voll, ein heißer Tag, der Fünfjährige will ihr etwas zeigen, die Dreijährige zieht nachdrücklich an ihrem Kleid, die Einkaufstasche fällt um. Da fängt plötzlich ihr Herz zu rasen, Schweiß bildet sich auf der Stirn, ein Engegefühl auf der Brust: „Mein Herz klopft bis zum Hals. Ich bin wohl ernstlich krank." Da befällt sie Angst. Für sie aus heiterem Himmel. In Wirklichkeit haben sich all die vielen Belastungsfaktoren ein Ventil gesucht. Ihr Körper schlägt Alarm. – Aber Frau Müller beherrscht sich mühsam. Sie will sich die Angst nicht anmerken lassen. Ihr Blutdruck steigt, Atem und Puls gehen schnell, der Mund fühlt sich ganz trocken an. Sie muß plötzlich zur Toilette: „Was ist nur mit mir los?" Eine Freundin rät ihr zu einem Beruhigungsmittel. „Anxiolyse", das heißt schließlich angstlösend – das muß ja das Richtige sein, denkt Frau Müller und nimmt das Medikament ein. „Zwar traue ich dem Zeug nicht, aber was hilft mir sonst?" Die Familie kümmert sich um sie. Sie wird mal bedient. Ihr Mann bringt ihr Tee, ihre Schwiegermutter kümmert sich um sie. Ganz ungewohnt für Frau Müller.

Auswertung. Bei der Auswertung kommt es v.a. auf die gedankliche Steuerung des Problemverhaltens an: Dabei sollten dysfunktionale Kognitionen besonders betrachtet werden und im Fall der Angst die angsterzeugenden Gedanken analysiert werden, etwa „mein Herz klopft bis zum Hals, ich bin wohl ernstlich krank" oder „Schon wieder so eine Kreislaufschwäche. Wenn ich jetzt umfalle, ist keiner da, um mir zu helfen?! Ich bin eine hilflose Person." Daneben soll die bange, oft ambivalente Heilserwartung an das Psychopharmakon deutlich werden, „Zwar traue ich dem Zeug nicht, aber es ist das einzige, was mir hier raushilft." Patienten, die angstlösende Mittel einsetzen, berichten oft, daß das Medikament sofort wirkt, sozusagen im Zuge der oralen Einnahme, was faktisch nicht möglich ist. Daran kann sehr gut deutlich gemacht werden, daß die subjektive Erwartung an die Wirkung einen entscheidenden Einfluß auf den erlebten Effekt hat und nicht eindeutig von der biochemischen Aufnahme durch den Organismus gesteuert wird. Denn der Organismus braucht einige Zeit, um die Inhaltsstoffe einer Substanz aufzuschlüsseln und dem Organsystem zuzuführen. Die angstlösende Wirkung wird jedoch subjektiv weit vor dieser objektiv notwendigen Zeitdauer berichtet.

In einer vergleichbaren Weise gilt für Alkohol, daß subjektiv die Wirkung wahrgenommen wird, die „gewünscht" wurde. Dies hängt von den situativen Umständen, den Erwartungen und Zielsetzungen einer Person ab. Das Narrativ „Fußballspieler hat Zahnschmerzen" kann den Zusammenhang anschaulich einführen.

4.10.3 Rollenspiele

Ein weiteres Rollenspiel, das aus der Bearbeitung des Materials „Eine problematische Situation" abgeleitet wird, wird in der Gruppe durchgeführt und ausgewertet (Abschnitt 4.6.3).

4.10.4 Hausaufgaben

Die Patienten sollen die Protokolle: „Was denken – was fühlen – was tun?" hinsichtlich einer vom Einzelnen als schwierig erlebten Situation bearbeiten.

4.10.5 Beurteilungsbogen für Patienten austeilen

Angst und Alkohol bzw. Medikamente

Aufschlußreich ist ein Vergleich (Schuhler, Jahrreiss & Weich, 1997) zwischen alkohol- bzw. medikamentenabhängigen „Angstpatienten" und Patienten mit Angststörungen, die lediglich einen Alkohol- oder Medikamentenabusus betrieben hatten:
Abhängige Patienten sprechen häufig die gleichzeitig bestehende Angstproblematik von sich aus nicht an oder spielen diese herunter, was sicher zum Teil mit ihrer Patientensozialisation als Alkoholiker zu tun hat („Ihr Problem ist das Suchtmittel"), die auf fatale Weise mit der Haltung des Patienten zusammentrifft, außer dem Suchtmittel keine weiteren Probleme zu haben bzw. keine haben zu wollen. Alkoholiker neigen dazu, alles auf das Konto Alkohol zu buchen (Alkohol weg – alles gebessert etc.) mit der Gefahr, die Therapie nur auf das Alkoholproblem ausgerichtet zu durchlaufen und die mehr oder weniger ausgeprägte Angstsymptomatik erst nach Therapieende verstärkt wieder zu erleben. Bemerkenswert ist auch der starke Glaube von Alkoholikern an die absolut sichere Wirkung des Alkohols gegen Angstzustände, wohingegen Angstpatienten, die „nur" Suchtmittelmißbrauch betrieben, eher Medikamente eingesetzt hatten und auch weniger an die Zuverlässigkeit der Wirkung glaubten. Dieser Zweifel an den Erfolg des – zumeist – eingesetzten Medikaments eröffnet auch vielversprechende Möglichkeiten und Erfolgsaussichten, dem Patienten alternative Bewältigungsstrategien zu vermitteln, um der Angst Herr zu werden.
Prädisponierend für das Entstehen von Angstanfällen ist eine individuell verminderte Angsttoleranz bei vegetativer Übererregbarkeit. Bei Angstpatienten sind generell Defizite in der Gefühlswahrnehmung und im Tolerieren von Gefühlen zu beachten, wobei es kaum Unterschiede zwischen negativen Gefühlen wie Wut, Angst, Ärger, Aggression oder positiven, wie zum Beispiel Freude, gibt. Deshalb ist die Einbeziehung körpertherapeutischer Methoden zur Verbesserung der Gefühlswahrnehmung und -differenzierung sowie zum Erlernen einer erhöhten Toleranz gegenüber Gefühlen wichtig, wie auch die gruppentherapeutische Arbeit ein wichtiges Übungsfeld für den Umgang mit Gefühlen in emotional bedeutsamen zwischenmenschlichen Situationen ist. Zentrale Problembereiche der Angststörung in Verbindung mit Alkohol- oder Medikamentenmißbrauch lassen sich verschiedenen Ebenen zuordnen, auf denen die Therapieziele angesiedelt sind.

- **Ebene der Beziehung zu sich selbst und zu anderen und zum Suchtmittel**

Der Umgang mit sich und den andern, der sich wechselseitig bedingt, wird vor allem im Verhalten des einzelnen in der Gruppe besonders deutlich erkennbar und auch veränderbar: Angstpatienten ziehen sich typischerweise zurück, fürchten vermeintliche Blamagen in der Gruppe und geraten leicht in die soziale Isolation. Das Selbstwertgefühl ist verständlicherweise niedrig und leicht zu erschüttern. Im Rahmen der gruppentherapeutischen Arbeit sollen entsprechend folgende Ziele verfolgt werden:

- Problematisierung des gewohnten Rückzugverhaltens im sozialen Kontext
- Überprüfung der dysfunktionalen Hypothesen über andere und sich selbst „Ich kann selbst die einfachsten Dinge nicht. Die anderen verachten mich."
- Nutzen der vielfältigen Möglichkeiten zum sozialen Lernen mit dem Ziel eines angstfreieren Umgangs mit anderen
- Erkennen der Rolle, die bislang der Alkohol oder das Medikament spielte, um den Kontakt zu sich und zu anderen zu regulieren.

- **Ebene der Integration von Körperwahrnehmung, Gefühlserleben und Suchtmittel**

Angstpatienten erleben ihren Körper als „aus den Fugen geraten", rätselhaft und auf eine bestimmte Weise gegen sie gerichtet. Sie können die Körperabläufe nicht immer kontrollieren und verstehen die bedrohlichen Signale wie Luftnot, Herzrasen, Schwindel nicht richtig, versuchen aber, diese Mißempfindungen und bedrohlichen Körperreaktionen durch Suchtmittel zu steuern. Deshalb muß gerade bei Angstpatienten besonderes Gewicht auf den Bereich „Körper, Gefühle und Suchtmittel" gelegt werden. Folgende Ziele verfolgen wir hinsichtlich dieses Problembereichs:

- Differenzierung der Wahrnehmung von Körpersignalen
- angemessene Zuordnung von Körperwahrnehmung und Gefühl
- Herabsetzung der Angstschwelle, den eigenen Gefühlen zu begegnen
- Günstige Adaptation der vegetativen Steuerung an Umweltbedingungen ebenso wie an emotionale oder kognitive Prozesse
- Erkennen der moderierenden Funktion, die bislang das Suchtmittel ausübte und Vermittlung von Alternativen.

• Angst – ein Wegbereiter für Alkohol und die falschen Medikamente

Oft verstecken sich „Angststörungen" aber auch hinter „funktionellen Störungen der Atmungsorgane" oder des „Herz-Kreislaufsystems". Dies geschieht wohl vor allem dann, wenn der Patient die Angst „körpernah", aber „bewußtseinsfern" erlebt, d.h., nur die körperlichen Ausdrucksformen der Angst als Kranksein registriert, von dem dahinterliegenden Gefühl der Angst aber in seinem Erleben ganz abgeschnitten ist.

Qualvoll präsent und oft jede Lebensfreude verdrängend wird diese Angst erlebt, die den Patienten doch nur scheinbar aus heiterem Himmel überfällt. Oft ist die Angst an bestimmte Situationen geknüpft, in denen sich andere Menschen bewegen, ohne nur einen Moment nachzudenken, wie etwa in Kaufhäusern, Kinos, Fußgängerpassagen.

Charakteristisch für Angstpatienten ist die „Angst vor der Angst", d.h., daß vielleicht ein nicht beherrschbarer Angstanfall oder ein beklemmendes körperliches Symptom, etwa ein Hyperventilationsanfall, auftreten könnte. Der Verlust von Kontrolle über Gefühle und Körper verunsichern den Patienten so sehr, daß hierin ein Hauptgrund zu suchen sein dürfte für den Griff zur – scheinbar – Sicherheit gebenden chemischen Substanz: Alkohol oder Medikamente.

Wie Jahrreiss (1991) ausführt, werden Alkohol und Medikamente, besonders Benzodiazepine, regelmäßig zur Angstbewältigung eingesetzt. Patienten, die mit „Angststörungen" zu tun haben, haben fast alle eine mehr oder weniger lange „Medikamentenkarriere" hinter sich. Dabei hängt es von unterschiedlichen Faktoren ab, ob es bei der Einnahme nach ärztlicher Verordnung bleibt, was aber auch – wenn die Medikamenteneinnahme über einen längeren Zeitraum erfolgt – zu einer sogenannten low-dose-Abhängigkeit führen kann, oder ob die Betroffenen einen Mißbrauch mit wahlloser Benutzung verschiedenster Medikamente bei Dosissteigerung betreiben.

Durch sogenannte trizyklische Antidepressiva können Angstanfälle tatsächlich abgemildert werden, die im Gegensatz zu Tranquilizern kein Suchtpotential haben – allerdings wird nicht der akute Angstanfall, sondern lediglich die vegetative Angstaufbaubereitschaft herabgesetzt, wenn das Antidepressivum über eine längere Zeit eingenommen wurde. Die Erwartungsangst, d.h. die diffusen Ängste vor dem Wiederauftreten von Anfällen, werden jedoch nicht beeinflußt und die Antidepressiva bewirken auch keine Heilung. Sie sind auch nur in relativ hohen Dosen wirksam. Trotzdem werden sie häufig als Mittel der Wahl für die Langzeitbehandlung von Angstanfällen empfohlen. Sicher ist es ein gewisser Vorteil, wenn Antidepressiva statt der suchterzeugenden Benzodiazepine verordnet werden. Problematisch wird es jedoch, wenn die Psychopharmakatherapie mit Antidepressiva als Königsweg für die Behandlung von Panikanfällen deklariert wird, weil dadurch die Patienten auf den falschen Weg gebracht werden. Nicht nur, daß die Patienten in ihrem sogenannten organischen Krankheitsverständnis bestärkt und auf ihre Krankenrolle fixiert werden, auch die diffusen Erwartungsängste, die das sozial behindernde Vermeidungsverhalten unterhalten, bleiben bestehen und die Motivierung für eine psychosomatische Sichtweise, die zum Erlernen aktiver Bewältigungsmöglichkeiten führt, wird erschwert (Jahrreiss, 1991).

Fußballspieler hat Zahnschmerzen

Ein Fußballspieler, der mit Leib und Seele seinem Sport huldigt, wird am Samstag von bohrenden Zahnschmerzen gequält. Er nimmt sich vor, am Montag gleich zum Zahnarzt zu gehen, muß aber nun das Wochenende überbrücken. Er trinkt nach dem Mittagessen einen Schnaps, weil er glaubt, dann besser ein Nickerchen machen zu können und den Schmerz etwas „ruhigzustellen“. Er fühlt sich schläfrig und ist kurz vorm Einschlafen. Da klingelt das Telefon. Seine Frau klopft leise an seine Tür und sagt ihm, daß sein Trainer am Telefon sei und ihn bittet, gleich zum Sportplatz zu kommen, da ein Spieler ausgefallen sei und er dringend für ein wichtiges Spiel einspringen müsse. Wie elektrisiert fährt der Zahnschmerzgeplagte hoch. Heute steht wirklich ein wichtiges Spiel auf dem Plan. Nun hat er aber die Zahnschmerzen? Aber tatsächlich, durch den Alkohol ist der Schmerz nicht mehr so spürbar, außerdem nimmt ihn der Gedanke an das wichtige Spiel völlig gefangen. Er zieht schnell seine Trainingssachen an und fährt so schnell wie möglich zu dem Sportplatz. Er fühlt sich in Topform und besonders einsatzfähig. Tatsächlich spielt er auch mit besonderer Klasse.

Der Spieler hat an diesem Samstag das schillernde Gesicht des Alkohols gesehen. Je nachdem, in welcher Stimmung man ist, welche Erwartungen man an die Wirkung hat und wie die situativen Randbedingungen beschaffen sind, wirkt die Substanz spezifisch und in gewissem Sinne durch uns lenkbar.

Protokolle: Was denken – was fühlen – was tun?

Was war? (Situation)	Was habe ich gedacht? (Gedanken)	Was habe ich gefühlt? (Gefühle)	Was habe ich getan? (Verhalten)	Was war dann? (Folgen)

4.11 Elfte Sitzung

4.11.1 Hausaufgaben besprechen

Die Protokolle werden mit dem Schwerpunkt besprochen, welche typischen Verzerrungen im Denken jedes einzelnen auffielen und wie die Verflechtung zwischen Denken, Fühlen und Verhalten beschaffen waren. Günstige Verarbeitung und Verhaltensreaktionen werden positiv hervorgehoben.

4.11.2 Soziale Kontaktregulation

Ziele. Abbau von Defiziten im sozialen Kontakt in Richtung soziale Hemmung oder soziale Distanzlosigkeit.

Durchführung. Die Patienten stellen sich an zwei gegenüberliegenden Wänden auf und werden gebeten, in zwei Reihen aufeinanderzuzugehen. Sie sollen dort stehenbleiben, wo es ihnen angenehm ist. Dann werden die Teilnehmer gebeten, noch einen Schritt weiter auf den anderen zuzugehen.

Ein Anhaltspunkt für soziale Hemmung oder soziale Distanzlosigkeit kann sein: Gehemmte Menschen bleiben weit weg vom anderen stehen. Eher Distanzlose gehen viel zu dicht an andere heran.

Auswertung. Welche Situationen kenne ich im Alltag, die durch soziale Angst oder Distanzlosigkeit gekennzeichnet sind? Wird dann typischerweise zur Regulation der unangenehmen Gefühle Alkohol oder Medikamente konsumiert? Welche Alternativen kommen in Frage?

4.11.3 Rollenspiele

Die Auswertung der Protokolle gibt neuen Stoff zur Durchführung und Auswertung von Rollenspielen (Abschnitt 4.6.3).

4.11.4 Beurteilungsbogen für Patienten austeilen

4.12 Zwölfte Sitzung

4.12.1 Rückblick und Ausblick: Erlebnisaktivierende Übung „Die Leiter"

Ziele. Die subjektive Sicht der Patienten, wie Alkohol bzw. Medikamente Eingang gefunden haben in ihren Alltag und welche neue Wege offenstehen, damit die Suchtmittel wieder verschwinden, stehen im Mittelpunkt. Dabei sollte vor allem ein konfrontativer therapeutischer Stil vermieden werden, der den Patienten in Verteidigungs- und Abwehrhaltung bringt und sich nicht positiv auswirkt.

Durchführung. Eine von beiden Seiten begehbare Stehleiter wird den Teilnehmern so erklärt, daß die Holme das Suchtmittel und die Sprossen die Lebensphasen bedeuten, in denen sich ein zunehmend größerer Mißbrauch an Alkohol bzw. Medikamenten einstellte. Ein Teilnehmer wird gebeten, die Leiter hinaufzusteigen, auf jeder Stufe zu verharren und seine Gefühle zu beschreiben. Die erste Stufe wird entsprechend noch als relativ sicher empfunden, je höher der Patient steigt, um so unsicherer wird er, der Griff nach dem Holmen, also dem Suchtmittelsymbol, wird immer fester, der Körper verkrampft sich immer mehr, die Angst, hinunterzufallen, steigt. Mit dem Teilnehmer wird auf jeder Sprosse die Lebenssituation verdeutlicht, die der durch die Sprosse symbolisierten Mißbrauchsentwicklung entsprach. Die beiden obersten Sprossen symbolisieren einerseits das vorläufige Ende, den bislang ausgeprägtesten Mißbrauch, andererseits aber auch die Möglichkeit einer Wende. Die Wende heißt Drehen auf den oberen Stufen mit Hilfe von Mitpatienten, die Halt geben, und dann auf der anderen Seite wieder hinuntersteigen. Allerdings ist dieser Ausweg nur mit besonderer Hilfe, die als Gruppenarbeit konkretisiert wird, möglich. Im Mittelpunkt der Durchführung stehen die emotionalen Reaktionen der Teilnehmer und der Bezug zur eigenen Lebensgeschichte.

Die „Leiter" bietet kaleidoskopartig vielfältig Erlebtes, das vom Patienten unmittelbar gespürt wird und das prägnant sichtbar gemacht werden kann. Dies alles geschieht nicht in einem kühl deutenden Rahmen, in dem der Therapeut korrigiert, relativiert oder belehrt, sondern der Patient erfährt Wesentliches von sich selbst, verbunden mit der stützenden Anteilnahme der Gruppe und dem faktischen ganz konkreten Beistand auch des Therapeuten, der neben der Leiter steht, aufmerksam und zugewandt ist und in seiner ganzen Haltung zeigt, daß er jederzeit darauf vorbereitet ist, den Patienten zu halten, die Hand auszustrecken und zu stützen. In einer gewissen Weise wird die Körperhaltung des Therapeuten entscheidend, der die Arme halb erhoben hat, stets bereit ist, zuzugreifen, wenn es nötig wird und aufzufangen, falls der Patient stolpern sollte oder einen unsicheren Schritt macht. Vielleicht wird gerade in dieser Körperhaltung des Therapeuten eine existentielle Situation von Geborgenheit und Schutz reinszeniert, wie das Kind bei den ersten Schritten ja auch von der Mutter begleitet wird, vor allem in schwierigen Situationen. Und vielleicht ist es gerade diese wohltuende Wirkung, die es dem Patienten ermöglicht, sich auch auf schwieriges Terrain zu begeben und sich mit schmerzlichen Lebensabschnitten auseinanderzusetzen. Anspruchsvoll und anstrengend ist dabei nicht nur die Rückschau im Leben, beim Hinaufklettern auf die Leiter, sondern auch die Antizipation des Kommenden, der Entwurf dessen, was denn nun auf mich zukommt, was ich verändern muß, damit ich das Suchtmittel als Lebenshilfe wirklich hinter mir lassen kann.

Die ausführlich beschriebene Durchführung der Übung mit dem Patienten, von dem auch das Interview im Teil „Diagnosestellung" stammt – alle Angaben sind anonymisiert - illustriert paradigmatisch das Vorgehen. Der Therapeut sollte entsprechend klare Vorstellungen haben

- von den üblichen Bewältigungsstrategien des Patienten – und von dessen Bewertung der Tauglichkeit dieser Strategien
- von dem Alkohol- bzw. Medikamentenkonsum und dessen Funktionalität
- von der Lebens- und Lerngeschichte
- von der affektiven Regulation und der Rolle, die das Suchtmittel dabei spielt
- von den Therapiezielen
- von den Abwehr- und Verleugnungsstrategien des Patienten
- von der Beziehung zwischen Therapeut und Patient.

Fallbeispiel zur Illustration des Vorgehens

Geklagte Beschwerden. Der 37jährige Patient fühlte sich ständig nervös und innerlich angespannt, hatte häufige Magenbeschwerden, schwitzte stark und litt auch unter Hautveränderungen. Die Haut wies häufig rote Flecken auf, außerdem hatte er mit Sodbrennen zu tun und errötete leicht ohne besonderen Anlaß. Er beschrieb sich selbst als jemand, der häufig niedergeschlagen ist, obwohl sich seine Familie bemühe, ihn aufzumuntern. Er habe Mühe, sich zu konzentrieren und manchmal erschien ihm alles ganz sinnlos. Gelegentlich dachte er sogar, daß sein Leben ein einziger Fehlschlag sei. Er fühlte sich im Kontakt mit anderen in der Regel gehemmt, unsicher und scheu, kannte sich aber auch als erregbar, empfindlich und unbeherrscht, vor allem seiner Familie gegenüber.

Selbstbild. Der Patient beschrieb sich als ständigen Pessimisten, der alles nur von der schlechten Seite sehen und nur Nachteile an sich und anderen entdekken könne. „Mit mir selbst bin ich auch nicht zufrieden. Ich war noch nie mit mir zufrieden. Von der Kindheit über die Jugend bis heute war ich noch nie zufrieden", so urteilt der Patient über sich. Er zog sich sehr in sich zurück, hatte große Hemmungen und verhielt sich außerhalb des Familienkreises leisetreterisch und beflissen. Mit der Familie war er sehr streng und nörgelte dauernd. So konnte er es nicht leiden, wenn sich Geschirr in der Spüle ansammelte. „Mir stinkt es, wenn ich sehe, daß meine Frau Geschirr in der Spüle gestapelt hat", sagte er, „obwohl ich es schon verstehen kann, daß sie nicht immer Lust hat, gleich alles wegzuspülen. Trotzdem ärgert es mich. Ja, und dann laß ich meinen Frust an der Familie aus. Da werde ich unruhig, renne in der Wohnung hin und her und suche den Anhaltspunkt für eine Auseinandersetzung. Das ist schon so schlimm mit meiner Frau geworden, daß sie sogar schon vorgeschlagen hat, daß wir uns trennen."

Familie und häusliches Umfeld. Seine Frau, die eigentlich sehr auf Ordnung bedacht sei, leide sehr unter seinem – wie er es nannte – Ordnungsbedürfnis und er mache sie wohl sehr traurig damit. Auf der anderen Seite rege ihn eben vieles auf und manches, wie er glaube, auch zurecht. So leide er unter der ständigen Präsenz der Schwiegereltern in dem Eigenheim, in dem sie nun seit einigen Jahren lebten. Sein Schwiegervater komme ständig zu seiner Frau und weine sich aus. Er sehe keine Möglichkeit, mit dem Schwiegervater darüber zu sprechen. Er wisse gar nicht, wie er das anstellen solle und das habe ohnehin keinen Sinn. Dieser sei schon zu alt, um Vernunftgründen zugänglich zu sein und der Schwiegervater könne sich nicht mehr ändern und überhaupt habe er kein Recht, diesem zu verweigern, sich bei seiner Frau auszuweinen. In dem Haus fühle er sich aber vor allem nicht wohl, weil auf dem nahegelegenen Campingplatz häufig Jugendliche lärmten. „Dort spielt sich von März bis Oktober einiges ab", berichtete er uns. „Da sammeln sich Jugendliche, da wird Musik gemacht, da wird getrunken und ich habe meine Ruhe nicht. Ich fühle mich in meiner Freiheit eingeschränkt. Fühle mich sogar bedroht durch die. Das beschäftigt mich oft den ganzen Tag und ich kann mich von dem schrecklichen Gedanken an die Situation gar nicht freimachen. Voriges Jahr war es so schlimm, daß ich zum Psychiater geschickt wurde, weil ich nichts mehr geredet habe. Ich habe nicht mehr essen können richtig. Ich war völlig hoffnungslos und hatte ein solches Engegefühl auf der Brust, das war so etwas Schlimmes, daß ich gedacht habe, jetzt drehst du durch, jetzt mußt du eingewiesen werden, jetzt ist es aus."

Bewältigungsstrategien – außer Alkoholismus. Seine einzige Rettung sah er im Rückzug in seinen Schrebergarten, in den er sich dann aber vertrieben fühlte. Zudem habe er aber auch dort nicht die gewünschte Ruhe, weil seine Eltern und auch sein Bruder ihn wie selbstverständlich, im Sommer zum Beispiel jede Woche, dort besuchten. Er sei schon so verzweifelt gewesen, daß er daran gedacht habe, sich das Leben zu nehmen. „Ich weiß, daß ich aus dieser Situation keinen Ausweg habe", meinte er. „Ich kann der Situation nicht entkommen, ich kann nichts daran ändern. Ich habe Schulden, ich kann das Haus nicht verkaufen, ich muß dort wohnen bleiben und an dem Campingplatz kann ich auch nichts ändern."

Alkohol- und Medikamentenkonsum. Vor Klinikaufnahme trank er ca. 2 l Bier am Tag, gelegentlich dazu auch Schnäpse. Schon vor Jahren fing er an, regelmäßig Bier zu trinken. In der letzten Zeit vor der stationären Behandlung trank er, wenn er fahrig war, gereizt oder nervös. Unter Alkoholeinfluß wurde er dann lockerer und selbstsicherer. Kontrollverlust oder sogar körperliche Entzugszeichen traten bei dem Patienten nicht auf. Wir diagnostizierten entsprechend einen Alkoholabusus, also keine Abhängigkeit, der sich neben der depressiven Entwicklung etabliert hatte. Medikamente nahm der Patient nur nach ärztlicher Verordnung.

Lebens- und Lerngeschichte. Ein Blick auf die Lebensgeschichte erhellt die Bedeutung des Alkohols für die Stabilisierung des Patienten: Der Patient wuchs als Außenseiter in der damaligen Tschechoslowakei auf. Seine deutschstämmige Familie legte großen Wert darauf, daß er sich, ebenso wie seine Geschwister, nicht in dem Land integrierte, das sie verlassen wollten. Offensichtlich litt der Patient von Kindheit an unter Ängsten, weil er als „deutscher Faschist" von Gleichaltrigen beschimpft wurde. So sind Jugenderinnerungen des Patienten mit starken Ängsten besetzt. Beispielsweise kann sich der Patient noch sehr plastisch an häufiges Anrempeln in der Straßenbahn durch andere Jugendliche erinnern und an ein ständiges Gefühl der Angst und Bedrohung, auch wenn die Situation selbst nichts Furchteinflößendes hatte. Der Patient lernte so offenbar nicht, sich selbstbehauptend abzugrenzen. Soziales Vermeidungsverhalten wurde auf diese Weise schon früh gebahnt, während adäquate Strategien der Konfliktbewältigung nicht erlernt wurden. Durch die familiäre Abschottung kam der Patient auch kaum mit außerfamiliären Modellen in Kontakt, durch die ihm Assertivität vermittelt werden konnte. Gefühle des Ausgeliefertseins und der Hilflosigkeit waren so von früh an für den Patienten bestimmend. Auch in der Ehe seiner Eltern hat es offensichtlich keine offene Konfliktbewältigung gegeben. Die Mutter habe immer alles bestimmt, der Vater habe sich angepaßt, um Streit aus dem Weg zu gehen. Er und seine Geschwister seien nie geschlagen worden, aber andererseits sei auch nie über Probleme gesprochen worden. Die Mutter sei sehr fürsorglich gewesen, habe für alles gesorgt. Von der Mutter sei später auch der Kontakt zu tschechischen Mädchen verhindert worden, damit er sich nicht in dem ungeliebten Land binde. Seine Geschwister studierten in der Bundesrepublik nach dem Abitur. Auch ihm sei ein Stipendium angeboten worden, er habe dies aber abgelehnt aus Angst zu versagen. Nach dem Fachabitur habe er eine Lehre als Techniker absolviert und in Deutschland diesen Beruf auch ausgeübt. Seit 1982 ist der Patient an einer großen Internatsschule angestellt. Er ist dort sehr unzufrieden und meint: „Manchmal komme ich nach Hause von der Arbeit und frage mich, was hast du denn heute gemacht: Wo ist denn der Sinn deiner Arbeit? Meine Vorgesetzten haben nämlich keine Ahnung von meiner Arbeit und ich bin mir da ganz selbst überlassen. Es ist unbefriedigend und sinnlos, das Ganze."

Affektive Regulation. Unzufriedenheit, Resignation und Leere bestimmten die innere Welt des Patienten, der an sich selbst, seiner Arbeitswelt und auch an der Familie kein gutes Haar ließ. Hoffnung, Selbstvertrauen, Optimismus – solche entwicklungsträchtigen Impulse kannte der Patient nicht. Kennzeichnend für diese Gemütsverfassungen ist, daß der Dialog mit den Mitmenschen – und dabei auch immer der Dialog mit sich selbst – nicht stattfindet. Statt dessen wurde vom Patienten ein körperloses Medium gesucht, das Schutz gibt. Wie so häufig war dies auch im Fall des Patienten der Alkohol, der von der Außenwelt abschirmte, Schutz und Geborgenheit vorgaukelte und dem Patienten als Kumpel erschien, der ihn an die Hand nahm. „Ich hab dann was an der Hand gehabt, praktisch wie ein Kumpel, der mit mir durch den ganzen Ärger dann gegangen ist, durch dick und dünn sozusagen", so beschrieb er die Hilfe, die der Alkohol ihm bot. Auf diesem Hintergrund wird auch die Provokation durch die lärmenden Jugendlichen auf dem Campingplatz verständlich. Die anderen wurden dort zur Hölle, weil sie immer wieder das gleiche quälende Stück aufführten: Dort gab es nämlich junge Männer, die voller Übermut etwas wagten, Regeln übertraten, Lärm machten, Musik hörten, mit Mädchen tanzten und wer weiß was noch – in der Phantasie des Patienten. Diese Szene hielt ihm den Spiegel vor und zeigte ihm immer wieder, was ihm seiner Meinung nach fehlte: Abenteuerlust, Mut, Verwegenheit, den Freimut, einmal keine Rücksicht auf andere zu nehmen und auf den Putz zu hauen.

Bei dem Patienten nun gab es außer dem Alkohol ja noch eine Zufluchtsstätte, die er aber nicht via chemische Substanz erreichen konnte, sondern zu der er hinradeln konnte, nämlich sein Garten. Dort konnte er bei den Pflanzen für etwas sorgen, was er bei sich selbst nicht vermochte, nämlich Wachstum und Entwicklung initiieren. In diesem Sinn bot der Garten ein stellvertretendes Ersatzhandeln, eine Art Als-Ob-Beschäftigung. Und der Garten erfüllte eine zweite Bedingung, die typisch für die Geschichte des Patienten und sein Grundproblem war: Seine Entwicklungsbemühungen wurden nämlich immer wieder gestört: Von draußen fallen Störenfriede in Gestalt seiner Eltern ein, besetzen sein Land und hindern ihn daran, das zu tun, was er eigentlich möchte. Gleichzeitig wiederholt er immer wieder ein quälendes Grundmuster: Er scheint dazu verdammt zu sein, dies klaglos zu ertragen und runterzuschlucken. Dabei hilft ihm das Bier und der Schnaps.

Therapieziele. – Verdeutlichung und Problematisierung von zugrundeliegenden Einstellungen wie Fremdorientierung oder Perfektionismus, Aufbau eines differenzierten Selbstbilds, das auch positive Elemente umschließt

- Entwicklung von selbstsicheren Verhaltensweisen, insbesondere die Fähigkeit, nein sagen zu können
- Aufbau von Konfliktlöseverhalten anstelle der bisher bevorzugten Bewältigungsstrategie Alkoholkonsum

- Problematisierung der ehelichen Situation
- Veränderung der inneren Einstellung zur Arbeitswelt.

Abwehr und Verleugnung. So sehr diese Therapieziele auch auf dem Hintergrund der Geschichte des Patienten einleuchten, so hartnäckig weigerte sich der Patient aber, entsprechende therapeutische Versuche aufzugreifen, innere Einstellungen umzustrukturieren, selbstsicheres Verhalten zu üben (Ullrich de Muynck & Ullrich, 1976) oder sich in seiner pessimistischen Sicht der Welt erschüttern zu lassen (Hautzinger, 1997).

Er wolle nicht nein sagen lernen, das nutze ja doch nichts; er sehe keinen Sinn in Realitätserprobungen im häuslichen Milieu, beispielsweise halte er die Aussprache mit seinem Schwiegervater für völlig aussichtslos, weder seine Schwiegermutter noch sein Schwiegervater seien zu ändern, sie seien auch zu alt, und überhaupt sei der Schwiegervater schon immer jemand gewesen, der nicht auf andere gehört habe. Auch wolle er keine positiven Eigenschaften an sich entdekken, was das denn solle, schließlich sollten ihn die andern doch anerkennen. Warum soll er sich denn einreden, daß er weiß wie toll sei – was ihm, nebenbei gesagt, niemand nahegelegt hatte – aber der Patient faßte die Bemühungen um kognitive Restrukturierung so auf. Alles in allem lehnte der Patient eben die therapeutischen Versuche ab, doch Silberstreifen am Horizont zu entdecken und er tat das mit der nun schon fast lebenslangen Übung und dem entsprechenden Geschick, das er sich in dieser Verweigerung erworben hatte. Als Therapeut ist man dann geneigt, alles zu vergessen, was man jemals über die Nützlichkeit kognitiver Therapieansätze lernte.

Beziehung zwischen Therapeut und Patient. An dieser Stelle der therapeutischen Arbeit hilft es, sich auf eine besondere Spielart menschlicher Beziehung zu besinnen, nämlich auf die zwischen Therapeut und Patient – und die ist häufig folgendermaßen strukturiert: Gerade bei depressiven Patienten bietet der Therapeut typischerweise dieses und jenes Gutes an, versucht zu ermutigen, zu entzerren und zu relativieren. Wie ein Kind, das mißvergnügt und vielleicht auch verzweifelt, traurig und gleichzeitig wütend ist, schlägt der Patient aber alle gut gemeinten Vor- und Ratschläge aus und weist die therapeutischen Angebote zurück. Die Gefahr liegt dann darin, daß der Therapeut zu aktiv wird und vielleicht zu sehr die eigenen Ideale zu erkennen gibt, wie etwa Freude an der Arbeit, Interessen, Selbstsicherheit, Geselligkeit usf. Der Patient spürt die Bewegung und die Mühe, die der Therapeut sich gibt und wird dann geradezu herausgefordert, den Therapeuten auch mal scheitern zu lassen und Mißerfolge zu haben. Vielleicht deshalb, weil er unbewußt die wichtige therapeutische Bezugsperson einmal in seine Lage, und zwar in seine Gefühlslage, bringen will und ihm oder ihr zeigen möchte, wie das ist, keine Hoffnung zu haben, alles schwarz zu sehen und sich in einer drückenden und dumpfen Welt zu bewegen. Statt ihm nun wie dem Esel die Mohrrübe das Alternative und Positive vor die Nase zu halten und zu schieben und zu drücken, ist es manchmal besser, die dunkle Seite besonders deutlich werden zu lassen.

Die Leiter-Übung. Ernst Bloch hat einmal gesagt „Wir müssen uns in das Gelingen verlieben". Dieser Patient nun, wie viele andere auch, war aber in den Mißerfolg und die Düsternis verliebt und dieser Leidenschaft muß in der Therapie Rechnung getragen werden (Auchter, 1995). In der Leiterübung (Schuhler & Martin, 1990) wurde folgendermaßen vorgegangen:

Der Patient wurde, noch auf dem Boden stehend, gebeten, sich noch einmal zu vergegenwärtigen, wo seine Probleme im Betrieb und zu Hause lagen und welche Rolle der Alkohol dabei gespielt hat. Er berichtete, wie schrecklich es auf der Arbeit war, wie sehr ihn die Kaffeetassen in der Spüle seiner Frau gereizt hätten und wie der Alkohol einen gütigen Schleier über all das gelegt habe. Er stand nun mittlerweile auf der ersten Sprosse und schon konnte ihm klargemacht werden, daß er so, mit etwas Alkohol auch nur, schon leicht abgehoben von der Realität, dem Boden, ist. Noch kann er locker nach den Holmen, die den Alkohol symbolisieren, greifen. Er konnte auch eine Hand loslassen, aber ganz ohne geht es schon nicht mehr gut. Der Patient stieg eine Sprosse höher und meinte, „dann wurde es immer schlimmer mit meinem Schwiegervater, ständig heulte er sich bei meiner Frau aus. Das hat mich wahnsinnig geärgert. Ich konnte aber nichts tun". Und schon umschlossen die Hände fester die Holme.

Ein spielerischer Umgang mit dem Alkohol war nicht mehr möglich. Hier wurde dem Patienten plötzlich die Campingplatzszene wieder deutlich. Er hörte vielleicht geradewegs die Jugendlichen lärmen, sein Gesicht lief rot an, seine Hände verkrampften sich um die Holme. Er sagte in dieser Situation, „da habe ich getrunken, was hineinging. Da war es mir auch ganz egal, was meine Frau sagte, wenn ich dann neben ihr im Bett lag und nach Bier stank." Der Patient stand schon jetzt recht gebückt auf der Leiter, er spürte die körperliche Anstrengung. Besonders wichtig war es nun, die auslösende Situation zu verdeutlichen, ebenso wie den Sog, den der Alkohol ausübte, aber auch das Unglück, das er bedeutete, direkt spürbar und erfahrbar an dem Zittern der Knie, der gebückten Haltung, und auch an den Reaktionen der anderen Gruppenmitglieder, die dem Patienten wie ein Spiegel zeigten, welches Bild er abgab. Von den Gruppenmitgliedern kamen nämlich Ratschläge wie „Stell dich doch etwas anders hin. Vorsicht, die Lampe etc." Manche lachten auch. Hier konnten die früheren Reaktionen der Umwelt mit eingebracht werden, z.B. daß der Patient doch von vielen Seiten auf seinen Alkoholkonsum angesprochen wurde, daß es nicht an Ermutigungen und Hilfsversuchen, aber vielleicht auch nicht an Häme gefehlt hat.

Schließlich war der Patient oben auf der Leiter angelangt und stand nun in einer sehr gebückten und unbequemen Haltung da. Der erste Impuls war natürlich der, auf der Leiter zurückzugehen. An dieser Stelle konnte dem Patienten sehr plastisch deutlich gemacht werden, daß es ein Zurückdrehen der Uhr nicht gibt und daß eben bestimmte Ereignisse im Leben unumkehrbar sind. Ein Ausweg aus der unbequemen Lage war nur möglich, wenn der Patient nach vorne ging. Dabei galt es aber, sich auf der Leiter zu drehen, um auf der anderen Seite wieder hinunter zu kommen. Wie viele unserer Patienten kam auch dieser Patient von sich aus nicht auf die Idee, andere Gruppenmitglieder um Hilfe zu bitten, damit er die Wende vollziehen kann.

Mit therapeutischer Unterstützung gelang das schließlich und der Patient drehte sich oben auf der Stehleiter und die anderen Gruppenteilnehmer halfen ihm, die oberste Sprosse auf der anderen Seite wieder sicher zu erreichen. Die therapeutischen Interventionen richteten sich nun darauf, dem Patienten klar zu machen, daß nun der Halt ja nicht mehr der Alkohol sein soll, sondern eben das, was gerade geholfen hat, nämlich die Hinwendung auf den anderen, die Suche nach dem Dialog mit dem anderen und auch die Bereitschaft, Hilfe anzunehmen. Dazu gehörte aber in erster Linie, sich auch auf den andern einzustellen und auch das ankommen zu lassen, was vom anderen ausgeht.

Auf dem Weg die Leiter hinunter formulierte der Patient, was er in Zukunft anders gestalten möchte: Dazu gehörten die direkte Konfliktlösung mit Frau und Schwiegereltern und der Verzicht auf unterdrückten Groll und Rückzug, bei dem ihm bisher immer der Alkohol zur Seite gestanden hatte.

Katamnese. Der Patient kam nach einem Jahr noch einmal zu einem Interview, in dem er seine neue Lebenssituation folgendermaßen beschrieb: „Das letzte Jahr war anders als die Jahre zuvor. Sogar mit meiner Frau hat es besser geklappt trotz einiger Krisenphasen. Ich glaube sogar, daß die Krisen heilsam waren. Und mit den Jugendlichen im Park – das ist erträglicher geworden. Es gab nur einen Zwischenfall im letzten Jahr, daß ich nachts wach wurde, weil die da Musik machen. Und mit den Schwiegereltern habe ich momentan keine Probleme. Ich sage mir, die sollen ihren Weg gehen, ich gehe meinen. Fertig aus. Das Verhältnis stimmt wieder. Und arbeitsmäßig – da geht es wirklich gut. Früher hat mir die Arbeit ja so gestunken, weil es mir wie eine langweilige Arbeit vorgekommen ist. Ich repariere und warte ja verschiedene Geräte, da muß ich manchmal schweißen, Zäune flicken, alles, was so mit Metall zu tun hat. Das ist dann schon abwechslungsreich."

4.12.2 Manöverkritik und Abschlußrunde

Das therapeutische Gruppenprogramm schließt mit einer Bitte an die Teilnehmer, sich noch einmal ihre Zielsetzungen und Erwartungen, mit denen sie am Programm teilgenommen haben, zu vergegenwärtigen, ebenso wie wichtige Phasen oder Momente im Gruppenprozeß und was sie nun am Ende von der gemeinsamen Arbeit mitnehmen. Jeder soll dazu aus seiner Sicht Stellung nehmen. Ganz am Schluß äußert sich auch der Gruppentherapeut zur Arbeit der Gruppe und den erreichten Ergebnissen. Der Abschied wird verbunden mit der Bitte, in einem Jahr an der katamnestischen Befragung (s. Katamnesebogen im Anhang) teilzunehmen.

4.13 Anwendung in der Einzeltherapie

Das Programm läßt sich auch im einzeltherapeutischen Setting anwenden. Kaum ein Patient wendet sich jedoch primär wegen seines Alkohol- oder Medikamentenkonsums an einen Psychotherapeuten. Im Vordergrund werden psychische oder psychosomatische Beschwerden stehen: in erster Linie depressive Störungen, Angstzustände oder somatoforme Störungen. Oft stellt sich erst im therapeutischen Verlauf ein Alkohol- oder Medikamentenmißbrauch heraus, der dann in seiner Verflechtung mit der Grundstörung bearbeitet werden sollte, wie es den leitenden Gesichtspunkten bei der Programmentwicklung entspricht. Wenn sich ein Anhalt für einen Alkohol- oder Medikamentenmißbrauch ergeben hat, empfehlen wir die Durchführung des MDI-Fragebogens mit anschließendem diagnostischen Interview, das bereits die Zusammenhänge zwischen Streßverarbeitung und funktionalem Alkohol- und Medikamentenkonsum erhellt.

Die therapeutische Vorgehensweise orientiert sich an dem Aufbau des Gruppenprogramms: Vermittlung eines bio-psycho-sozialen Verstehensmodells, Wirkungen von Alkohol bzw. Medikamenten, individuelle Streßanalyse und Einsatz von Alkohol bzw. Medikamenten, Erarbeiten einer individuellen Standortbestimmung hinsichtlich des eigenen Alkohol- bzw. Medikamentenkonsums, die besondere Rolle sozialer Stressoren, Repertoire an inneren Dialogstrategien unter Streß kennenlernen, nach Ressourcen und Veränderungszielen suchen, Schäden durch Alkohol und Medikamente kennenlernen, die Rolle von Alkohol und Medikamente bei Entwicklung und Aufrechterhaltung des Beschwerdebildes (häufig bei Depression, Angst und somatoformer Störung) herausarbeiten.

Die Methoden „Erlebnisaktivierung", „Metaphern und Narrative", „kognitive Restrukturierung und Verhaltenstraining" können in der Einzeltherapie ebenso eingesetzt werden wie im Gruppenrahmen. Lediglich die Rollenspiele beschränken sich auf die Einbeziehung des Therapeuten als Rollenspielpartner. Alle Materialien für den Patienten können als Hausaufgaben bzw. Information im einzeltherapeutischen Setting genutzt werden.

Welche Programmelemente in welchem Umfang in die Einzeltherapie einbezogen werden, entscheidet sich nach der Schwere des Mißbrauchs, der Therapiemotivation des Patienten und der Multimorbidität des Beschwerdebilds. Je länger der Mißbrauch schon betrieben wurde und je eingeschränkter das übrige Streßbewältigungsrepertoire des Patienten nur noch ist, um so ausführlicher sollten die einzelnen Programmbausteine auch in der Einzeltherapie durchgeführt werden. Zur Motivation und Herstellen eines Therapiebündnisses, gerade hinsichtlich der Behandlung des Mißbrauchs, empfehlen sich die erlebnisaktivierenden Übungen, Narrative und Metaphern.

Der Beurteilungsbogen für Patienten kann, (wenn „Gruppenstunde" durch „Therapiesitzung" ersetzt, Item 2 ganz und in Item 8 „mit den anderen" gestrichen wird), nach jeder Stunde ausgegeben werden, wenn Alkohol- oder Medikamentenmißbrauch Thema war. Der Katamnesebogen kann unverändert eingesetzt werden.

5 Evaluation

Zwei Jahre lang wurde an der Psychosomatischen Fachklinik Münchwies eine von der LVA Rheinland-Pfalz finanzierte Evaluations- und Katamnesestudie (Schuhler & Jahrreiss, 1995; Schuhler, Jahrreiss & Wagner, 1996) durchgeführt, die die Auswirkungen des therapeutischen Programms auf den stationären Therapieerfolg psychosomatisch Kranker mit zusätzlichen Alkohol- und/oder Medikamentenproblemen untersuchte. Die Studie prüfte, ob bei Patienten, bei denen eine Indikation für die Behandlung in der psychosomatischen Abteilung der Klinik bestand und bei denen gleichzeitig Alkohol- und Medikamentenprobleme vorhanden waren, eine beginnende oder bereits fortgeschrittene Mißbrauchsentwicklung durch die Teilnahme an dem Programm zum Stillstand gebracht und weiterer Progredienz vorgebeugt werden konnte. Außerdem wurde die Beeinflußbarkeit körperlicher und psychischer Beschwerden durch die Teilnahme an dem Therapieprogramm geprüft, ebenso wie die der sozialen Integration und der Erwerbsfähigkeit. Im Rahmen des zweijährigen Forschungsprojekts wurde die Patientengruppe eingehend untersucht, das speziell darauf abgestimmte Programm evaluiert und eine katamnestische Untersuchung durchgeführt.

Untersuchungsplan. Das Ziel der Studie war die Überprüfung der Programmeffektivität, die im Sinne einer differentiellen Evaluation erfolgte, nämlich als Überprüfung der innovativen Teile des Therapiekonzepts, also des indikativen gruppentherapeutischen Programms, als Überprüfung der Umsetzung des Therapiekonzeptes in die klinische Praxis (Treatment-Implementierung) und als Analyse von Determinanten des therapeutischen Erfolgs und Mißerfolgs. Diese Zielsetzungen erforderten einen experimentellen Versuchsplan mit Randomisierung und Kontrollgruppen, die in der klinischen Praxis schwer umzusetzen sind (Wottawa & Thierau, 1990). In der Studie wurde versucht, diesen Idealstandards zu entsprechen, ohne daß Patienteninteressen und deren Anspruch auf uneingeschränkte Diagnose und Therapie berührt wurden.
Der Untersuchungsplan bot die Möglichkeit, die Wirksamkeit des indikativen Programms in Kombination mit dem üblichen Programm der psychosomatischen Abteilung im Vergleich mit der Effektivität der üblichen Behandlung in der psychosomatischen Abteilung ohne indikatives suchtmittelspezifisches Programm zu überprüfen. Darüber hinaus konnte ein Positionseffekt kontrolliert werden: Das indikative Programm wurde entweder im ersten oder zweiten Behandlungsabschnitt durchgeführt. Eine unbehandelte Kontrollgruppe wurde durch die Konstituierung einer Wartegruppe bereitgestellt, die zum ersten Mal drei Monate vor Klinikeintritt untersucht wurde. Bis zum Beginn der stationären Behandlung erfolgte keine durch die Klinik gelenkte Intervention. Mögliche Effekte auf die abhängigen Variablen durch die wiederholte Testung wurden in einer Retesteffektkontrollgruppe überprüft: Die Patienten dieser Gruppe durchliefen zwar das Behandlungsprogramm und nahmen auch an der indikativen Gruppe teil, waren aber nur bei Klinikentlassung an der Datenerhebung und an der Katamnesebefragung beteiligt. Hier folgt eine Auswahl aus den Ergebnissen der Studie (Schuhler & Jahrreiss, 1995).

Ergebnisse. Insgesamt nahmen 91 Patienten der psychosomatischen Abteilung der Fachklinik Münchwies, 55 Männer und 36 Frauen, an dem Forschungsprojekt teil. Das Beschwerdebild der Patienten der Projektgruppe stellte sich komplex und vielschichtig dar. An vorderer Stelle standen bei den psychiatrischen Entlassungsdiagnosen die neurotischen Erkrankungen, in erster Linie die depressive Neurose, an zweiter Stelle standen die funktionellen Störungen, dann die längerdauernden depressiven Reaktionen und Persönlichkeitsstörungen. Unter dem Blickwinkel der organischen Erkrankungen ergaben sich ähnlich hohe Prävalenzraten bei Stoffwechselerkrankungen, Erkrankungen des Verdauungssystems und des Skelett- und Muskelsystems wie in der Referenzgruppe. Der Zeitpunkt der Erstmanifestation der Beschwerden lag bei den Patienten der Untersuchungsgruppe knapp sieben Jahre zurück. Bei 33,3% der Patienten erfolgten stationäre Vorbehandlungen. Die Verweildauer betrug im Durchschnitt 69 Tage. Die Entlassungen erfolgten bei allen Patienten regulär, es gab keine Behandlungsabbrüche und keine disziplinarischen Entlassungen in der Projektgruppe.

Von den 91 Projektpatienten erhielten 74 die Diagnose „Alkoholmißbrauch", zwölf Patienten betrieben Medikamentenmißbrauch und fünf Patienten Alkohol- und Medikamentenmißbrauch. Fast die Hälfte der befragten Patienten hatte nach eigenen Aussagen vor Klinikaufnahme unsystematisch psychotrope Medikamente, insbesondere Tranquilizer, Antidepressiva, periphere Kombinationsanalgetika und pflanzliche Beruhigungsmittel, Neuroleptika und Amphetamine eingenommen.

Insgesamt wurden folgende alkohol- bzw. medikamentenbezogene Problembereiche untersucht:

- Einsicht in die Funktionalität des eigenen Alkohol- bzw. Medikamentenabusus
- Befürchtungen und Bedenken hinsichtlich des eigenen Suchtmittelkonsums
- Subjektive Einschätzung des eigenen Konsums nach den Kriterien „unbedenklich", „kritisch"
- Relevantes Wissen über Alkohol- und Medikamentenmißbrauch.

Ein Vergleich der Ergebnisse der unbehandelten **Kontrollgruppe** drei Monate vor Klinikeintritt und bei Behandlungsbeginn hinsichtlich der suchtmittelbezogenen Untersuchungsmerkmale zeigte keine statistisch bedeutsamen Unterschiede: Weder bei der Einschätzung der Gefahren, die ein fortgesetzter Suchtmittelmißbrauch mit sich bringen könnte, noch bei der Beurteilung der Funktionalität des Suchtmittels, wie auch hinsichtlich der Selbsteinschätzung der Suchtmittelmißbraucher ergaben sich in diesem Zeitraum signifikante Veränderungen.

Zur Kontrolle möglicher **Retesteffekte** wurden Mittelwertsvergleiche zwischen den Ergebnissen der Experimentalgruppen und einer zweiten Kontrollgruppe durchgeführt. Patienten dieser Kontrollgruppe nahmen am üblichen Behandlungsprogramm der Psychosomatischen Abteilung und am indikativen Therapieprogramm teil, absolvierten aber nur die Fragebogenerhebungen bei Klinikentlassung. Auf diese Weise konnte der Einfluß wiederholter Messungen während des Klinikaufenthaltes auf die abhängigen Variablen im Posttest kontrolliert werden. Die Ergebnisse zeigten, daß die wiederholte Testung der beiden Experimentalgruppen keinen Einfluß auf die Testergebnisse bei Klinikentlassung hatte.

Die Einsicht in die Funktionalität wurde mit dem Funktionalitätsfragebogen (FAW) überprüft, der die subjektive Einsicht mißt, wie häufig die bestimmte Wirkung eines Suchtmittels mit dessen Konsum angestrebt wurde. Je häufiger die angestrebte Wirkung eingestanden wurde, um so günstiger wurden die Fragebogenergebnisse bewertet (Petry, 1993). Tendenziell ließ sich vor Beginn des indikativen Programms eine höhere Beurteilung der Funktionalität des Suchtmittels in der Experimentalgruppe feststellen, die vor der Befragung bereits am üblichen Programm der Psychosomatischen Abteilung teilgenommen hatte, gegenüber Patienten der zweiten Experimentalgruppe, die gleich zu Beginn ihres stationären Aufenthaltes befragt wurden. Während diese Gruppe nach Abschluß des indikativen Programms hochsignifikant günstigere Werte im Vergleich zu ihren Eingangsdaten aufwies, änderte sich die Beurteilung der Funktionalität in der anderen Experimentalgruppe nach Durchlaufen des Programms nicht bedeutsam; vielmehr war die Beurteilung der Funktionalität des Suchtmittels in der Tendenz weniger günstig. Nach Abschluß des Programms unterschieden sich beide Gruppen signifikant. Die Ergebnisse wiesen auf die Überlegenheit der sofortigen Teilnahme am indikativen Gruppenprogramm hin: Günstigere Therapieeffekte hinsichtlich der Funktionalität konnten dann erwartet werden, wenn die Teilnahme am indikativen Programm sofort nach Klinikeintritt erfolgte.

Befürchtungen und Bedenken hinsichtlich des eigenen Suchtmittelkonsums wurden mit dem Fragebogen zum Problembewußtsein (FBB) erfragt, der das Ausmaß der Befürchtungen und Bedenken mißt, die ein fortgesetzter Suchtmittelmißbrauch mit sich bringen könnte (Petry, 1993). Vor Beginn des indikativen Programms unterschieden sich beide Gruppen statistisch nicht bedeutsam. Bezüglich dieses Untersuchungsmerkmals zeigte sich ein signifikanter Unterschied zwischen den beiden Experimentalgruppen nach der treatment-Variation: Patienten, die gleich zu Beginn der stationären Behandlung am indikativen Programm teilnahmen, beurteilten die Gefahren ihres Suchtmittelmißbrauchs hochsignifikant höher als Patienten, die bislang nur am üblichen Behandlungsprogramm teilnahmen.

Im weiteren Verlauf zeigte sich, daß Patienten, die gleich zu Beginn ihres Klinikaufenthalts am indikativen Programm teilnahmen, am Ende des indikativen Programms eine kritischere Einstellung hinsichtlich der Gefahren, die ein fortgesetzter Suchtmittelkonsum mit sich bringen könnte, entwickelten als Patienten, die erst in der zweiten Hälfte ihrer stationären Behandlung am Programm teilgenommen hatten.

Der Fragebogen zum subjektiven Mißbrauchsverständnis (SMV) prüfte die Selbsteinschätzung hinsichtlich des Ausmaßes des Suchtmittelkonsums auf der

Grundlage einschlägiger Kriterien zum Suchtmittelmißbrauch (Schuhler & Martin, 1992). Vor Beginn des indikativen Programms unterschieden sich beide Gruppen statistisch nicht bedeutsam. Es zeigte sich aber ein signifikanter Unterschied zwischen den Experimentalgruppen nach der treatment-Variation. Patienten, die am Gruppenprogramm teilgenommen hatten, beurteilten ihren Suchtmittelmißbrauch nach Abschluß des indikativen Programms signifikant kritischer als Patienten, die bislang nur das übliche Behandlungsprogramm der Psychosomatischen Abteilung durchlaufen hatten.

Der Wissenstest (WIS) über Alkohol- und Medikamentenmißbrauch maß die Übereinstimmung mit Expertenurteilen zu relevanten Merkmalen und Zusammenhängen des Suchtmittelabusus (Schuhler & Martin, 1992). Vor Beginn des gruppentherapeutischen Programms unterschied sich der Wissensstand der beiden Experimentalgruppen nicht. Die Patientenurteile wiesen hochsignifikant günstigere Werte nach Durchlaufen des indikativen Programms auf als die Angaben der Patienten, die nur am üblichen Programm der Psychosomatischen Abteilung teilgenommen hatten. Nach Durchlaufen des Programms verbesserte sich in beiden Gruppen der Wissensstand hochsignifikant im Sinne einer geringen Abweichung vom Expertenurteil. Beide Gruppen erreichten nach Abschluß des Programms den gleichen Wissensstand. Ein Einfluß durch die Positionierung des gruppentherapeutischen Programms war nicht gegeben.

Ergebnisse zur treatment-Implementierung: Patientenurteile. Der gruppentherapeutische Prozeß bei der Durchführung des indikativen Programms wurde durch Selbsteinschätzung der Teilnehmer analysiert. Als unabhängige Variable wurde der Therapieerfolg mit Auslassen des Suchtmittels nach Klinikentlassung definiert. Als abhängige Variablen galten die Gruppenbeurteilungen durch die Patienten. Bei den Auswertungen wurden entsprechend zwei Gruppen gebildet, deren Ergebnisse hinsichtlich der Gruppenbeurteilungen berichtet werden.

Ein Wir-Gefühl erleben zu können, die Gruppe hoch zu bewerten, gerne zu kommen und an dem Gruppenprozeß teilzunehmen, auch die aktive Beteiligung und das subjektive Empfinden, von der Gruppe profitieren zu können, wurde als Gruppenkohäsion verstanden. Das Bedürfnis, anderen helfen zu wollen und auch Hilfe von anderen erhalten zu wollen, waren weitere Merkmale. Wurden erfolgreiche und weniger erfolgreiche Patienten hinsichtlich der Gruppenkohäsion im Selbsturteil getrennt voneinander betrachtet, so zeigte sich folgender Unterschied: Die erfolgreichen Patienten konnten beträchtlich früher Gruppenkohäsion entwickeln als die weniger erfolgreichen Patienten. Unserer Einschätzung nach widerspiegelt sich in diesen Ergebnissen ein mehr oder weniger gelungenes affektives Teilen der inneren Welt der Patienten mit anderen und der Eindruck, erwünscht und angenommen zu werden – trotz eigener Mängel, Fehler oder Schwächen, die der einzelne zu haben glaubt.

Katamnestische Ergebnisse. Als Erfolgskriterium galt das Auslassen des Suchtmittels zur Problem- und Lebensbewältigung. Da nicht alle Patienten der Ausgangsstichprobe an der Katamnese teilnahmen, lassen sich zwei verschiedene Erfolgsquoten ermitteln. Einerseits kann sich die Erfolgsbeurteilung auf alle 91 Patienten beziehen, mit der Annahme, daß alle Nicht-Teilnehmer an der Katamnese ebenso als „nicht-erfolgreich" zu werten sind wie teilnehmende Patienten, denen das Auslassen des Suchtmittels nicht gelang. Nach dieser Berechnungsform waren 67% (= 61 Patienten) als erfolgreich zu beurteilen, 33% als nicht-erfolgreich (= 30 Patienten: davon einer verstorben, zwei nicht auffindbar, 13 Verweigerer, 14 Patienten mit fortgesetztem Suchtmittelmißbrauch). Geht man andererseits davon aus, daß die Gruppe der Katamneseteilnehmer repräsentativ für die Gesamtstichprobe ist, ist es gerechtfertigt, daß auch nur die Teilnehmer in die Erfolgsbeurteilung eingehen. In diesem Fall konnten 81,3% der Patienten (61 Patienten) als erfolgreich eingestuft werden, 18,7% (14 Patienten) haben hingegen den Suchtmittelmißbrauch nicht eingestellt. Mit der ersten Berechnungsart wird der „wahre" Erfolgswert vermutlich unterschätzt, die zweite Berechnungsart überschätzt das Ergebnis.

Von den 14 Patienten, denen die Einstellung des Suchtmittelabusus nicht gelang, hatte sich bei vier in der Zwischenzeit eine Abhängigkeit entwickelt, wobei sich diese vier Patienten um eine Entwöhnungsbehandlung bemüht bzw. bereits begonnen hatten. Drei weitere Patienten dieser Gruppe hatten eine ambulante Psychotherapie beantragt mit dem erklärten Ziel, auch dort weiter den Suchtmittelmißbrauch zu bearbeiten. Ein Patient wandte sich im Jahr nach Entlassung an die Klinik und bat um Adressen von Selbsthilfegruppen. Nur zwei Patienten bagatellisierten trotz höherer Trinkmengen (bis 1,5 l Bier täglich) ihren Alkoholkonsum, alle anderen beurteilten ihren Suchtmittelkonsum problematisch und veränderungswürdig.

Als weitere abhängige Variablen wurden in der Katamnese untersucht: Subjektiv empfundener körperlicher Beschwerdedruck, Depressivität, Lebenszufriedenheit und soziale Unterstützung. In allen Bereichen zeigten sich eindeutige Zusammenhänge zwischen eingestelltem Suchtmittelmißbrauch und günstigen Entwicklungen.

Bei der Analyse der Daten zum Arbeitsunfähigkeitsgeschehen konnten die Leistungsdateien der jeweiligen Krankenkassen berücksichtigt werden. Die Veränderungsanalyse zeigte, daß die Zahl der Arbeitsunfähigkeitsfälle je Patient von 2,2 auf 1,5 ein Jahr vor und nach Klinikaufnahme signifikant zurückging. Bei den Arbeitsunfähigkeitstagen gab es einen hochsignifikanten Rückgang von 60,7 auf 18,4 Tage je Patient, die durchschnittliche Falldauer nahm von 28,2 Tagen auf 12,0 Tage ebenfalls deutlich ab. Im Jahr nach Klinikentlassung glichen sich die Arbeitsunfähigkeitszeiten der Projektpatienten damit den durchschnittlichen Krankheitstagen je Mitglied der Allgemeinen Krankenversicherung, der Angestellten-Krankenkasse und Arbeiter-Ersatzkassen (1992) an.

Diskussion. Offensichtlich ist die allgemeine psychosomatische Behandlung ohne suchtmittelspezifische Therapie der Kombination mit dem indikativen Programm unterlegen – was die suchtmittelspezifischen Therapieschwerpunkte angeht. Dies zeigt sich vor allem hinsichtlich des Problembewußtseins, des subjektiven Mißbrauchsverständnisses und relevanten Wissens über suchtmittelbezogene Zusammenhänge. Auf den Alkohol- und Medikamentenmißbrauch gezielte therapeutische Maßnahmen scheinen einer in den psychosomatischen Kliniken üblichen suchtmittelunspezifischen Behandlung vorzuziehen zu sein, obwohl diese durchaus bereits in Anamnese und Einzeltherapie den Suchtmittelabusus berücksichtigt. Diese gängige Praxis reicht aber offenbar nicht aus, um den Mißbrauch befriedigend zu therapieren. Es stimmt nicht, wie viele Patienten, aber auch Behandler, häufig meinen, daß der Suchtmittelmißbrauch von alleine verschwinde, wenn nur die Grundstörung, beispielsweise die Angst oder die Depression, gebessert sei (Schuhler, 1998). Die Ergebnisse weisen auf die Notwendigkeit einer gezielten und sorgfältigen Auseinandersetzung mit dem Problemfeld Suchtmittel hin, die die Verzahnung zwischen psychischer oder psychosomatischer Grundstörung und Suchtmittelmißbrauch erhellt.

Dabei muß versucht werden, „zweigleisig" zu verfahren, d.h., den Suchtmittelabusus **und** die psychischen oder psychosomatischen Störungen gleichermaßen intensiv zu behandeln. Praktisch bedeutet dies, daß in psychosomatischen Kliniken, Ambulanzen und Praxen ein Therapieangebot zur Behandlung von Suchtmittelmißbrauch vorhanden sein sollte. Erst damit könnte dem Abusus als Symptom einer komplexen Störung, als habituellem – veränderungswürdigem – Lösungs- und Bewältigungsversuch Rechnung getragen werden, der die Arbeits- und Beziehungsfähigkeit bedroht.

Die Vermutung, daß das indikative Programm zwar der psychosomatischen Behandlung alleine überlegen ist, aber daß dieser Effekt noch gesteigert werden könne, wenn das indikative Programm nach einer bestimmten Therapiezeit in der psychosomatischen Abteilung angeboten wird, hat sich nicht bestätigt. Ein warming-up-Effekt, gewissermaßen als Sensibilisierungsphase, die zu einer insgesamt gestiegenen Introspektions- und Reflektionsfähigkeit geführt hätte, konnte nicht nachgewiesen werden. Hinsichtlich aller wichtigen Untersuchungsmerkmale im suchtmittelspezifischen Bereich ist die Patientengruppe, die sofort mit dem indikativen Programm begonnen hat, der zweiten Gruppe überlegen. Der prompte Beginn der Behandlung des Suchtmittelmißbrauchs direkt nach Klinikeintritt sorgte wohl dafür, daß bei den Patienten ein geschärftes Problembewußtsein für den Suchtmittelmißbrauch unterstützt wurde. Verschiebt man das indikative Programm auf den zweiten Behandlungsabschnitt, mag sich beim Patienten eine Einstellung etablieren, daß der Suchtmittelmißbrauch wohl nicht so wichtig sei und daß die Bearbeitung anderer Therapieschwerpunkte genüge. Vermutlich wird auch die therapeutische Beziehung dadurch moderiert, daß der Abbau des Suchtmittelmißbrauchs unmißverständlich und von Anfang an zum Therapieziel erklärt wird. Die Tatsache, daß ein – in der Regel – ungeliebter Sachverhalt sofort vom Therapeuten angesprochen und in der Behandlungsplanung berücksichtigt wird, verändert die therapeutische Beziehung wohl günstig in Richtung Transparenz und Konsequenz.

Eine positive posttherapeutische Entwicklung hinsichtlich der Arbeitsfähigkeit hängt wesentlich von der Einstellung des Suchtmittelmißbrauchs ab. Es zeigten sich eindeutige Zusammenhänge zwischen Auslassen des Suchtmittels zur Lebens- und Problembewältigung und der günstigen Entwicklung der Depressivität, der körperlichen Beschwerden, der Persönlichkeitsorganisation, der Streßverarbeitung, der Strukturierung der Arbeitswelt und des allgemein-seelischen Wohlbefindens. Die Patienten, die den Suchtmittelabusus einstellten, berichteten auch über mehr soziale Unterstützung. In der Patientengruppe ohne poststationären Suchtmittelmißbrauch glichen sich die AU-Zeiten weitgehend der Normalpopulation an, während bei Patienten mit fortgesetztem Suchtmittelmißbrauch zwar ein Rückgang der Arbeitsunfähigkeitstage zu verzeichnen war. Diese waren jedoch mehr als doppelt so lang im Jahr nach Klinikentlassung krankgeschrieben als Patienten, denen die Einstellung des Suchtmittelmißbrauchs gelang.

6 Abwandlungen des gruppentherapeutischen Programms

Die vorgestellten Methoden und Techniken wurden ursprünglich für die stationäre Behandlung psychosomatisch Kranker mit Alkohol bzw. Medikamentenmißbrauch entwickelt und im klinisch-stationären Setting erprobt. Das Programm hat sich auch im ambulanten psychotherapeutischen Setting, sowohl als Einzel- als auch als Gruppentherapie bewährt.

In diesem Kapitel werden die Programmvariationen vorgestellt, die für die Anwendung in der medizinischen Basisversorgung und für die Praxisfelder jenseits des medizinisch-klinischen Bereichs entwickelt wurden. Jeweils praxisfeldspezifische Abwandlungen des Programms wurden erarbeitet für:

- Früherkennung und -beratung bei Alkohol- und Medikamentenproblemen im Allgemeinkrankenhaus und in der Arztpraxis
- Frühintervention bei Alkohol- und Medikamentenproblemen im Betrieb
- Das Mitarbeitergespräch als Führungsaufgabe
- Alkohol- bzw. Medikamentenprobleme in der betrieblichen Sozialberatung: Beratung in der Gruppe und im Einzelgespräch
- Alkohol- und Medikamentenprobleme bei Jugendlichen.

6.1 Früherkennung und -beratung bei Alkohol- und Medikamentenproblemen im Allgemeinkrankenhaus und in der Arztpraxis

Inzwischen gibt es ermutigende Forschungsergebnisse, die belegen, daß frühe (und kurze) Interventionen bei Alkoholproblemen günstige Effekte hervorrufen. Dabei sind zunächst die Studien aus dem angloamerikanischen Raum zu nennen (Babor et al., 1986, 1987; Richmond et al., 1995; Rollnick et al., 1992). In Deutschland ergaben die Modellprojekte von John et al. (1996) und Pörksen (1996), daß Frühintervention bei Alkoholproblemen im Sinn einer Sekundärprävention auch in der medizinischen Basisversorgung möglich und wirksam ist. Dies gilt vermutlich auch für die Sekundärprävention von mißbräuchlichem Medikamentenkonsum, wenn diese bislang auch noch nicht gezielt untersucht wurde.

Als Ergebnis der deutschen Modellprojekte (Hapke et al., 1998; John et al., 1996; Pörksen, 1996) zeigte sich, daß Ärzte sowohl im Krankenhaus als auch in Praxen durchaus gegenüber Suchtpatienten aufgeschlossen waren und ihre Arbeit mit diesen insgesamt befriedigend gestalten konnten. Die Effizienz der Sekundärprävention könnte durch eine Vernetzung von psychosomatischen Fachkliniken und Beratungsstellen mit dem akutmedizinischen Behandlungssystem weiter deutlich verbessert werden. Bisher ist die Kooperation zwischen Allgemeinkrankenhaus und Hilfesystem für Abhängigkeitskranke jedoch in aller Regel personengebunden, unsystematisch und selektiv (Kremer et al., 1997) und deshalb wenig effizient. Für Alkohol- oder gar Medikamenten**mißbrauch** existiert bislang keinerlei Vernetzung. Dies ließe sich aber durchaus erreichen.

Jahrreiss (1998) schlägt vor, Kooperationsmodelle zwischen Fachklinik und/oder Beratungsstelle und Allgemeinkrankenhaus zu schaffen. Fachleute für Suchtmittel**mißbrauch** sollten dabei die Fortbildung der Mitarbeiter im Akutkrankenhaus und z.B. auch von Allgemeinärzten übernehmen sowie die Etablierung eines Suchtliäsondienstes. Gerade durch letzteren, z.B. durch die zeitlich definierte regelhafte Anwesenheit eines Mitarbeiters einer Fachklinik oder der regionalen Beratungsstelle im Akutkrankenhaus, könnte die Wirksamkeit eines Frühinterventionsprogrammes sicherlich verbessert werden. Durch Präsenz von im Suchtmittelmißbrauch erfahrenen Fachleuten vor Ort, die speziell auch den Mißbrauch in den Blick nehmen, wäre ein Abbau von Berührungsängsten möglich und die nachweisliche Problemsensibilisierung durch den Aufenthalt im Akutkrankenhaus, der häufig wegen körperlicher Erkrankungen durch Alkoholmißbrauch mitbedingt ist, könnte positiv genutzt werden, v.a. auch zur Einleitung weiterer Beratungsschritte. Hierfür kommen niedergelassene psychologische oder ärztliche Psychotherapeuten in Frage, Ehe-, Familie- und Lebensfragen-Beratungsstellen sowie Suchtberatungsstellen, wenn auch erfahrungsgemäß bei Suchtmittelmißbrauchern die Hemmschwelle hoch ist, Sucht-

Gesprächsleitfaden in der medizinischen Allgemeinversorgung bei Alkohol- bzw. Medikamentenmißbrauch

1. Kontaktphase
Einladend gestalten, neutral und ohne „erhobenen Zeigefinger" die Resultate des Fragebogens mitteilen. Dabei präzise orientieren über den **Mißbrauch** als diagnostisches Ergebnis. Sollte eine Abhängigkeit vorliegen, auch darüber in Abgrenzung zum Mißbrauch genau informieren.

2. Aktives Zuhören
Die Äußerungen des Patienten in zugewandter Haltung aufgreifen und Verständnis und Wertschätzung ausdrücken. Diese Haltung verbinden mit Orientierungshilfen aus fachlicher Sicht.

3. Orientierungshilfen
Aus fachlicher Sicht über bereits eingetretene oder wahrscheinlich zu erwartende körperliche wie seelische Schäden aufklären. Erstes Vermitteln der Zusammenhänge zwischen Streß und Druck in der Lebenssituation und dem Einsatz von Alkohol bzw. Medikamenten als untauglichem Selbstheilungsversuch. Dem Patienten geeignete Materialien aushändigen. Bei Abhängigkeit darüber informieren, daß sich eine eigenständige chronische Krankheit entwickelt hat, die unbedingt einer Behandlung bedarf.

4. Notwendige weitere Schritte klarmachen. Wenn Mißbrauch vorliegt, eine themenspezifische Beratung in einer Beratungsstelle vorschlagen oder eine auf den **Mißbrauch** bezogene psychotherapeutische Behandlung bei einem niedergelassenen psychologischen oder ärztlichen Psychotherapeuten.
Wenn **Abhängigkeit** vorliegt, die Notwendigkeit einer stationären Entwöhnungsbehandlung betonen. Die Suchtberatungsstellen sind geeignete Anlaufstellen für die Einleitung einer solchen Maßnahme. Adressen aushändigen.

5. Rückmeldeschleife
Wann immer möglich, eine Rückmeldung in ca. einem Monat darüber vereinbaren, welche Schritte der Patient unternommen hat. Ärzte in Allgemeinkrankenhäusern können mit dem Patienten ein diesbezügliches Gespräch mit seinem Hausarzt vereinbaren und diesen über die Absprache informieren.

beratungsstellen aufzusuchen. Dies könnte sich ändern, wenn die Beratung von Suchtmittelmißbrauchern ausdrücklich in das Aufgabenspektrum der Suchtberatungsstellen aufgenommen würde.
Eine Konsequenz aus der Forschungsarbeit zur Sekundärprävention (John et al., 1996) war die Forderung nach einer einschlägigen Fortbildung des ärztlichen und Pflegepersonals. Eine auf Alkohol- und Medikamentenmißbrauch zugeschnittene Fortbildungsmaßnahme für das Pflegepersonal im Allgemeinkrankenhaus wird im nächsten Abschnitt dargestellt.

6.1.1 Weiterbildungsmaßnahmen für Pflegepersonal

Ziel. Verständnis fördern für Alkohol- und Medikamentenmißbrauch als Selbstheilungsversuch des Patienten auf dem Boden des bio-psycho-sozialen Krankheitsmodells; Charakteristika des Medikamentenmißbrauchs hervorheben; interaktives Streßmodell und die Bedeutung der Selbstkommentierung vermitteln und die Rolle von Alkohol bzw. Medikamenten als Problemlöser erläutern; Screening-Instrumente vorstellen; grundlegende und einfache Regeln günstiger Gesprächsführung im Fall von Alkohol- bzw. Medikamentenproblemen; die Schritte des Gesprächsleitfadens erläutern.

Dauer: 1 Tag, ca. 8 Stunden

Methode: Wenn es um das Fördern von Verhaltensfertigkeiten geht, sollte Lernen am grünen Tisch weitgehend vermieden werden. Deshalb stehen im Mittelpunkt: Erlebnisaktivierende Übungen, Einsatz von Narrativen und Metaphern, kurze Rollenspiele, die die Gesprächssituation mit Patienten simulieren.

Form und Größe: Die Maßnahme wird als Gruppenveranstaltung durchgeführt. Die Gruppengröße sollte 20 Teilnehmer nicht übersteigen.

Materialien: Overhead-Projektor, Folien der Materialien aus der 2., 3., 5. und 9. Sitzung. Stellwand

Durchführung

1. Block

- Einführung in das Thema
- Gruppeninterview und Vorstellungsrunde: Die Teilnehmer erarbeiten in Gruppen die Erwartungen und Wünsche an das Programm und wo aus ihrer Sicht die Probleme der Patienten mit Alkohol bzw. Medikamenten liegen. Jede Gruppenarbeit wird von einem Sprecher vorgestellt, Sammeln der Ziele, Wünsche, Erwartungen und der Problemsicht.
- Kurze Einführung in das bio-psycho-soziale Verstehensmodell und Einordnung des Alkohol- und Medikamentenabusus auf diesem Hintergrund. Anhand der Information für Patienten aus der 2. Gruppenstunde „Wie man sich die streßlösende Wirkung von Alkohol und Medikamenten erklären kann" wird den Teilnehmern der Verstehensrahmen erläutert, in dem Suchtmittelmißbrauch als Selbstheilungsversuch betrachtet wird.

2. Block

- Problemtrinken und schädlicher Medikamentenkonsum im Gegensatz zur Abhängigkeit (Abschnitt 4.8.2). Den Teilnehmern werden die Materialien vorgestellt und Material und Merkblätter ausgeteilt.
- Fragebogen vorstellen (Abschnitt 2.1)
- Demonstration günstigen Gesprächsverhaltens bei Vergabe und Einsammeln des Fragebogens (aktives Zuhören, nicht-konfrontative Gesprächsstrategie). Der Gruppenleiter demonstriert ein positives und ein negatives Gesprächsverhaltensmodell. In der Auswertung werden kennzeichnende Verhaltensweisen für günstige und ungünstige Gesprächsführung erarbeitet.

3. Block

- Üben geeigneter Gesprächsführungsweisen in kurzen Verhaltensdemonstrationen: aktives Zuhören als Basisfertigkeit. Ausrichten der Aufmerksamkeit auf den Patienten. Absehen von eigenen Bewertungen.
- Bekanntmachen mit dem Gesprächsleitfaden.

Dieser Aufbau hat sich in mehreren Eintagesmaßnahmen bewährt, in recht kurzer Zeit Pflegekräfte zu informieren und geeignetes Gesprächsverhalten zu fördern.

6.1.2 Sekundärprävention in der Arztpraxis

Eine Arztpraxis kann ein geeigneter Ort für einen sekundärpräventiven Ansatz bei Alkohol- und Medikamentenproblemen sein, um auf die drohende Entwicklung einer Suchterkrankung aufmerksam zu machen. Dem niedergelassenen Arzt stehen aufgrund seiner genuinen Aufgaben mehrere Möglichkeiten zur Verfügung, sich gemeinsam mit dem Patienten dem Problem der Sekundärprävention zu nähern. Durch den klinischen Eindruck, die geschilderten Beschwerden, gezielte anamnestische Daten, die körperliche Untersuchung und Laborparameter ist es dem niedergelassenen Arzt möglich, auf einen schädlichen Gebrauch aufmerksam zu werden.

Alkoholmißbrauch. Hinweise auf Alkoholfolgeerscheinungen ergeben sich rein äußerlich aus Bindehautentzündungen, abnorme Hautvaskularisationen, Foetor ex ore (typischer Mundgeruch), uncharakteristischer Schweißneigung, sogenannter „Fahrigkeit" oder äußerlichen Vernachlässigungszeichen. Häufige geschilderte Beschwerden, die auf Gastritiden und Speiseröhrenentzündungen hinweisen, oder Psychopharmakabegehren können richtungsweisend sein. Alkoholfolgekrankheiten wie rezidivierende Pankreatitiden, Leberzirrhose, Polyneuropathie sind eher Hinweise für eine manifeste fortgeschrittene Alkoholabhängigkeit, die im Kontext der Sekundärprävention eher nicht anzutreffen sind.

Bei den Laboruntersuchungen sind klinisch-chemische Marker weitergehende ergänzende Hinweise auf einen Alkoholmißbrauch. Zu nennen wäre hier eine erhöhte, oft isolierte Gamma-GT als Leitenzym, eine Erhöhung des GOT- und GPT-Wertes, insbesondere durch die Bestimmung des DE-RITIS-Quotienten (GOT/GPT > 1–2); die Erhöhung des mittleren corpuskulären Erythrozytenvolumens (MCV). In den letzten Jahren hat sich ein Statusmarker für erhöhten Alkoholkonsum aufgrund seiner diagnostischen Effizienz durchgesetzt: Eine Erhöhung des CDT (Carbohydrate Deficient-Transferrin) ist ein sicherer Hinweis für einen Alkoholkonsum von mehr als 60 g pro Tag über mindestens zehn Tage. Die mittlere Halbwertzeit unter Bedingung der Abstinenz beträgt 14 bis 17 Tage. Als weitere häufig anzutreffende klinisch-chemische Parameter bei erhöhtem regelmäßigem Alkoholkonsum wäre eine Hypertriglyceridämie und Hyperuricämie mit oder ohne Gichtmanifestation. Die klinisch-chemischen Marker sind wichtig zur Einschätzung des erkannten Risikos, zur Validierung von Diagnose und Differentialdiagnose. Die Bedeutung des CDT-Wertes liegt in der hohen diagnostischen Effizienz (Spezifität bei 98%, d.h., 2% einer Alkoholpopulation zeigen falsch positive Werte; Sensitivität bei 80%, d.h., 20% zeigen falsch negative Werte).

Für den niedergelassenen Arzt bieten sich einschlägige organmedizinische Veränderungen und/oder erhöhte klinisch-chemische Parameter (s.o.) als eine gute Möglichkeit, die Aufmerksamkeit des Patienten auf den schädlichen Suchtstoffmittelgebrauch zu lenken. Der diagnostische Prozeß könnte dann in einer erweiterten Anamnese vorangetrieben werden, indem insbesondere nach Trinkgewohnheiten (Dauer, Häufigkeit und Menge) und nach Abstinenzzeiten gefragt wird. Auch Fragen zu Veränderungen bzw. Beeinträchtigungen im Alltag sind richtungsweisend, wie z.B. Fragen nach Aufmerksamkeitsstörungen, Leistungseinbußen, Verhaltensauffälligkeiten (psychosoziale Fehlanpassung), affektives Verhalten (Ängste, Depressionen), Fragen zu Bewältigungsmechanismen bei Streß. Nicht zu vergessen wären Fragen zu Schwierigkeiten am Arbeitsplatz (z.B. Abmahnung), Fehlzeiten, Fragen zur Arbeitslosigkeit oder -zufriedenheit. Weitergehende Fragen zu den positiven Erwartungen und Wirkungen des Alkohols sind bedeutsam. Da der Arzt häufig seine Patienten kennt, wären auch auffällige psychische Veränderungen wie erhöhte Reizbarkeit, vermindertes Kritikvermögen, Nachlässigkeit, Sorglosigkeit zur diagnostischen Validierung mit heranzuziehen.

Fremdanamnestische Daten bieten ebenso wertvolle Informationen wie auch eine positive Familienanamnese. Aufgrund der Ergebnisse von Familienstudien, Zwillings- und Adaptionsstudien darf davon ausgegangen werden, daß das Erkrankungsrisiko für Alkoholmißbrauch und eine möglicherweise sich daraus entwickelnde Abhängigkeit genetisch beeinflußt ist.

Als Routineverfahren für die Mißbrauchsdiagnose kann der Kurzfragebogen MDI (Abschnitt 2.1) eingesetzt werden, dessen Ergebnisse gemäß dem Ablauf des Gesprächsleitfadens im Gespräch mit dem Patienten verwertet werden können.

Der Gesprächsstil selbst sollte sachlich, nicht moralisierend und nicht verletzend sein, wobei die jeweilige Zumutbarkeitsgrenze des Patienten beachtet werden sollte – es muß nicht alles im ersten Gespräch geklärt werden! Auch sollte die Zielvorstellung des Arztes realistisch sein: auf ein mögliches Problem aufmerksam machen, auf eine Veränderungsabsicht des Patienten hinarbeiten und ihm weitere Hilfestellung anbieten bzw. benennen (Selbsthilfegruppen, Beratungsstellen). Er sollte den Patienten nicht drängen, sondern die jeweilige Entscheidung und Verantwortung bei ihm belassen.

Medikamentenmißbrauch. Im Sinne der sekundären Prävention ist das Erkennen einer mißbräuchlichen Verwendung von verschreibungspflichtigen oder freiverkäuflichen *Medikamenten* schwieriger als bei der mißbräuchlichen Verwendung von Alkohol. Ins Auge springende äußerliche Veränderungen liegen fast nie vor. Routinemäßig zu bestimmende einfache klinisch-chemische Marker sind ebenfalls nicht wegweisend. Dennoch hat der Arzt im Sinne der sekundären Prävention gute Möglichkeiten, helfend zu intervenieren, da ein Großteil der Patienten mit ihren Befindlichkeitsstörungen den niedergelassenen Arzt aufsuchen, sie überwiegend ihre Beschwerden organisch attribuieren und auch meist eine Erwartungshaltung bezüglich medikamentöser Behandlung mitbringen. Patienten mit folgenden Beschwerden und Symptomen sind für einen Arzneimittelmißbrauch disponiert:

- Chronische Schmerzkranke (Kombinationsanalgetika; zentral wirksame Analgetika)
- Somatoforme Befindlichkeitsstörungen (Tranquilizer)
- Ängste, Depressionen (Tranquilizer – Hypnotika)
- Unteridealgewichtige Patientinnen (Appetitzügler; Abführmittel)
- Übergewichtige Patientinnen (Appetitzügler, Abführmittel)

Bei obengenannten Patienten wäre die eigene Verschreibungsmentalität zu überprüfen (kleinste Dosis, kleinste Packung, kurze Zeitdauer, medizinisch gerechtfertigt). Wie erwähnt, ist die Diagnose des Medikamentenmißbrauchs schwierig und kann nur durch eine weitergehende Exploration, Fremdanamnese und evtl. auch ein Medikamentenscreening verifiziert werden. Da der Medikamentenmißbrauch nicht zuletzt auch aufgrund der häufigen Verheimlichungstenden-

zen sehr „leise" daherkommt, ist es nicht nur notwendig, nach einer manifesten Symptomatologie zu fragen, sondern auch nach verborgenen Ursachen zu forschen (Alltagshilfe bei Streß, Leistungssteigerung, Problem- und Spannungslösung in häuslichen oder beruflichen Konfliktfeldern). Im Kern handelt es sich hier meistens um Wünsche nach passiven Bewältigungsformen anstelle von aktiven Konfliktlösungsmöglichkeiten. Bei der Exploration ist auch nachzufragen hinsichtlich Behandlung bei anderen ärztlichen Kollegen, deren Verordnungen und nach Selbstmedikation („Großmutters Nachttisch" u.a.m.). Auch ist auf das Verhalten während der Exploration zu achten, insbesondere auf Manipulationsversuche, die den Arzt dazu bewegen sollen, das gewünschte Arzneimittel trotz aller Bedenken doch zu verschreiben. Wenn Patienten bei suchtpotenter Medikamenteneinnahme die einzelnen Stoffklassen, Mengenangaben etc. nicht genau kennen, sollte man sich, sofern möglich, die Medikamente zeigen lassen. Nicht wenige Patienten sind jedoch auch Experten der einzelnen Suchtstoffklassen, kennen genau Mengenangaben, Packungsgrößen, Hersteller, Tablettenform, was häufig pathognomonischen Charakter hat. Weiterhin wird auch nach der subjektiven Wahrnehmung der Wirkung zu fragen sein: Trifft die Wirkung mit der subjektiven Vorstellung überein, ist der Patient meist hoch zufrieden und möchte „sein" Medikament auch nicht mehr so rasch aus der Hand geben (sogenannte Haftfähigkeit). Wenn bei Vorschlägen zur Reduktion oder gar zum Ausschleichen der Medikamente große Widerstände gespürt werden, ist sicher ein kritisches Einnahmeverhalten erreicht. Alle Suchtstoffe lassen sich auch mit immunologischen Methoden im Urin nachweisen. Meist handelt es sich hier um sogenannte Gruppennachweise wie z.B. Nachweise für Barbiturate oder Benzodiazepine.
Viele Patienten bekommen keine sachgerechten Informationen über Medikamente, sondern sind auf nichtfachkundige Ratgeber angewiesen. Für Informationen über Anwendungen, Wirkungen und Nebenwirkungen von Medikamenten sind Mediziner faktisch zuständig und vom Gesetz her auch dazu verpflichtet. Im Rahmen der prozessualen Diagnostik bezüglich Suchtstoffmittelmißbrauch und der Sensibilisierung für diese Problematik böte sich eine weitergehende Information durch den Arzt an, die z.B. in einer eigens dafür eingerichteten Arzneimittelsprechstunde durchgeführt werden könnte. An diesen Sprechstunden könnten auch Angehörige Betroffener teilnehmen. Ist die Einsicht in den Substanzmißbrauch gewachsen, gilt es, den Ursachen, zumindest ansatzweise, nachzuspüren, also warum die eigentlich notwendige psychische Leistung durch einen chemischen Seelenschleier ersetzt wurde. Das Erkennen mangelnder Bewältigungsfähigkeiten der äußeren und/oder inneren Realität könnte ein erster wichtiger Schritt werden, durch den der Patient sein Symptom verstehen lernt, welches eben nicht einfach durch eine Pille „weggeschluckt" werden kann. In vielen Fällen bietet sich als nächster Schritt eine psychosomatisch-psychotherapeutische Behandlung an, in der Ursachen analysiert und Möglichkeiten gefunden werden können, ein zufriedeneres Leben zu führen.

6.2 Frühintervention bei Alkohol und Medikamentenproblemen im Betrieb

(Petra Schuhler & Edgar Lessel)

Die betriebliche Suchtarbeit war und ist bis heute eine der am besten untersuchten und mit fundierten praktischen Anleitungen versorgten Praxisfelder im Bereich „Suchtprävention" (Fuchs et al., 1998). Die Anstrengungen richteten sich jedoch hauptsächlich auf abhängige Mitarbeiter. Die Alkohol- und Medikamentenprobleme des Mitarbeiters, der Mißbrauch betreibt, aber noch nicht abhängig ist, wurden bislang nicht systematisch beachtet. Dieser Lücke widmet sich der erste Abschnitt dieses Kapitel, das den besonderen Schwierigkeiten hinsichtlich Standortbestimmung und Motivation im persönlichen Gespräch zwischen Führungskraft und Mitarbeiter Rechnung trägt.
In der betrieblichen Sozialberatung kommen weniger psychotherapeutische Inhalte und Methoden zum Einsatz, sondern der Schwerpunkt liegt auf Aufklärung, Information, Beratung und Anstöße zur Einstellungs- und Verhaltensänderung – obwohl die Grenzen sicher fließend sind. Die Programmelemente, die sich zur Durchführung im Rahmen der betrieblichen Sozialberatung eignen, sind im Abschnitt 6.2.2 zusammenstellt.

6.2.1 Das Mitarbeitergespräch als Führungsaufgabe

In jedem Betrieb haben Mitarbeiter Suchtprobleme, unabhängig von der Betriebsgröße, der Branche und der Qualifikation. Alkohol verursacht eine Vielfalt von Problemen im beruflichen Alltag, angefangen von häufigeren Fehltagen der Betroffenen bis hin zu der erhöhten Gefahr von Arbeitsunfällen. Darüber hinaus können Beruhigungsmittel, Schlafmittel oder Aufputschmittel eine Rolle spielen, wenn Mitarbeiter durch problematisches Verhalten wie Gereiztheit, Stimmungsschwankungen, Vergeßlichkeit oder Unaufmerksamkeit auffallen. Schließlich wird die Zusammenarbeit im Team oder in der Arbeitsgruppe empfindlich gestört, wenn einer der Mitarbeiter Alkohol- oder Medikamentenprobleme hat. Insofern zählen Alkohol- oder Medikamentenkonsum zu den brisanten Problemen, die zu lösen zu den Führungsaufgaben eines Vorgesetzten gehört.

Hinweise auf Alkohol- und Medikamentenmißbrauch im Betrieb. Die Führungskraft sollte keine Therapieversuche unternehmen, aber in der Lage sein, das Problem frühzeitig anzusprechen, Chancen zur Verhaltensänderung einzuräumen, Absprachen zu treffen und auf deren Einhaltung zu achten und Rückmeldung zu geben über die weitere Entwicklung. Was heißt „frühzeitig" – woran kann ein Alkohol- oder Medikamentenmißbrauch früh erkannt werden, d.h., bevor sich eine manifeste Abhängigkeit mit allen drastischen und daher leichter erkennbaren negativen Folgen eingestellt hat? Eine gute Suchrichtung ist sicher das aufmerksame Registrieren von Verhaltensauffälligkeiten, wie nachlassende oder übersteigerte Arbeitsleistung, häufige Klagen über körperliche Beschwerden, nachlassende Aufmerksamkeit, Konzentrationsschwäche, häufige Niedergeschlagenheit, ängstliches Verhalten, häufige Fehlzeiten, mangelnde Teamintegration. Wenn auch nicht zwangsläufig bei diesen Problemen Alkohol oder Medikamente im Spiel sein müssen, so ist das doch oft der Fall – und ein gekonntes Sondieren dieser Verhaltensauffälligkeiten empfiehlt sich in jedem Fall. Eine solche Zielsetzung im Mitarbeitergespräch verlangt Sachverstand hinsichtlich des Alkohol- bzw. Medikamentenproblems, Einfühlungsvermögen und Methodenkenntnisse über die geeignete Gesprächsführung, die am ehesten Erfolg verspricht. Der Erfolg steht und fällt mit der geeigneten Gesprächstechnik, die von uns in Führungskräfteseminaren und Einzel-Coachings entwickelt und erprobt wurde.

Das Mitarbeitergespräch. Das Ansprechen von Suchtproblemen gehört zu den schwierigen Anlässen für das Mitarbeitergespräch. Ganz allgemein und besonders im Fall der Alkohol- und Medikamentenprobleme ist das Mitarbeitergespräch Mittel zum Zweck. Der Vorgesetzte muß präzise wissen, was er will, was er erreichen möchte und was – nach dem Gespräch – konkret anders sein soll als vorher. Es empfiehlt sich, mit einer Veränderungszielsetzung in das Gespräch hineinzugehen. Ein solches Gespräch kann dann als erfolgreich eingestuft werden, wenn der Vorgesetzte seine Ziele, also die beabsichtigten Wirkungen erreicht und nicht gleichzeitig gegenläufige Nebenwirkungen produziert hat, beispielsweise, daß sich der Mitarbeiter zwar informiert, aber gleichzeitig so unter Druck fühlt, daß er sich weiter verschließt.

Im Fall der Alkohol- und Medikamentenprobleme im Mitarbeitergespräch sollte besonders auf die allgemeinen Hindernisse erfolgreicher Kommunikation geachtet werden. Dabei spielen die Merkmale eines einfachen Gesprächsmodells eine entscheidende Rolle: Wir verstehen unter einem Gespräch eine abgegrenzte Kommunikationssituation mit wechselseitigem Austausch von Botschaften oder Mitteilungen. Der Mitteilungsprozeß beginnt mit einer Idee im Kopf des Senders, was er mitteilen möchte, wird auf verbalem und nonverbalem Weg für den Gesprächspartner wahrnehmbar gemacht und von diesem in der Empfängerrolle interpretiert, d.h., den Mitteilungen werden Bedeutungen zugeordnet. Neben den vom Sender beabsichtigten Botschaften nutzt der Gesprächspartner in der Empfängerrolle das gesamte nichtintendierte Informationsangebot, um daraus seine Schlußfolgerungen zu ziehen. Botschaften in der Kommunikation sind nun immer mehrdimensional, d.h., sie haben mehr als einen Aspekt, die sich, im ungünstigen Fall, widersprechen können. Eine übliche Einteilung verfolgt einen Inhalts- und Beziehungsaspekt einer Mitteilung (Watzlawick et al., 1969). Wenn Frau Müller beispielsweise auf die Perlen von Frau Schmidt deutet und fragt, sind diese Perlen echt, so handelt es sich auf der Inhaltsebene um ein Ersuchen über die Herkunft der Perlen, während man auf der Beziehungsebene gefühlsmäßige Kategorien wie Neid, Eifersucht oder Konkurrenz interpretieren kann. In ähnlicher Weise sendet ein Vorgesetzter sehr widersprüchliche Signale auf der Inhalts- und der Beziehungsebene, wenn er zu seinem Mitarbeiter beispielsweise sagt, „Ich freue mich, Sie zu sehen" und dabei mit abgewandter Körperhaltung aus dem Fenster schaut. Die vielfältigen Diskrepanzen zwischen Inhalts- und Beziehungsaspekt einer Mitteilung spielen eine entscheidende Rolle dafür, daß Mißverständnisse der Normalfall in der zwischenmenschlichen Kommunikation und vor allem in dem schwierigen Spezialfall des Mitarbeitergesprächs über Alkohol- und Medikamentenprobleme sind. Daraus folgt, daß geeignete Maßnahmen zur Reduzierung von Mißverständnissen im Mitarbeitergespräch die entscheidenden Voraussetzungen für den Gesprächserfolg sind. Dazu empfehlen sich folgende Maßnahmen:

a) Eine Orientierungshilfe am Anfang

Zu Beginn eines jeden Gespräches benötigt der Zuhörer Orientierung in vielfältiger Hinsicht, z.B. über Themen, Ziele, Dauer und Rahmenbedingungen wie Stimmung oder Einstellungen des Gesprächspartners. Es ist deshalb nützlich, genau diese Bedürfnisse mit einem Strukturierungsvorschlag zu befriedigen, bevor man in die eigentlichen Inhalte einsteigt.

Beispiel: „Ich habe Sie zu diesem Gespräch gebeten, weil ich Sie auf ein bestimmtes Problem ansprechen wollte, das mit Ihrem Alkoholkonsum zu tun hat. Ich möchte dazu meine Sichtweise darlegen, aber auch Ihre Sicht der Dinge gerne hören. Wir haben eine halbe Stunde Zeit. Ich möchte Ihnen erst den Sachverhalt, um den es geht, schildern, dann evtl. Fragen Ihrerseits dazu beantworten und dann über die weiteren Schritte reden. Können wir es so handhaben?"

b) Rückmeldeschleifen in den Gesprächsfluß einbauen!

Mit diesem Feedback kann man eine kontinuierliche Rückversicherung hinsichtlich der verstandenen Bedeutung betreiben. Man sollte Feedback sowohl geben als auch einfordern.

Beispiele: „Ich habe das so und so verstanden, ist das korrekt?" oder „Was sagen Sie denn zu meiner Meinung?"

c) Redundanzen einbauen: Strukturieren durch Zusammenfassen!

Nach jedem zusammenhängenden Redeabschnitt lohnt es sich, Ergebnis oder Diskussionsstand zusammenzufassen. Zum Abschluß des Gesprächs sollten alle Gesprächsergebnisse und etwaige Vereinbarungen wiederholt werden. „Was haben wir nun vereinbart? Sie lassen sich einen Beratungstermin geben und wir sehen uns in zwei Monaten wieder, um auszuwerten, was auf den Weg gebracht wurde."

d) Sich selbst auf Zuhören programmieren

Das sogenannte „aktive Zuhören" ist eine der wichtigsten Basisfertigkeiten in der Gesprächsführung. Darunter versteht man das Ausrichten der Aufmerksamkeit auf den Gesprächspartner und nicht etwa auf die eigenen Bewertungsprozesse. Wir alle kennen Situationen, in denen der Gesprächspartner noch am Reden ist, man selber den Eindruck erwecken möchte, man höre zu, in Wirklichkeit aber die Aufmerksamkeit bereits auf die Konzeption der eigenen Gegenargumente gerichtet wurde.

Zuhören heißt herauszufinden, was der Gesprächspartner meint mit dem, was er sagt. Dies gelingt gut, wenn wir interessiert, neugierig oder gespannt sind, es gelingt schlecht, wenn wir sowieso schon glauben zu wissen, was an Argumenten kommt oder wenn wir vom Gesprächspartner eine abschätzige Meinung haben. Ohne Vorurteile kommen wir zwar nicht aus, für das gegenseitige Verständnis ist es allerdings günstiger, mit positiven Vorurteilen zu arbeiten. So hat man mehr davon, einen Mitarbeiter, der offensichtlich Alkohol- oder Medikamentenprobleme hat, als einen Zeitgenossen in einer Lebenskrise zu etikettieren, der versucht (mit untauglichen Mitteln), sich selbst zu helfen, als ihm Charakterschwäche oder Dummheit zu unterstellen.

e) Das Zuhören für den Partner leicht machen!

Der Partner sollte sich auf die inhaltliche Dimension des Gesprächs konzentrieren können. Hinderungsgründe, die – verursacht durch die Führungskraft – dagegen stehen, sind: zu viele, zu unstrukturierte oder unverständliche Informationen.

Was zu viel, zu unstrukturiert oder unverständlich ist, ist von der Person des Empfängers abhängig. Was für den einen kein Problem im Verstehen bedeutet, kann für den anderen heißen „nur Bahnhof verstanden".

Folgerung: Sprache und Satzbau an die Möglichkeiten des Empfängers anpassen. Was verstanden wurde, läßt sich durch Feedback-Einsatz ergründen.

Das Zuhören (und damit das Verstehen) wird für den Gesprächspartner durch verschiedene Merkmale des sprachlichen Austausches beeinflußt. Gerade wenn es im Gespräch schwierig wird – wie es immer bei Alkohol- und Medikamentenproblemen des Mitarbeiters der Fall ist – sollten diese Merkmale überprüft und gegebenenfalls deren Ausdruck korrigiert werden.

- vokale Aspekte der Sprache

Stimmhöhe, Lautstärke, Artikulation und Sprechtempo, um nur einige zu nennen, sind begleitende Aspekte des sprachlichen Ausdrucks. Die Aufmerksamkeit wird dann eher erhalten bleiben, wenn einerseits die Geschwindigkeit der Sprachproduktion an die Möglichkeiten des Empfängers angepaßt ist und andererseits genügend Variabilität in den einzelnen Komponenten vorhanden ist. Monotone Sprechweisen laden zum Abschalten ein.

- mangelnde Synchronisation

In jedem Gespräch werden zusätzlich zu den inhaltlichen Botschaften auch Steuersignale übermittelt. Das ist uns häufig gar nicht bewußt. Denken Sie mal an ein Telefongespräch, bei dem Sie lange in der Zuhörerrolle sind. Wenn Sie nicht ab und zu ein vernehmbares „Mhm" von sich geben, wird der Gesprächspartner unweigerlich fragen: „Sind Sie noch dran?" Diese Brummlaute fungieren als Quittungssignale und helfen, das Gespräch zu synchronisieren. Mit Synchronisationssignalen werden in einer Art Handshaking-Betrieb die laufenden Hörer-Sprecher-Wechsel organisiert. Es wird dabei deutlich gemacht, ob man als Sprecher das Wort abgeben will oder es noch eine Zeitlang behalten möchte, der Zuhörer meldet seine Bereitschaft an, das Wort zu übernehmen bzw. macht deutlich, daß er zur Zeit nicht an einer Übernahme interessiert ist.

Um dem Partner das Reden leicht zu machen, sollte man als Zuhörer deutliche Quittungssignale senden. Diese werden in face-to-face-Interaktionen vor allem durch Nicken, Brummen und „Ja" realisiert. Ein Gesprächspartner, der als Zuhörer diese Signale nicht zeigt (pokerface), bereitet dem Sprecher erhebliches Unbehagen.

- Emotionen: Bedrohliches für den Selbstwert

Eine erhebliche Herausforderung in Gesprächssituationen sind Emotionen, natürlich insbesondere diejenigen mit „negativen Vorzeichen" wie Ärger, Wut, Angst. Diese Emotionen treten vorwiegend dann auf, wenn der Gesprächspartner Bedrohliches für seinen Selbstwert diagnostiziert – was regelmäßig bei Alkohol- und Medikamentenproblemen im Mitarbeitergespräch der Fall ist.

Durch die Bedrohung des Selbstwertes steigt das Erregungsniveau. Ein hohes Erregungsniveau wirkt wie ein Filter, der das weitere Gespräch nur noch sehr gedämpft passieren läßt. Der Mitarbeiter hört nicht mehr gut zu, weint vielleicht oder ist sehr aufgebraucht, verteidigt sich wütend oder voller Selbstmitleid.

Folgerungen für das eigene Verhalten:
Man verzichtet in seinem Kommunikationsrepertoire auf Angriffe und negative Bewertungen im Zusammenhang mit dem Suchtmittelproblem des Mitarbeiters. Für Kritik gilt, sie sollte Vergangenheitsbewältigung mit Zukunftschancen verbinden. Zeigt der Gesprächspartner emotionales Verhalten, ist er wütend, aufgebraucht oder gekränkt, ist es am besten, mit Verständnis zu reagieren im Sinn des aktiven Zuhörens.

Im übrigen läßt sich durch Verbannen von Elementen wie direktes Unterbrechen, „Ja, aber ...", „Das ist doch gar nicht möglich", „Da müssen Sie etwas ganz falsch verstanden haben ..." oder andere Killerphrasen viel für einen erfolgreichen Gesprächsverlauf tun.

f) Visualisieren

Hierzu zählen u.a. Notizen anfertigen, Ideen und Zusammenhänge auf einem Notizblock verdeutlichen, Wesentliches auf Flipchart oder Tafel schreiben. Letzteres ist besonders dann wichtig, wenn das Gespräch den Charakter einer Problemlösung hat – wie es im Alkohol- und Medikamentenfall sein sollte.

Weil das Mitarbeitergespräch, in dem ein kritischer Alkohol- bzw. Medikamentenkonsum eines Mitarbeiters mit erfolgversprechender Zielsetzung thematisiert werden soll, besonders schwierig ist, verlangt es eine sorgfältige Planung: Die Zeitinvestition für die Planung als „Kostenfaktor" ist meist gering zu veranschlagen, wenn man sie vergleicht mit dem Zeitgewinn, der sich durch ein gut verlaufenes Gespräch in der Zukunft realisieren läßt.

Check-list vor dem Gespräch

- Welche Vorfälle im Zusammenhang mit Alkohol bzw. Medikamenten sind bekannt geworden?
- Welche will ich ansprechen?
- Wie kann ich formulieren ohne zu werten und zu verurteilen?
- Welche objektiv nachteilige Konsequenzen für den betrieblichen Alltag sind daraus entstanden?

Wie kann ich dem Mitarbeiter meine Sichtweise nahebringen? Dabei hilft oft die Auffassung des Problems als „Eisberg". Damit können dem Mitarbeiter in einem ersten Schritt seine Alkohol- und Medikamentenprobleme als die im Betrieb sichtbare Spitze eines Eisbergs verständlich gemacht werden, dessen Ursachen verborgen sind, aber die sichtbaren Teile „tragen". Diese Sichtweise eröffnet auch den Blick darauf, daß ausführliche Beratung und vielleicht sogar Therapie notwendig sein wird, um den „Eisberg" abzutragen, sprich, das Alkohol- und Medikamentenproblem nachhaltig zu lösen. Adressen von Beratungsstellen bereithalten und aushändigen.

Metapher für das Alkohol- und Medikamentenproblem von Mitarbeitern: der „Eisberg"

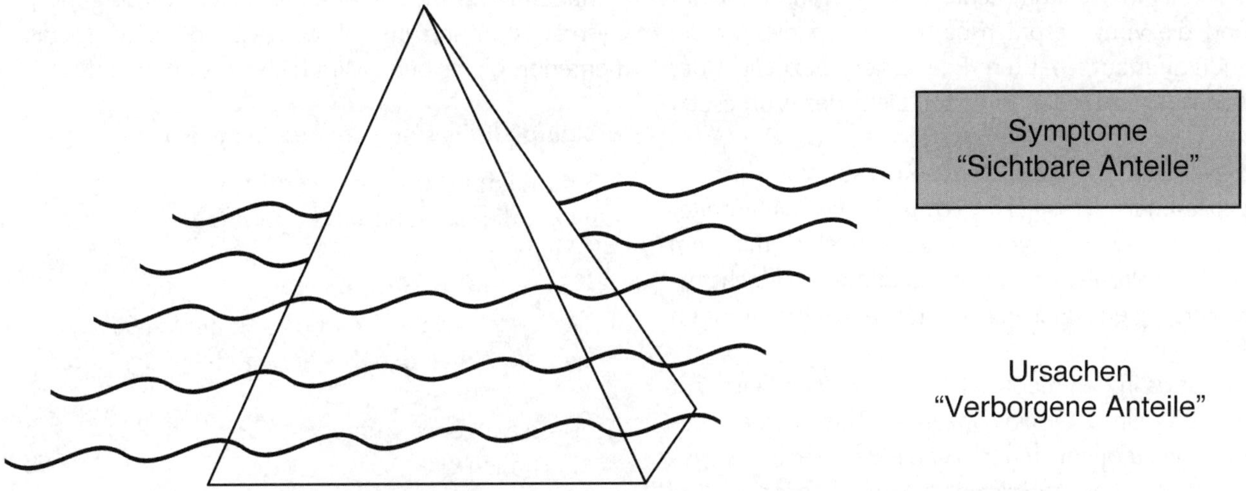

Folgende Fragen sollten bei der Planung gestellt werden:

- Gibt es für das Gespräch einen empfohlenen Ablauf bzw. obligatorisch einzusetzende Instrumente?

Dies ist häufig der Fall bei Zielvereinbarungs-, Beurteilungs- oder Fördergesprächen. Hier wird man in der Regel auf einen Gesprächsleitfaden zurückgreifen können, aus dem sich auch die weiteren Planungsaktivitäten ableiten lassen. Im Fall der Alkohol- oder Medikamentenprobleme empfiehlt sich ebenfalls eine Checklist, die als Richtschnur für die Vorbereitung auf das Gespräch dienen kann.

- Welches ist meine konkrete Zielsetzung als Vorgesetzter beim anstehenden Gespräch?

Häufig existiert nur eine relativ diffuse Vorstellung von den konkreten Zielen, die im anstehenden Gespräch erreichen werden sollen. Es ist sinnvoll, die Ziele möglichst konkret zu fassen und sie schriftlich zu fixieren. Durch die damit definierte Meßlatte wird es später möglich, den Erfolg des Gesprächs einzuschätzen. Geht es um ein Gespräch, das durch ein Alkohol- oder Medikamentenproblem des Mitarbeiters ausgelöst wurde, bietet die Frage nach den „guten" Gründen für das Auftreten des Problems im betrieblichen Rahmen einen ratsamen Einstieg, bevor man sich mit der Anlage und Strategie des Gespräches befaßt.

- Welches sind „gute" Gründe für das Auftreten eines Alkohol- oder Medikamentenproblems meines Mitarbeiters, die ich im Arbeitsleben erkennen kann?

Wenn ein bestimmtes Verhalten (das wir aus der Sicht des Vorgesetzten als Fehlverhalten etikettieren) auftritt und damit sozusagen „Sieger" über andere mögliche Bewältigungsstrategien im Alltag geworden ist, ist dies aus der Perspektive des Mitarbeiters meist gut begründbar. Es ist wichtig, diese Gründe (die für ihn gute Gründe sein mögen) zu eruieren, sich sozusagen in seine Schuhe zu stellen und die Welt mit seinen Augen zu betrachten – zunächst im Gedankenspiel. Solche vermuteten Antriebe oder Ursachen lassen sich später im Gespräch prüfen.

- Welche Gesprächsanlage/Gesprächsstrategie wähle ich?

Eingangsgrößen sind neben a)–c) auch die Kommunikationscharakteristik des Gesprächspartners. Handelt es sich eher um eine Person, die ängstlich und zurückhaltend ist oder ist der Gesprächspartner selbstbewußt oder überschätzt er sich gar total. In Abhängigkeit davon werde ich zu Beginn eher Mut machen oder aber gleich zur Sache kommen. Von der Gesamtkonstellation wird auch abhängen, ob ich das Gespräch in seinem Ablauf eher konsequent bestimme oder die Schrittfolge vorgebe oder einen nondirektiven Stil wähle.
Grundsätzlich sollte die folgende Aussage bei jeder Strategiewahl bedacht werden: Gewinner eines Gesprächsergebnis sind immer auf Ihrer Seite, Verlierer nie. Versuchen Sie deshalb immer, eine Gewinn-Gewinn-Situation zu erreichen. Das könnte in unserem Fall bedeuten: Der Mitarbeiter denkt nach dem Gespräch weiter nach, nimmt Vorschläge auf und fühlt sich nicht direkt bedroht und nicht mehr erwünscht.

- Wie gestalte ich die Einladung zum Gespräch?

Es gibt eine Reihe wichtiger Einflußgrößen, die im Vorfeld des Gesprächs wirksam sind: Insbesondere die bis-

herige Historie der Gespräche beider Kommunikationspartner mit wahrgenommenen Erfolgen und Blessuren und die vom Gesprächspartner durch die Art der Ankündigung aufgebauten Phantasien bezüglich des Gesprächsgegenstandes und der Ziele des Vorgesetzten.
Das beliebte Kürzel „b.R. (bitte Rücksprache)" ist ein dazu passendes Beispiel. Vermutet der Mitarbeiter Bedrohliches, wird er sich im Vorfeld statt mit dem Thema oder Problem mehr mit glaubhaften Rechtfertigungsstrategien und wirksamen Abwehrhaltungen beschäftigen.
Günstig ist es in den meisten Fällen, den Mitarbeiter zur Abstimmung eines Termins anzurufen oder vorbeizugehen und ihn zu orientieren im Hinblick auf Gesprächsgegenstand „Alkohol- bzw. Medikamentenkonsum", Zielsetzung und Erwartungen des Vorgesetzten.
Vernünftige Zielsetzungen haben häufig mit der Lösung eines gemeinsamen Problemes oder einer gemeinsamen Aufgabe zu tun. Ist der Auslöser ein aktueller Anlaß, z.B. ein offensichtliches Fehlverhalten des Mitarbeiters im Zusammenhang mit Alkohol bzw. Medikamenten, teilen Sie ihm Ihr Ziel mit, nämlich daß es nicht darum geht, Schuldige zu suchen und zu verurteilen, sondern gemeinsam eine auf die Zukunft gerichtete Verbesserungsstrategie zu erarbeiten. Machen Sie Mut im Hinblick auf die Lösbarkeit des Problems!

Durchführung des Mitarbeitergespräches

Zu den Rahmenbedingungen gehören: die notwendigen Unterlagen bereithalten, Störungen abschalten (z.B. Telefon umstellen), Zeit eingeplant haben, sich mental günstig eingestimmt haben.
Wenn es möglich ist, gestalten Sie die Gesprächsatmosphäre angenehm. Dazu gehört die Sitzordnung (die Übereckposition am Besprechungstisch ist in vielen Fällen empfehlenswert), und besonders wirksam – ein offenes Lächeln. Das oft nur möglich ist, wenn frühzeitig interveniert wird, also das Alkohol- oder Medikamentenproblem nicht bereits eine lange und frustrierende Geschichte hinter sich hat, weil zu lange zugesehen wurde.
Dabei ist zu beachten: Das Gespräch beginnt mit der Kontaktphase – also lange, bevor das Erste zum Inhalt gesagt wird. Da in dieser Phase der so wichtige erste Eindruck gebildet wird, ist es hier besonders effektvoll, wenn man Freundlichkeit kommunizieren kann. Ähnliches gilt analog für den Abschluß des Gesprächs und den Abschied. Als letzter Eindruck wird er nach draußen mitgenommen.

Für die Durchführung des Gesprächs hat sich folgender Leitfaden bewährt, der wesentliche Merkmale günstiger Gesprächsführung im Fall des Alkohol- bzw. Medikamentenproblems beim Mitarbeiter zusammenfaßt:

Ablaufplan für eine günstige Gesprächsführung

1. Kontaktphase einladend gestalten
2. Orientierungsphase transparent gestalten
3. Klärungsphase:
   - Sammeln, nicht bewerten!
   - Sachverhaltensklärung von beiden Seiten
   - die hinter den Positionen stehenden Interessen erfragen
   - die eigenen Interessen darstellen
4. Lösungssuche
   Entwickeln von mehreren alternativen Lösungen
   Wiederum gilt: Sammeln, nicht bewerten!
5. Lösungsbewertung
   - Welche der vorhandenen Alternativen ist für beide Seiten die beste? Was wirft am meisten ab?
   - Herstellen einer Gewinn-Gewinn-Situation!
6. Sicherungsphase
   - Zusammenfassen und dabei Konsens herstellen (Ja's sammeln!)
   - Vereinbarungen: „Welche Beratungsmöglichkeit wird realisiert? Beratungsstelle? Sozialberatung? Psychotherapeut?"
     Möglichst schriftlich fixieren
7. Abschiedsphase

An Motivation denken! Würdigen der Gesprächsqualität!

6.2.2 Alkohol- bzw. Medikamentenprobleme in der betrieblichen Sozialberatung: Prävention in der Gruppe

Dieser Programmschwerpunkt versteht sich als Präventionsansatz, der im Rahmen einer Gesundheits- und Kompetenzförderung am Arbeitsplatz durchgeführt wird. Die Alkohol- und Medikamentenprobleme werden eingeordnet in das bio-psycho-soziale Verstehensmodell und auf dem Hintergrund allgemeiner Streßbewältigungskompetenzen diskutiert.

Ziele. Sensibilisierung für frühe Alkohol- und Medikamentenprobleme, Vermittlung eines bio-psychosozialen Verstehensmodells, interaktives Streßmodell und die Rolle von Alkohol und Medikamenten als Problem- und Spannungslöser kennenlernen, Schäden durch Alkohol und Medikamente kennen, günstiges

Verhalten am Arbeitsplatz, wenn Alkohol und Medikamente ein Problem werden: frühzeitig intervenieren.

Dauer: Fünf Sitzungen à 100 Minuten, oder ein Tag, ca. acht Stunden

Form, Größe, Teilnehmer: Jeder Mitarbeiter sollte an dem Präventionsprogramm teilgenommen haben. Die Gruppengröße sollte 25 Teilnehmer nicht übersteigen.

Methode: Erlebnisaktivierende Übungen, Bearbeiten schriftlichen Materials, Einsatz von Narrativen und Metaphern

Material: Overhead-Projektor, Folien der Materialien aus der 1., 2., 3., 4., 6. und 8. Sitzung

Durchführung:

- Einführung in das Thema
- Gruppeninterview und Vorstellungsrunde: Jede Gruppe wird von einem Sprecher vorgestellt, Sammeln der Ziele, Wünsche, Erwartungen (1. Sitzung, Gruppenprogramm)
- Vermitteln des bio-psycho-sozialen Krankheitsmodells und Einordnen des Alkohol- und Medikamentenmißbrauchs auf diesem Hintergrund mit dem Schwerpunkt „Arbeitswelt" (2. und 3. Sitzung, Gruppenprogramm)
- Interaktives Streßmodell (3. und 6. Sitzung, Gruppenprogramm) einführen und mit Beispielen aus Arbeitsalltag füllen
- Schäden durch Alkohol bzw. Medikamente (8. Sitzung, Gruppenprogramm)
- Vorstellen der Check-list im Mitarbeitergespräch (Abschnitt 6.2) als Beispiel für günstiges Vorgesetztenverhalten
- Ansprechen von Kollegen auf Alkohol- oder Medikamentenprobleme – Demonstration und Einüben grundlegender Fertigkeiten: ohne Scheu die beobachteten Probleme klar benennen und aktives Zuhören im Gespräch mit Kollegen. Die betriebliche Sozialberatung ist in der Regel die geeignete erste Ansprechstelle für Alkohol- und Medikamentenprobleme, auf die unter Kollegen verwiesen werden kann.

6.3 Alkohol- und Medikamentenprobleme bei Jugendlichen

(Petra Schuhler & Wolfgang Bensel)

Während erfreulicherweise bei Jugendlichen der Alkoholkonsum rückläufig ist (Silbereisen, 1998), steigt der mißbräuchliche Konsum von Medikamenten. Damit ist die Einnahme in Eigenregie, die Selbstmedikation vor allem von leistungssteigernden Substanzen, gemeint. Schulprobleme und perfektionistische Ideale an die eigene Leistung führen offensichtlich zu seelisch bedingten körperlichen Beschwerden und Stimmungsschwankungen, die viele Jugendliche durch befindlichkeitsverändernde Medikamente zu beeinflussen versuchen (Pfau et al., 1997). Dabei ist ein geschlechtstypischer Faktor zu beobachten: Mädchen konsumieren mehr Arzneimittel als Jungen. Dieser Trend prägt sich mit dem Alter noch stärker aus. Alarmierend ist die Art und Weise, wie die Medikamente eingesetzt werden: Das Medikament wird funktional eingesetzt zur Leistungssteigerung, zur Befindlichkeitsverbesserung, zum Abbau von Spannungszuständen, zur Stärkung des Selbstvertrauens, zur Gewichtsabnahme, aber auch zur Gegenregulation anderer suchtpotenter Stoffe (morgendliches „Aufputschen"). Die allgemeingültige Regel, daß der fortwährende Einsatz von chemischen Substanzen zur Problemlösung das aktive Handlungs- und Streßverarbeitungsrepertoire verarmen läßt, gilt im Jugendalter, in dem sich viele Entwicklungen erst vollziehen können, in besonders nachteiliger Weise.

In den letzten drei Jahren war zudem ein beträchtlicher Anstieg der bewußtseinserweiternden Drogen zu verzeichnen, die vor allem auf den zunehmenden Ecstasymißbrauch zurückzuführen sind. Ecstasy gehört zu den sogenannten synthetischen Drogen, die den entaktogenen Substanzen zugeordnet werden (z.B. illusionäre Symbiosegefühle und beglückende Nähegefühle). Die psychische Attraktion liegt gewissermaßen in einer Begegnung mit der inneren Welt (s. Material für Jugendliche und Gruppenleiter: Funktionalität von Ecstasy). Darüber hinaus kann Ecstasy aber auch stimulierende und halluzinogene Wirkung haben.

Auffällig ist eine Änderung in der Wirkungssuche des Konsumenten: Offensichtlich wird nicht mehr der sedierende Effekt im Sinne von Beruhigung, Betäubung oder „Wegbeamen" gesucht, sondern die anregende, leistungssteigernde und antriebsfördernde Wirkung (Hurrelmann, 1995). Schon ABC-Schützen, nämlich rund 3% der Sechs- bis Achtjährigen, erhalten auf ärztliche Verordnung Psychopharmaka, um die Schulleistungen zu verbessern.

Primärprävention in der Jugendarbeit

Moderne Suchtvorbeugung verzichtet auf eine Aufklärung über Sucht und Drogen in enger Verbindung mit Abschreckung, sondern bettet die Suchtvorbeugung in eine allgemeine Gesundheitsförderung und Unterstützung der Kompetenzen des Jugendlichen ein. Die gezielte Förderung von Streßbewältigungsmöglichkeiten im Jugendalter kann einerseits Erfolge in Aussicht stellen, da der Jugendliche in diesem entwicklungskritischen Lebensalter ständig mit Aufgaben konfrontiert ist, die Veränderungsimpulse, Bereitschaft zur Anpassung bzw. Konturierung der eigenen Person verlangen, andererseits kann diese kritische Entwicklungsperiode aber gerade wegen der auch dadurch bedingten höheren Verletzlichkeit der Person eine besondere Resistenz und Abwehr von Veränderung und von außen kommenden Einflüssen verursachen. In diesem sensiblen Spannungsfeld zwischen Entwicklungsdruck, Veränderungsbereitschaft und Veränderungsabwehr sind die Interventionsmaßnahmen für Jugendliche angesiedelt, die sich auf kritische Problembereiche stützen, die generell in der Streßbewältigung, aber vor allem im Jugendalter, eine entscheidende Rolle spielen. Dabei wären an erster Stelle zu nennen: Abbau überstarker Anpassungsleistungen an die peer-group, Steigerung des Einfühlungsvermögens, Abbau übertriebener Leistungsorientierung in Verbindung mit perfektionistischen Idealen und Förderung eines flexiblen Streßbewältigungsrepertoires, das funktionelle Alternativen zum Suchtmitteleinsatz enthält (Silbereisen & Kastner, 1987), sowie die Förderung des Verständnis für den Verlauf der persönlichen Entwicklung. Schon recht lange existieren therapeutische Ansätze zur Behandlung des Jugendalkoholismus auf verhaltenstherapeutischer Grundlage, die differenzierte und breit angelegte Interventionen umschließen (Feldhege, 1980).

Das Programm für Jugendliche umfaßt einen psychoedukativen Teil, in dem relevante Informationen auf dem Hintergrund eines bio-psycho-sozialen Verstehensmodells des Suchtmittelabusus erarbeitet werden (ohne erhobenen Zeigefinger), weiter erlebnisaktivierende Übungen, gruppendynamische Übungen und Verhaltenstrainingselemente, in denen individuelle Kompetenzen gefördert und Anregungen gegeben werden zur persönlichen Weiterentwicklung. Die Durchführung ist möglich im Rahmen eines eintägigen Seminars oder alternativ über mehrere Wochen, in jeweils eineinhalbstündige Einheiten gegliedert.

Zielgruppen für das Programm sind insbesondere Schüler, Auszubildende und Jugendgruppen. Je nach Vertrauensverhältnis der Jugendlichen untereinander bzw. nach Größe der Gruppe (Schulklasse oder kleinere Arbeitsgruppe von sechs bis acht Jugendlichen etwa im Jugendfreizeitheim) wird die Bereitschaft zur persönlichen Auseinandersetzung variieren.

Im schulischen Bereich empfiehlt sich die Anwendung in Gesamtschulen, Realschulen und Gymnasien (Sekundarstufe 1) im Rahmen von Projekttagen oder Projektwochen. Im Hinblick auf die Dichte der Lehrpläne dürfte eine Einbindung des Programms in den Fachunterricht nur in Ausnahmen möglich sein. In der betrieblichen Ausbildung sind Projekttage zur Gesundheitsprävention mittlerweile fest verankert. Auch in diesem Rahmen kann das Programm erfahrungsgemäß gewinnbringend zum Einsatz gebracht werden. Im Bereich der Jugendarbeit sei exemplarisch auf Gruppenprojekte im Rahmen themenbezogener Freizeitmaßnahmen verwiesen. Grundsätzlich gilt, daß die Jugendlichen in der Regel nicht jünger als 13 Jahre sein sollten, um das Programm für sich optimal verwenden zu können.

Der Einsatz des Programms setzt auf seiten der Ausbilder, Lehrer und Gruppenleiter voraus, daß sie über pädagogische und didaktische Kenntnisse verfügen und mit der Umsetzung von erlebnisaktivierenden Methoden und gruppendynamischen Übungen vertraut sind. Zum Erwerb entsprechender Kenntnisse in der Umsetzung des Programms besteht die Möglichkeit zur Teilnahme an eintägigen Multiplikatorenfortbildungen, wie sie von den Autoren durchgeführt werden.

Einführung und erste Stunde. Die Einführung in Ziele, Aufbau und Methoden des Programms orientieren sich an den Zielsetzungen und Durchführungsrichtlinien, wie sie in der ersten Stunde des gruppentherapeutischen Programms beschrieben wurden. Bei der Einführungsübung handelt es sich um ein Gruppeninterview zur Bestimmung der Erwartungen, zur aktuellen Standortbestimmung der Teilnehmer im Hinblick auf den Suchtmittelkonsum und zur Verdeutlichung der Befindlichkeit, mit der der Kurs begonnen wird. Für das Gruppeninterview ist, ohne Nachbesprechungszeit, etwa eine Zeitstunde einzuplanen.

Das Material zum Interview ist für Gruppen abgefaßt, kann aber auch für Paare abgewandelt werden.

Die Ergebnisse werden in dem Tafelschema der „Erwartungen und Wünsche ..." vom Gruppenleiter festgehalten.

Der **psychoedukative Teil** enthält die Vermittlung des bio-psycho-sozialen Erklärungsmodells, mit den erlebnisaktivierenden Übungen „Die Zitrone" und „Die Hyperventilationsübung", wie sie in der zweiten Sitzung des gruppentherapeutischen Programms beschrieben wurden. Daran schließen sich die Narrative „Andreas" und „Jasmin" an.

Gruppendynamische Übungen
Mit diesem methodischen Baustein soll die kommunikative Kompetenz der Jugendlichen unterstützt werden. Für den Einstieg empfiehlt sich eine einfache, spielerisch gestaltete Wahrnehmungsübung zur Förderung des emphatischen Sich-Einlassens auf ein Gegenüber.

„Veränderungen erkennen"
Die Teilnehmergruppe teilt sich in zwei gleich große Untergruppen, die sich in Reihen gegenüber aufstellen, so daß jeweils zwei Teilnehmer im Abstand von etwa einem Meter sich mit Blickkontakt gegenüber stehen. Die Aufgabe besteht zunächst darin, den Partner zu betrachten, ihn wahrzunehmen, auf Kleidung, Frisur, getragenen Schmuck und ähnliches mehr zu achten. Diese Übungsphase dauert zwei Minuten. Im nächsten Schritt drehen sich die Partner einander den Rücken zu und jeder nimmt an seiner Kleidung, Frisur etc. insgesamt drei kleine Veränderungen vor. Auf ein Signal wenden sich die Teilnehmer wieder einander zu. Die Partner betrachten sich wiederum aufmerksam und teilen sich anschließend nacheinander die festgestellten Veränderungen mit. Darüber hinaus sollte bei der Nachbesprechung darauf geachtet werden, wie die Teilnehmer sich während der zweiminütigen „Beobachtungsphase" gefühlt haben.

„Kontrollierter Dialog"
Die Erfahrung wird bereitgestellt, daß Verstehen- und Verstandenwerden keineswegs selbstverständlich ist: Sensibilisierung für Gefahren des Mißverstehens, Falschhörens und Mißverstandenwerdens in Gruppendiskussionen. Aufzeigen der Möglichkeiten, wie diese Gefahren vermieden werden können (modifiziert nach Antons, 1975). Es empfiehlt sich, diese Übung zunächst vor der gesamten Gruppe zu demonstrieren, bevor die Gruppe sich in Dreiergruppen aufteilt. Der Gruppenleiter sollte von Gruppe zu Gruppe gehen, um evtl. korrigierend eingreifen zu können.
Die Übung wird eingeführt als ein Dialogspiel über das Thema „Sollte Haschisch frei verkäuflich sein?". Die Jugendlichen werden gebeten, Dreiergruppen zu bilden. Je zwei der drei Teilnehmer versuchen, nach folgenden Spielregeln ein Gespräch zu führen: A beginnt mit einer Ausführung, die B zunächst sinngemäß wiederholen und die von A als richtig wiedergegeben bestätigt werden muß, bevor B entgegnet. Wird der Beitrag nicht richtig wiederholt, muß B noch einmal versuchen, den Beitrag von A widerzugeben. Ist die Wiederholung immer noch falsch, drückt A seinen Gedankengang von neuem aus. C fungiert als Beobachter und schaltet sich ein, wenn die Spielregeln nicht eingehalten werden. Das Gespräch zwischen zwei Teilnehmern dauert eine Viertelstunde. Danach werden die Rollen gewechselt, so daß jeder einmal Beobachter war. Nach 45 Minuten folgt in der gesamten Gruppe ein Auswertungsgespräch über die eben gemachten Erfahrungen. Dabei wird vom Gruppenleiter darauf geachtet, daß herausgearbeitet wird, wie sich die beobachteten Phänomene in der Alltagskommunikation auswirken können.

Rollenspiele
Grundlage für die Rollenspiele ist die Ausarbeitung der Arbeitsblätter 1–6 „Streß: mal durchleuchtet". Diese werden von den Teilnehmern ausgefüllt und ausgewertet. Der Gruppenleiter führt folgendermaßen an die Aufgabe heran:
„Während eines Projekttages in einer Gesamtschule beschreibt Andreas einen Konflikt mit der Schulleitung (vergleiche Narrativ „Andreas"). Unter Punkt 1 notiert er die Situation, in der er vom Schuldirektor zu einem Gespräch einbestellt wurde. Bei Punkt 2 erinnert er sich, wie er morgens in seinem Klassenzimmer saß und vom Klassenlehrer auf den nachfolgenden Termin hingewiesen wurde. Er erwähnt, daß ihm klar war, daß es um die Vorfälle beim letzten Klassenfest gehen wird. Daraus resultieren unter Punkt 3 die Befürchtungen: ‚Was wird der Schuldirektor sagen? Werde ich einen Verweis bekommen? Werden meine Eltern verständigt und wie würden die wohl reagieren?' Andreas notiert im nächsten Schritt (Punkt 4), daß seine Hände feucht waren, sein Herz viel schneller als sonst klopfte, sein Magen sich flau anfühlte und sein ganzer Körper unter Anspannung stand. Unter Punkt 5 erinnert er: ‚Jetzt ein Glas Bier trinken und ich würde mich entspannter und gelöster fühlen ...' Unter Punkt 6 des Arbeitsmaterials vermerkt Andreas, daß er nach dem Gespräch bei dem Direktor furchtbar wütend war. Er habe dann in der Pause versucht, mit seiner Freundin Jasmin darüber zu reden, was jedoch sehr unerfreulich verlaufen sei, so daß man sich heftig gestritten habe. – In dieser Weise sollt ihr bitte eine auf euch zutreffende Situation durcharbeiten."
Anschließend werden die Jugendlichen gebeten, die Arbeitsblätter jeweils für sich alleine auszufüllen. Da-

nach diskutieren die Teilnehmer zu zweit, zu dritt oder höchstens zu viert eine Situation in der Reihenfolge 1–6 des Materials. Das gemeinsame Gespräch soll dazu dienen, daß sich jeder gewahr werden kann über die Zusammenhänge „seiner" Streßsituation. Unter Anleitung des Gruppenleiters kann, beginnend mit Punkt 2, eine erste Situation, in einer Rollenspielsequenz verdeutlicht werden.

Diese Arbeitsform stößt bei Jugendlichen am Anfang nicht selten auf Ablehnung und Widerstand. Der Gruppenleiter sollte deshalb über Erfahrungen verfügen in der Einführung und Durchführung von Rollenspielübungen. Anregungen gibt Abschnitt 4.6.3. In der Regel gelingt es dann sehr gut, die Gruppe zur Teilnahme zu gewinnen und die hohe erlebnisaktivierende Qualität der Übungen zu nutzen, zu verdeutlichen und zu erproben.

Beim Einsatz dieser Übungen ist es wichtig, sich im voraus über die benötigte Zeit im klaren zu sein und dies bei der Planung zu berücksichtigen. So wird beispielsweise bei nur einem zur Verfügung stehenden Projekttag nicht für jeden Teilnehmer Gelegenheit sein, seine Situation im Rollenspiel zu verdeutlichen und Alternativen zu erproben. Der Gruppenleiter sollte dies bei seiner Auswahl berücksichtigen und möglichst jene Situationen wählen, die auch von den anderen Gruppenmitgliedern nachempfunden werden können und deren Bearbeitung für die gesamte Gruppe von Nutzen sind. Es versteht sich von selbst, daß es kontraproduktiv ist, Jugendliche gegen deren erheblichen Widerstand in ein Rollenspiel zu drängen. In diesem Fall empfiehlt sich eine verhaltensnahe Darstellung des „Andreas"-Beispiels sowohl hinsichtlich des Problemverhaltens als auch der funktionellen Alternativen durch den Gruppenleiter.

Die nachfolgend aufgeführten Informationen über Ecstasy und Cannabinoide können sowohl von dem Gruppenleiter als auch von den Teilnehmern genutzt werden. Sie geben eine (erste) einführende Sachinformation über die neben dem Alkohol häufig eingesetzten zustandsverändernden Mittel im Jugendalter. Gewisse Grundkenntnisse über Namen, Wirkungsweise und Darreichungsform der verwendeten Suchtmittel sind in der Arbeit mit Jugendlichen für Gruppen- und Seminarleiter erforderlich. Gruppenleiter, die beispielsweise vor dem „Spritzen von Haschisch" warnen, dürften auch bei ansonsten noch so qualifizierter Durchführung des Programms erhebliche Schwierigkeiten haben, von den jugendlichen Teilnehmern ernst genommen zu werden. Die Jugendlichen sollten sachlich über die bestehenden Gefahren und Neben- und Folgewirkungen der Substanzen informiert werden. Auch hier gilt jedoch, auf den mahnend erhobenen Zeigefinger zu verzichten.

Gruppeninterview

Bevor Ihr beginnt, bestimmt bitte einen Gruppensprecher, der die Antworten sammelt und später allen – ohne Namen zu nennen, berichtet, welche Auskünfte in der Gruppe gegeben wurden.
Jede Gruppe nimmt eine tragbare Stellwand mit, die zuvor eingeteilt wurde nach den vier Gliederungspunkten des Gruppeninterviews.
Die vier Arbeitsergebnisse werden nacheinander der gesamten Gruppe anhand der Stellwände präsentiert.
Bitte setzt Euch in kleinen Gruppen zu vier oder fünf zusammen und erörtert die nachstehenden vier Fragen. Bitte einigt Euch, wer zuerst Auskunft gibt und wer den anderen „interviewt". Die sind dann die „Interviewer". Der, der Auskunft gibt, soll ermuntert werden durch behutsames Nachfragen und freundliches Interesse. Nach zehn Minuten ist der Nächste dran mit antworten.
Hier die Fragen:

1. Mit welchen Erwartungen und Wünschen nimmst Du an dem Kurs „Probleme mit Alkohol oder Medikamenten" teil?
2. Siehst Du Deinen eigenen Umgang mit Alkohol bzw. Medikamenten als problematisch an? Wenn ja, warum? Wenn nein, warum nicht?
3. Falls Du bei Dir ein Problem erkennst: Wo siehst Du die Ursachen dafür, daß sich ein problematischer Umgang mit Alkohol bzw. Medikamenten entwickelt hat bzw. entwickeln könnte?
4. Mit welchem Gefühl und in welcher Stimmung bist Du heute hierher gekommen?

Erwartungen/ Wünsche	Problem, ja, weil ...	Problem, nein, weil ...	Ursachen für Probleme	Gefühl/ Stimmung

„Andreas"

Der Klassenlehrer von Andreas teilt ihm mit, daß der Schuldirektor ihn sprechen möchte. Andreas ahnt schon, daß es mit dem letzten Schulfest zu tun hat, bei dem er mit einer Gruppe anderer Schüler wohl ziemlich laut wurde. Ihnen wurde der Vorwurf gemacht, daß sie Alkohol auf das Schulfest geschmuggelt hätten. Andreas registriert die Uhrzeit, zu der der Direktor ihn sprechen möchte, gleichzeitig bemerkt er das flaue Gefühl im Magen. Er räuspert sich, strafft die Schultern und steht auf. Mit geistesabwesendem Blick eilt er über den Flur zum Sekretariat. Die Schüler, die ihm unterwegs begegnen, nimmt er nur am Rande wahr. Als er an der Sekretariatstür anklopft, merkt er, wie feucht seine Handinnenflächen sind. Sein Herz klopft schneller und er atmet tief durch, wie um sich zu beruhigen. Seine Backenknochen sind, wie oft unter Streß, fest zusammengepreßt. Die Spannung empfindet er fast als schmerzhaft. Jetzt ein Glas trinken können, geht ihm sehnsüchtig durch den Kopf, nur einen Schluck, das wär's. Aber da muß ich warten bis heute nachmittag. Er atmet noch einmal tief durch und geht hinein zum Direktor.

In der letzten Viertelstunde vor Beginn des Gesprächstermins hat sich sein Körper auf eine Kampf- oder Fluchtreaktion eingestellt. Der Körper hat sympathikoton reagiert, d.h. durch den Sympathikus, der für Energiebereitstellung zuständig ist, gesteuert. Wenn er heute Nachmittag Bier trinken wird, werden die „Nachwirkungen" des unangenehmen Gesprächs vorübergehend gemildert werden.

„Jasmin"

Jasmin war ebenfalls bei der Gruppe der Jugendlichen mit dabei, die am Schulfest durch störendes Verhalten auffielen und auch in Verdacht gerieten, Alkohol reingeschmuggelt zu haben. Eigentlich hat Jasmin dieses Gespräch mit dem Direktor schon länger erwartet oder besser gesagt, befürchtet. Sie legt langsam den Kugelschreiber hin, sie fühlt, wie eine Übelkeitswelle in ihr hochsteigt. Im Magen spürt sie ein schmerzhaftes Ziehen. Ihr bricht kalter Schweiß aus, ihre Knie werden weich, fast fürchtet sie, in Ohnmacht zu fallen. Sie denkt sehnsüchtig an das Treffen ihrer Clique heute Nachmittag. Dort ist sie unter Gleichgesinnten und es wird auch wohl etwas Bier zu trinken geben. Schon der Gedanke beruhigt sie etwas. Das flaue Gefühl wird schwächer, die weichen Knie werden wieder stabiler. Sie steht auf und geht mit weichen Knien zum Sekretariat. Ihr Klopfen ist zaghaft.

Jasmin hat gerade eine sogenannte vagotone oder parasympathische Reaktion ihres vegetativen Nervensystems erlebt, weil der Parasympathikus die „inneren Betriebssysteme" gewissermaßen runterschaltet. Wichtigstes Merkmal dieser Art von unwillkürlicher Steuerung ist das Absacken aller vegetativen Reaktionen. Bemerkenswert ist, daß schon der Gedanke an Alkohol eine stabilisierende Wirkung auslösen kann.

Streß: mal durchleuchtet*

1. Bitte erinnere Dich an ein Erlebnis, als Du ärgerlich, wütend oder ängstlich wurdest oder sonstwie gestreßt – vielleicht war Dir auch nur einfach langweilig?

* Zeichnungen: Theresa Ertel

2. Was war da passiert? Wo warst Du – an welchem Ort? Um wieviel Uhr?

3. Erinnere Dich daran, was Dir da durch den Kopf ging? Was hast Du gedacht? Hattest Du bestimmte Vorstellungen?

4. Erinnere Dich an Deine Gefühle dabei? Welche Gefühle kamen auf? – Kannst Du Dich an bestimmte Körperreaktionen im Zusammenhang mit den Gefühlen erinnern?

5. Erinnere Dich daran, was Du getan hast? Zu welchem Verhalten hat das Gefühl geführt? Kamen Alkohol, Medikamente oder anderer „Stoff" ins Spiel?

6. **Was ist dann passiert? Welche Folgen hatte Dein Verhalten – für Dich und für andere?**

Funktionalität von Ecstasy

Kuntz (1998) beschreibt als Resultat langjähriger Erfahrung in der Drogenberatung den „Gewinn", den Jugendliche aus der Droge ziehen. Ecstasy-Konsumenten schließen sich in der Regel auf Techno-Partys als Raver zusammen, in deren Kommunikation kaum der Austausch von Inhalten eine Rolle spielt. Es werden offensichtlich Kanäle gesucht, über die jenseits der Worte ein beglückendes Gefühl der Gemeinsamkeit und des Verständnisses erreicht wird, das aber in der Abschottung von der Außenwelt erfolgt. Die Wirkung von Ecstasy als Liebes- oder Harmoniestifter wird immer wieder berichtet. Eine intensive Begegnung ohne die Barrieren zwischenmenschlicher Vorurteile, ohne Ängste und Mißtrauen scheint möglich zu werden.
Darüber hinaus wirkt Ecstasy nicht nur dadurch, daß grobe Allmachtsgefühle hervorgerufen werden – wie bei anderen Drogen –, sondern Ecstasy scheint das Gefühl zu vermitteln, von anderen akzeptiert zu werden, den anderen zu verstehen, selbst verstanden zu werden und dies alles in völliger Harmonie und in der richtigen Ordnung der Dinge. Die eigene Person wird – vorübergehend – in idealer Weise erlebt. Selbstzerstörerische Impulse lösen sich auf. Offensichtlich bleibt aber die Fähigkeit zur Selbstreflexion unter dem Einfluß der Droge relativ erhalten, wodurch der Sog zur psychischen Abhängigkeit begründet ist.
Bei keiner anderen Droge ist die Szene so sehr mit Berührung und Tanz verbunden wie bei Ecstasy. Auf einer Rave-Party wird getanzt ohne Ende, die Selbstbespiegelungslust am eigenen Körper wird zelebriert. Der Körper wird durch Ecstasy offensichtlich viel besser gespürt, der ganze Mensch erlebt sich als vital, kraftvoll, geschmeidig. Je mehr diesen schillernden und von modernen Menschen so oft schmerzlich vermißten Zuständen und inneren Erlebniswelten in Beratung und Therapie Jugendlicher Rechnung getragen wird, um so mehr sind Erfolge zu erwarten. Es genügt ganz offensichtlich nicht, nur auf die zweifellos schädigenden Wirkungen der Droge hinzuweisen, die auch drogeninduzierte Psychosen einschließen.

Cannabinoide

Haschisch und Marihuana sind Cannabinoide und werden aus der Hanfpflanze gewonnen. Im Szenenjargon gibt es vielfältige Begriffe wie „Gras" (minderwertiges Marihuana), „Kiff" (nordafrikanische Bezeichnung), „Mussolini" (stark wirkendes Haschisch), „pot" (Haschischzigarette), „Shit" (geringwertiges Haschisch) u.a.m. Marihuana wird aus den Blättern und Blüten der Hanfpflanze, das Haschisch aus dem Harz der Hanfpflanze gewonnen. Meist wird es vermischt in Zigaretten (Joint) oder in Pfeifen oder auch in reiner Form geraucht.
Die Wirkung der inhalierten Substanz ist dosisabhängig, eine exakte Dosierung jedoch wegen der unterschiedlichen Darreichungsformen, des unterschiedlichen psychotropen Wirkungsstoffgehaltes und der Beimengungen kaum möglich.
Die Cannabiswirkung zeigt ein breites Spektrum an körperlichen und psychischen Veränderungen, wobei auch persönlichkeitsbedingte Faktoren eine Rolle spielen.

Die körperlichen Wirkungen beim einmaligen Gebrauch von Cannabis sind: Herzklopfen, Blutdrucksteigerung, vermehrter Appetit, vermehrter Durst, kalte Extremitäten, Kopfschmerzen, Übelkeit, Pupillenerweiterung, Zittern und Gangstörungen.

Die körperlichen Wirkungen beim Dauergebrauch sind: Lungen- und Bronchialerkrankungen, Herz-Kreislauf-Störungen, Leberschädigungen, sexuelle Störungen, Hirnschädigungen.

Die psychischen Wirkungen sind qualitativ und quantitativ sehr unterschiedlich, zeigen jedoch zumindest vier charakteristische Merkmale auf:

1. Allgemein kommt es zu einer gehobenen Stimmungslage mit grundloser Heiterkeit und Fröhlichkeit, zu einem Gefühl von Zufriedenheit und Entspannung.
2. Als weitere Wirkung ist eine Antriebsverminderung mit passiver Grundhaltung festzustellen. Die Aufmerksamkeit wird häufig auf die eigene Person zentriert mit vermehrter Selbstbeobachtung und Selbstbeschäftigung, einem Mangel an sozialem Interesse, einer Abwendung von Leistungsverpflichtung.
3. Regelmäßig treten Störungen der Denkabläufe auf mit Konzentrationsmängeln, Aufmerksamkeitsbeeinträchtigungen, Störungen des Kurz- und Langzeitgedächtnisses, bisweilen sprunghaftes und ungeordnetes Denken. Auch treten Wahrnehmungsstörungen auf im Sinne von Illusionen, verzerrten akustischen und optischen Sinneseindrücken.
4. Eine weitere bekannte Wirkung ist die zunehmende Kritikschwäche und eine erhöhte Risikobereitschaft, ähnlich wie beim Alkoholrausch.

Ein weit verbreiteter Trugschluß ist, daß Cannabis zur Bewußtseinserweiterung führt. Erhöhte Reflektionsfähigkeit oder größere künstlerische Kreativität, tieferes Erkennen von Sinnzusammenhängen des Lebens (sog. „Durchblick") sind subjektive Wahrnehmungen, ohne jedoch verwertbaren Erfahrenszuwachs oder positive Auswirkungen auf den Lebensalltag. Die sogenannte Bewußtseinserweiterung ist für den Alltag nicht tauglich.

Zu den atypischen Rauschverläufen zählen die sogenannten „bad trips". Hierunter versteht man Horror- und Panikerlebnisse, depressive Verstimmungen, Unberechenbarkeit und Suizidalität. Auch nach längerer Abstinenz können Nachrauschphänomene, sogenannte „flash backs" auftreten, also Rauscherlebnisse wie beim Konsum der Droge. Solche unvorhersehbaren Nachrauschphänomene bilden ein großes Gefährdungspotential für den Konsumenten.

Der Dauerkonsum von Cannabis als einer zentral wirksamen Substanz führt zur Gewohnheitsbildung, bahnt abhängige Verhaltensweisen und führt auch zu einer psychischen Abhängigkeit.

Längerdauernder und intensiver Cannabismißbrauch kann zu sogenannten Cannabispsychosen führen mit Gedächtnisstörungen, zeitlichen und räumlichen Orientierungsstörungen, Größen- und Verfolgungswahn, Halluzinationen und wesensfremdem Verhalten wie z.B. Aggressivität.

7 Literatur

Antons, K. (1992). Praxis der Gruppendynamik. Göttingen: Hogrefe.

Arend, H. (1994). Alkoholismus – Ambulante Therapie und Rückfallprophylaxe. Weinheim: Psychologie Verlags Union.

Auchter, T. (1995). Über das Auftauen eingefrorener Lebensprozesse. Forum der Psychoanalyse, 11, 62–83.

Babor, T. F., Ritson, B. & Hodgson, R. J. (1986). Age-related problems in the primary health care Setting: A review of early intervention strategies. British Journal of Addiction, 81, 23–46.

Babor, T. F., Korner, P., Wilber, C. & Good, S. P. (1987). Screening and early intervention strategies for harmful drinkers: initial lessons from the amethyst project. Australian Drug and Alcohol Review, 6, 325–339.

Babor, T. F. & Grant, M. (1989). From clinical research to secondary prevention: international collaboration in the development of the Alcohol Use Disorders Identification Test (AUDIT). Alcohol Health Res World 13, 371–374.

Baumeister, H. (1998). Gruppeninterventionsprogramm für Patienten mit Medikamentenabhängigkeit. Münchwieser Hefte, Reihe Konzepte, 14.

Beck, A. T., Rush, A. J., Shaw, B. F. & Emery, G. (1986). Kognitive Therapie der Depression. Weinheim: Psychologie Verlags Union.

Beck, A. T., Wright, D., Newman, C. F. & Liese, B. S. (1997). Kognitive Therapie der Sucht. Weinheim: Psychologie Verlags Union.

Belitz-Weihmann, E. & Metzler, P. (1993). Ein rasch-skalierter Fragebogen zum funktionalen Trinken. Sucht, 6, 384–398.

Bettelheim, B. (1990[5]). Kinder brauchen Märchen (5. Auflage). Stuttgart: DVA.

Block, J., Block, G. & Keyes, S. (1988). Longitudinally foretelling drug usage in adolescence: Early childhood personality and environment precursors. Child Development, 59, 336–355.

Brähler, E., Scheer, J. & Jörn, W. (1995). Der Gießener Beschwerdebogen (GBB). Bern: Huber.

Breitenacher, M. (1997). Alkohol, Zahlen und Fakten zum Konsum. In Deutsche Hauptstelle gegen die Suchtgefahren (Hrsg.), Jahrbuch Sucht 1998 (S. 9–18). Geesthacht: Neuland.

Broda, M., Braukmann, W., Dehmlow, A., Kosarz, P., Schuhler, P., Siegfried, J. & Zielke, M. (1994). Epidemiologische Daten zur Beschreibung des Klientels Psychosomatischer Kliniken – Eine Auswertung von 10 Jahren Basisdokumentation. In Fachausschuß Psychosomatik (Hrsg.), Verhaltensmedizin heute. Basisdokumentation Psychosomatik. Schriftenreihe des Wissenschaftsrates der AHG, 19–35.

Buchholz, M. B. (Hrsg.) (1993). Metaphernanalyse. Göttingen: Vanderhoeck & Ruprecht.

Dilling, H., Mombour, W., Schmidt, M. H. & Schulte-Markwort, E. (1994). Internationale Klassifikation psychischer Störungen. Bern: Huber.

Dörner, D., Kreuzig, H. W., Reither, F. & Stäudel, T. (Hrsg.) (1983). Lohhausen. Vom Umgang mit Unbestimmtheit und Komplexität. Bern: Huber.

Ende, M. & Fuchshuber, A. (1978). Das Traumfresserchen. Stuttgart: Thienemanns.

Engel, G. (1977). The need for a new medical model: A challenge for biomedicine Science, 196, 129–136.

Erickson, M. H. (1994[3]). Die Lehrgeschichten. Salzhausen: iskopress.

Fahrenberg, J., Hampel, R. & Selg, H. (1984). Das Freiburger Persönlichkeitsinventar (FPI). Göttingen: Hogrefe.

Feldhege, F.-J. (1980). Entstehungsbedingungen und Behandlungsmöglichkeiten des Jugendalkoholismus aus verhaltenstherapeutischer Sicht. In H. Berger, A. Legnaro & K.-H. Reuband (Hrsg.), Jugend und Alkohol (S. 175–196). Stuttgart: Kohlhammer.

Felsman, I. K. & Vaillant, G. E. (1987). Resilient children as adults: A 40-year-study. In E. H. Anthony & B. J. Cohler (Eds.), The invulnerable child. London: Guilford Press.

Feuerlein, W., Küfner, H., Ringer, C. & Antons, K. (1979). Münchner Alkoholismustest (MALT). Weinheim: Beltz Test.

Feuerlein, W., Küfner, H., Ringer, C., Antons, K. (1989). Kurzfragebogen für Alkoholgefährdete, Manual. Weinheim: Beltz Test.

Fleisch, Ä., Haller, R. & Heckmann, W. (Hrsg.) (1997). Suchtkrankenhilfe. Weinheim: Beltz.

Franke, A. (1984). Gruppentraining gegen psychosomatische Störungen. München: Urban & Schwarzenberg.

Fuchs, R. Rainer, L. & Rummel, M. (Hrsg.) (1998). Betriebliche Suchtprävention. Göttingen: Hogrefe.

Funke, W., Funke, J., Klein, M. & Scheller, R. (1987). Trierer Alkoholismus Inventar. Manual. Göttingen: Hogrefe.

Gans, G. S. (1993). Metaphern in der Gruppentherapie. In M.B. Buchholz (Hrsg.), Metaphernanalyse (S. 153–170). Göttingen: Vandenhoeck & Ruprecht.

Glaeske, G. (1989). Zur Verschreibungshäufigkeit und zum Mißbrauch von Arzneimitteln mit Abhängigkeitspotential. In K. Heinrich, M. Linden & B. Müller-Oerlinghausen (Hrsg.), Werden zuviele Psychopharmaka verbraucht? (S. 58–68). Stuttgart: Thieme.

Glaeske, G. (1994). Zur Prävention von Arzneimittelgebrauch. In Deutsche Hauptstelle gegen die Suchtgefahren (Hrsg.), Suchtprävention (S. 65–81). Freiburg: Lambertus.

Glaeske, G. (1997). Psychotrope und andere Arzneimittel mit Mißbrauchs- und Abhängigkeitspotential. In Deutsche Hauptstelle gegen die Suchtgefahren (Hrsg.), Jahrbuch Sucht 1998 (S. 43–68). Geesthacht: Neuland.

Glaeske, G. (1994). Umsatz und Verbrauch im Jahre 1994. In Deutsche Hauptstelle gegen die Suchtgefahren (Hrsg.), Jahrbuch Sucht 1995 (S. 62–78). Geesthacht: Neuland.

Gutjahr, G. (1972). Markt- und Werbepsychologie, Teil 1. Heidelberg: Saur.

Hapke, U., Rumpf, H.-J., Hill, A. & John, U. (1998). Alkoholprobleme in der medizinischen Basisversorgung – Prävalenz und sekundärpräventive Strategien. In Aktion psychisch Kranke (Hrsg.), Innovative Behandlungsstrategien bei Alkoholproblemen. Frühe Interventionen in der medizinischen Basisversorgung und ambulante Entgiftung (S. 49–59). Freiburg: Lambertus.

Haug, U. F. (1973). Kritik der Warenästhetik. Frankfurt: Suhrkamp.

Hautzinger, M. (1997[4]). Kognitive Verhaltenstherapie bei Depressionen. Weinheim: Psychologie Verlags Union.

Hautzinger, M. & Bailer, M. (1993). Allgemeine Depressionsskala (ADS). Manual. Weinheim: Beltz Test.

Heckhausen, H. (1977). Motivation: Kognitionspsychologische Aufspaltung eines summarischen Konstrukts. Psychologische Rundschau, 175–189.

Heimann, H. (1983). Grundbedingungen der therapeutischen und Psychopharmakawirkung. In G. Langer & H. Heimann (Hrsg.), Psychopharmaka – Grundlagen und Therapie (S. 39–53). Berlin: Springer.

Hüllinghorst, R. (1996). Alkohol – Zahlen und Fakten zum Konsum. In Deutsche Hauptstelle gegen die Suchtgefahren (Hrsg.), Jahrbuch Sucht 1997 (S. 9–18). Geesthacht: Neuland.

Jahrreiss, R. (1990). Therapeutisches Gesamtkonzept der Psychosomatischen Fachklinik Münchwies. Eigendruck.

Jahrreiss, R. (1991). Einführung zum Thema „Wege aus der Angst" und diagnostische Hinweise. Referat. Münchwieser Symposion 1991. Münchwieser Hefte, 5–13.

Jahrreiss, R. (1993). Wie psychotherapeutisch soll moderne Suchttherapie sein? Münchwieser Hefte, 3–15.

Jahrreiss, R. (1998). Perspektiven der modernen Suchttherapie unter Kostendruck. Schriftenreihe des Fachverbandes Sucht (S. 43–52). Geesthacht: Neuland.

John, U., Hapke, U., Rumpf, H.-J., Hill, A. & Dilling, H. (1996). Prävalenz und Sekundärprävention von Alkoholmißbrauch und -abhängigkeit in der medizinischen Versorgung. Schriftenreihe des Bundesministeriums für Gesundheit. Band 71. Baden-Baden: Nomos.

John, U., Veltrup, C., Schnofl, A., Bunge, S., Wetterling, T. & Dilling, H. (1992). Entwicklung eines Verfahrens zur Erfassung von Ausprägungen der Alkoholabhängigkeit aufgrund von Selbstaussagen: Die Lübecker Alkoholabhängigkeitsskala (LAS). Sucht, 38, 291–303.

Juli, D. & Engelbrecht-Greve, M. (1980). Streßverhalten ändern lernen. Hamburg: rowohlt.

Kellam, S. G., Brown, C. H., Rubin, B. R. & Ensminger, M. E. (1983). Paths Leading to teenage psychiatric symptoms and substance use: Developmental epidemiological studies in Woodlawn. In S. B. Guze, F. G. Earls & G. E. Barrett (Eds.), Childhood Psychopathology and Development. New York: Raven.

Kremer, G., Wienberg, G., Dorman, S., Pörksen, N. & Wessel, Th. (1997). Patienten mit Alkoholproblemen in der medizinischen Basisversorgung – Bedarfslage und Umsetzung eines Interventionskonzepts in Arztpraxen und Allgemeinkrankenhäusern. In DHS (Hrsg.), Regionale Suchtkrankenversorgung, Konzepte und Kooperationen. Freiburg: Lambertus.

Kryspin-Exner, I. (1994). Alkoholismus. In H. Reinecker (Hrsg.), Lehrbuch der Klinischen Psychologie (S. 267–298). Göttingen: Hogrefe.

Kuntz, H. (1998). Ecstasy – auf der Suche nach dem verlorenen Glück. Weinheim: Beltz.

Langer, G. (1991). Über die „Unschärferelation" in der Psychopharmakotherapie angesichts des ganzheitlichen somatopsychosoziokulturellen Therapieprozesses in einem individuellen Menschen. In R. Danzinger (Hrsg.), Psychodynamik der Medikamente (S. 4–16). Wien: Springer.

Lazarus, R. S. & Folkman, S. (1984). Stress, appraisal and coping. New York: Springer.

Leidig, S. & v. Pein, A. (1993). Stationäre Gruppentherapie für Patienten mit chronifizierten somatoformen Störungen. In M. Zielke & J. Sturm (Hrsg.), Handbuch stationäre Verhaltenstherapie (S. 73–78). Weinheim: Psychologie Verlags Union.

Maier, W. (1996). Genetik von Alkoholabusus und Alkoholabhängigkeit. In K. Mann & G. Buchkremer (Hrsg.), Sucht – Grundlagen Diagnostik und Therapie (S. 85–97). Stuttgart: Fischer.

Mayefield, D., McLeod, G. & Hall, P. (1974). The CAGE questionnaire: Validation of a new alcoholism screening instrument. American Journal of Psychiatry, 131, 1121–1123.

Meichenbaum, D. (1991). Intervention bei Streß. Bern: Huber.

Melchinger, H., Schnabel, R. & Wyns, B. (1992). Langzeitverordnete Medikamente mit Abhängigkeitspotential nach Indikationsgruppen. Schriftenreihe des Bundesministeriums für Gesundheit, Band 13.

Minsel, R. (1975). Praxis der Gesprächspsychotherapie. Wien: Böhlaus.

Peseschkian, N. (1979). Der Kaufmann und der Papagei. Hamburg: Fischer.

Petry, J. (1985). Alkoholismustherapie. München: Urban & Schwarzenberg.

Petry, J. (1996[3]). Alkoholismustherapie (3. Auflage). Weinheim: Psychologie Verlags Union.

Petry, J. (1993). Behandlungsmotivation. Weinheim: Psychologie Verlags Union.

Pfau, D., Appelt, M., Börkircher, G., Fliegenschmidt, U., Hintermeier, C., Keefer, S., Kürner, M., Saur, U., Schneider, R. & Weiß, B. (1997). X, XTS, Ecstasy. Eine Handreichung für Multiplikatorinnen und Multiplikatoren. Landesinstitut für Erziehung und Unterricht Stuttgart (Hrsg.).

Pörksen, N. (1996). Alkoholabhängige in Hilfesystemen. In Deutsche Hauptstelle gegen die Suchtgefahren (Hrsg.), Alkoholkonsum und Mißbrauch. Alkoholismustherapie und Hilfe (S. 186–200). Freiburg: Lambertus.

Richmond, R., Heather, N., Wodak, A., Kehoe, L. & Webster, J. (1995). Controlled evaluation of general practise – based brief intervention for excessive drinking. Addiction, 90, 119–132.

Richter, G., Klemm, P. G. & Zahn, M. (1994). ScreeT-9. Ein 9-Item-Screening für die Unterscheidung von Alkoholabhängigen, Alkoholmißbrauchern und Normaltrinkern (Normalkonsumenten). Sucht, 40, 186–194.

Rommelsbacher, P. & Hans, H. (1996). Welche neurobiologischen Mechanismen erklären Aspekte süchtigen Verhaltens? In K. Mann & G. Buchkremer (Hrsg.), Sucht – Grundlagen Diagnostik Therapie (S. 41–52). Stuttgart: Fischer.

Rollnick, S., Heather, N. & Bell, A. (1992). Negotiating behavior change in medical settings: the development of brief motivational interviewing. Journal of Mental Health, 1, 25 – 37.

Rote Liste (1998). Arzeimittelverzeichnis des BPI und VFA. Aulendorf: Editio Cantor.

Saß, H., Wittchen, H.-U. & Zandig, M. (1996). Diagnostisches und Statistisches Manual psychischer Störungen DSM-IV. Göttingen: Hogrefe.

Schelp, T., Malock, D., Gravemeier, R. & Meusling, U. (1990). Rational emotive Therapie als Gruppentraining gegen Streß. Bern: Huber.

Schmidt, L. G. (1997). Diagnostische Aufgaben bei Alkoholmißbrauch und -abhängigkeit. In H. Watzl & B. Rockstroh (Hrsg.), Abhängigkeit und Mißbrauch von Alkohol und Drogen (S. 11–24). Göttingen: Hogrefe.

Scholz, H. (1996). Syndrombezogene Alkoholismustherapie. Göttingen: Hogrefe.

Schuhler, P. (1994). Psychosomatisch Kranke mit Alkohol- und Medikamentenproblemen: Eine Risikopatientengruppe. In Fachausschuß Psychosomatik (Hrsg.), Verhaltensmedizin heute: Basisdokumentation Psychosomatik. Schriftenreihe des Wissenschaftsrates der AHG, 61–66.

Schuhler, P. (1998). Abhängigkeitserkrankungen. Sucht. In W. Senf & M. Broda (Hrsg.), Praxis der Psychotherapie (S. 358–364). Stuttgart: Thieme.

Schuhler, P. (1998). Kurz- und Langzeiteffekte eines verhaltenstherapeutischen Gruppenprogramms auf die körperliche und psychische Symptomatik depressiver Patienten mit Alkohol- bzw. Medikamentenabusus. Verhaltenstherapie und Verhaltensmedizin, 19 (1), 92–107.

Schuhler, P. & Jahrreiss, R. (1994). Interventionsprogramm für die Behandlung von Alkohol- und Medikamentenproblemen psychosomatisch Kranker. In M. Zielke & J. Sturm (Hrsg.), Handbuch stationäre Verhaltenstherapie (S. 816–824). Weinheim: Psychologie Verlags Union.

Schuhler, P. & Jahrreiss, R. (1996). Alkohol- und Medikamentenmißbrauch psychosomatisch Kranker. Evaluation der stationären Behandlung und Katamnese: Projektbericht an die LVA Rheinland-Pfalz.

Schuhler, P. & Jahrreiss, R. (1996). Die Münchwies-Studie: Alkohol- und Medikamentenmißbrauch psychosomatisch Kranker. Evaluation der stationären Behandlung und Katamnese. Berlin: Westkreuz.

Schuhler, P., Jahrreiss, R. & Weich, W. (1997). Angststörungen. Behandlungskonzept. Psychosomatische Fachklinik Münchwies. St. Ingbert: Westpfälzische Verlagsdruckerei.

Schuhler, P., Jahrreiss, R. & Wagner, A. (1996). Koinzidenz von Sucht und psychosomatischer Auffälligkeit: Ergebnisse einer differentiellen Rehabilitation. Praxis der klinischen Verhaltensmedizin und Rehabilitation, 33, 6–22.

Schuhler, P. & Martin J. (1990). Interventionsprogramm bei Alkohol- und Medikamentenproblemen. Praxis der Klinischen Verhaltensmedizin und Rehabilitation, 10, 113–118.

Schuhler, P. & Martin, J. (1992). Fragebogen zum subjektiven Mißbrauchsverständnis Psychosomatische Fachklinik Münchwies.

Schuhler, P. & Martin, J. (1992). Wissenstest zum Alkohol- und Medikamentenmißbrauch. Psychosomatische Fachklinik Münchwies.

Schwabe, U. & Pfaffrath, D. (Hrsg.). (1996). Arzneiverordnungsreport 1996. Stuttgart: Fischer.

Selzer, M. L. (1971). The Michigan Alcoholism Screening Test: the quest for a new diagnostic instrument. American Journal of Psychiatry, 127, 653–1658.

Selzer, M. L., Vinokur, A. & Van Rooijen, L. (1975). A Self-administered short Michigan Alcoholism Screening Test (SMAST). Journal of Studies on Alcohol, 36, 117–126.

Silbereisen, R. K. (1998^3). Entwicklungspsychologische Aspekte von Alkohol- und Drogengebrauch. In R. Oerter & L. Montada (Hrsg.), Entwicklungspsychologie (S. 1056–1068) (3. Auflage). Weinheim: Psychologie Verlags Union.

Silbereisen, R. K. & Kastner, P. (1987). Jugend und Problemverhalten. Entwicklungspsychologische Perspektiven. In R. Oerter & L. Montada (Hrsg.), Entwicklungspsychologie (S. 882–919).

Stevens, J. O. (1976). Die Kunst der Wahrnehmung. Übungen der Gestalttherapie. München: Kaiser.

Ullrich, P. & Ullrich de Muynck, R. (1976). Das Assertivitätstrainingsprogramm. München: Pfeiffer.

Watzl, H. & Rockstroh, B. (1997). Abhängigkeit und Mißbrauch von Alkohol und Drogen. Göttingen: Hogrefe.

Watzlawick, P., Beavin, J. H. & Jackson, D. D. (1969). Menschliche Kommunikation. Bern: Huber.

Wetterling, T. & Veltrup, C. (1997). Diagnostik und Therapie von Alkoholproblemen. Berlin: Springer.

Winckelmann, H. J. (1989). Selbstmedikation und der therapiebestimmende Patient. In K. Heinrich, M. Linden & B. Müller-Oerlinghausen (Hrsg.), Werden zuviele Psychopharmaka verbraucht? (S. 141–161). Stuttgart: Thieme.

Wottawa, H. & Thierau, H. (1990). Lehrbuch Evaluation. Bern: Huber.

Vaillant, G. E. (1983). The natural history of alcoholism. Cambridge: Harvard University Press.

Zielke, M. (1994). Basisdokumentation in der stationären Psychosomatik. In Fachausschuß Psychosomatik (Hrsg.) Verhaltensmedizin heute: Basisdokumentation Psychosomatik. Schriftenreihe des Wissenschaftsrates der AHG, 2, 11–17.

Anhang

Katamnese

Als Katamnesezeitraum empfiehlt sich ein Jahr nach Behandlungsende, da dann eine Stabilisierung des Suchtmittelgebrauchs zu erwarten ist.
Der nachfolgende Katamnesebogen wurde im Rahmen des Evaluierungsprojekts (Kapitel 5) entwickelt und setzt sich zusammen aus Fragen zur Lebenszufriedenheit, der Kurzfassung des Gießener Beschwerdebogens (GBB) (Brähler & Scheer, 1995), der Allgemeinen Depressionsskala (ADS) (Hautzinger & Bailer, 1993) und speziellen Fragen zum Thema Umgang mit Alkohol und Medikamenten, im einzelnen Fragen zur Häufigkeit, Menge und Funktionalität des Alkohol- und Medikamentenkonsums in der Zeit nach Therapiebeendigung.

Liebe Frau .... / Lieber Herr ....

vor einiger Zeit haben Sie an unserer Gruppentherapie „Umgang mit Alkohol und Medikamenten" teilgenommen. Wie bereits während der Behandlungszeit besprochen, würden wir uns sehr freuen zu erfahren, wie es Ihnen danach weiter ergangen ist. Wir haben uns erlaubt, einige Fragen zusammenzustellen, und bitten Sie, diese zu beantworten. Gerade die persönliche Meinung und die Erfahrungen ehemaliger PatientInnen sind uns besonders wichtig.

Wir wissen, daß es vielen Menschen schwer fällt, die folgenden Fragen offen zu beantworten. Deshalb versichern wir Ihnen, daß Ihre persönlichen Angaben nicht an Dritte weitergegeben werden. Sie werden nur statistisch ausgewertet, d.h., es ist nachher nicht mehr identifizierbar, wer welche Angaben gemacht hat.

Wir hoffen, daß Sie sich etwas Zeit nehmen und uns unterstützen können, auch im Interesse künftiger Patientinnen.

Für Ihre Mitarbeit bedanken wir uns recht herzlich.

Mit freundlichen Grüßen

Unterschrift

Ein Jahr danach ...

1. Wie zufrieden sind Sie **HEUTE** mit den einzelnen Lebensbereichen?

1.1 Partnerschaft

sehr unzufrieden	unzufrieden	eher unzufrieden	trifft nicht zu	eher zufrieden	zufrieden	sehr zufrieden

1.2 Familienleben

sehr unzufrieden	unzufrieden	eher unzufrieden	trifft nicht zu	eher zufrieden	zufrieden	sehr zufrieden

1.3 Berufstätigkeit

sehr unzufrieden	unzufrieden	eher unzufrieden	trifft nicht zu	eher zufrieden	zufrieden	sehr zufrieden

1.4 Wirtschaftliche Lage

sehr unzufrieden	unzufrieden	eher unzufrieden	trifft nicht zu	eher zufrieden	zufrieden	sehr zufrieden

1.5 Freizeitgestaltung

sehr unzufrieden	unzufrieden	eher unzufrieden	trifft nicht zu	eher zufrieden	zufrieden	sehr zufrieden

1.6 Kontakte zu anderen Menschen

sehr unzufrieden	unzufrieden	eher unzufrieden	trifft nicht zu	eher zufrieden	zufrieden	sehr zufrieden

1.7 Seelisches Wohlbefinden (Selbstvertrauen, Ausgeglichenheit, allgemeine Stimmungslage)

sehr unzufrieden	unzufrieden	eher unzufrieden	trifft nicht zu	eher zufrieden	zufrieden	sehr zufrieden

GBB

2. Auf den folgenden Seiten ist eine größere Anzahl von Beschwerden aufgeführt. Überlegen Sie bitte, an welchen dieser Beschwerden Sie leiden. Machen Sie ein Kreuz in der entsprechenden Spalte. Die Beschwerden, die Sie nicht haben, erhalten natürlich ein Kreuz in der „nicht"-Spalte.

Ich fühle mich durch folgende Beschwerden belästigt:

	nicht	kaum	einiger-maßen	erheblich	stark
1. Schwächegefühl	☐	☐	☐	☐	☐
2. Herzklopfen, Herzjagen oder Herzstolpern	☐	☐	☐	☐	☐
3. Druck- oder Völlegefühl im Leib	☐	☐	☐	☐	☐
4. Übermäßiges Schlafbedürfnis	☐	☐	☐	☐	☐
5. Gelenk- oder Gliederschmerzen	☐	☐	☐	☐	☐
6. Schwindelgefühl	☐	☐	☐	☐	☐
7. Kreuz- oder Rückenschmerzen	☐	☐	☐	☐	☐
8. Nacken- oder Schulterschmerzen	☐	☐	☐	☐	☐
9. Erbrechen	☐	☐	☐	☐	☐
10. Übelkeit	☐	☐	☐	☐	☐
11. Kloßgefühl oder Würgen im Hals	☐	☐	☐	☐	☐
12. Aufstoßen	☐	☐	☐	☐	☐
13. Sodbrennen oder saures Aufstoßen	☐	☐	☐	☐	☐
14. Kopfschmerzen	☐	☐	☐	☐	☐
15. Rasche Erschöpfbarkeit	☐	☐	☐	☐	☐
16. Müdigkeit	☐	☐	☐	☐	☐
17. Gefühl der Benommenheit	☐	☐	☐	☐	☐
18. Schweregefühl oder Müdigkeit in den Beinen	☐	☐	☐	☐	☐
19. Mattigkeit	☐	☐	☐	☐	☐
20. Stiche, Schmerzen oder Ziehen in der Brust	☐	☐	☐	☐	☐
21. Magenschmerzen	☐	☐	☐	☐	☐
22. Anfallsweise Atemnot	☐	☐	☐	☐	☐
23. Druckgefühl im Kopf	☐	☐	☐	☐	☐
24. Anfallsweise Herzbeschwerden	☐	☐	☐	☐	☐

ADS

3. Bitte kreuzen Sie bei den folgenden Aussagen die Antwort an, die Ihrem Befinden während der letzten Woche am besten entspricht.

Während der letzten Woche ...

	selten weniger als 1 Tag in der Woche	**manchmal** 1 bis 2 Tage in der Woche	**öfters** 3 bis 4 Tage in der Woche	**meistens** 5 bis 7 Tag in der Woche
1. haben mich Dinge beunruhigt, die mir sonst nichts ausmachen.	☐	☐	☐	☐
2. hatte ich kaum Appetit.	☐	☐	☐	☐
3. konnte ich meine trübsinnige Laune nicht loswerden, obwohl mich meine Freunde/Familie versuchten aufzumuntern.	☐	☐	☐	☐
4. kam ich mir genauso gut vor wie andere.	☐	☐	☐	☐
5. hatte ich Mühe, mich zu konzentrieren.	☐	☐	☐	☐
6. war ich deprimiert/niedergeschlagen.	☐	☐	☐	☐
7. war alles anstrengend für mich.	☐	☐	☐	☐
8. dachte ich voller Hoffnung an die Zukunft.	☐	☐	☐	☐
9. dachte ich, mein Leben ist ein einziger Fehlschlag.	☐	☐	☐	☐
10. hatte ich Angst.	☐	☐	☐	☐
11. habe ich schlecht geschlafen.	☐	☐	☐	☐
12. war ich fröhlich gestimmt.	☐	☐	☐	☐
13. habe ich weniger als sonst geredet.	☐	☐	☐	☐
14. fühlte ich mich einsam.	☐	☐	☐	☐
15. waren die Leute unfreundlich zu mir.	☐	☐	☐	☐
16. habe ich das Leben genossen.	☐	☐	☐	☐
17. mußte ich weinen.	☐	☐	☐	☐
18. war ich traurig.	☐	☐	☐	☐
19. hatte ich das Gefühl, daß mich die Leute nicht leiden können.	☐	☐	☐	☐
20. konnte ich mich zu nichts aufraffen.	☐	☐	☐	☐

4. Haben Sie seit Klinikentlassung Alkohol getrunken?

☐ ja
☐ nein

5. Haben Sie seit Klinikentlassung eines oder mehrere der folgenden Medikamente eingenommen: Beruhigungsmittel, Schlafmittel, Aufputschmittel, Schmerzmittel, Antidepressiva oder Neuroleptika ?

☐ ja
☐ nein

6. Wenn Sie Alkohol getrunken haben bzw. obengenannte Medikamente eingenommen haben, wie würden Sie Ihren jetzigen Umgang mit Alkohol bzw. mit Medikamenten beschreiben?

☐ Häufiges oder tägliches Trinken bzw. Einnehmen von Medikamenten
☐ Nur gelegentliches, dann aber übermäßiges Trinken bzw. Einnehmen von betäubenden Medikamenten
☐ Seltener und geringer Alkoholkonsum bzw. Medikamentenkonsum
☐ Geselliges Trinken (nicht täglich, keine starken Räusche) oder ärztlich verordneter Medikamentenkonsum

7. Wieviel Alkohol haben Sie im Durchschnitt in einer Woche getrunken?
(Bitte geben Sie Ihre durchschnittliche wöchentliche Trinkmenge und die Art des Getränkes an)

____
____
____
____

8. Welche Medikamente haben Sie seit Klinikentlassung genommen und wie hoch war die durchschnittliche Einnahmenmenge in einer Woche?
(Bitte geben Sie alle Medikamente an, vom Arzt verschriebene und alle anderen)

____
____
____
____

9. Aus welchen Gründen trinken Sie heute Alkohol bzw. nehmen Sie Medikamente?
(Hier können Sie mehrere Antworten ankreuzen)

Ich trinke Alkohol bzw. nehme Medikamente, ...

☐ um Sorgen etwas zu vergessen.
☐ um weniger Hemmungen zu haben.
☐ um besser schlafen zu können.

☐ um zu entspannen.
☐ um einsatzfreudiger zu sein.
☐ um besser in Stimmung zu sein.
☐ um meine körperliche Befindlichkeit zu verändern.
☐ um Schmerzen zu lindern.
☐ um Belastungssituationen besser zu bewältigen.
☐ um Zittern, Schweißausbrüche oder Nervosität zu unterdrücken.
☐ aus sonstigen Gründen: ______________________________

____
____
____

10. Wenn Sie Ihr derzeitiges Befinden mit Ihrer damaligen Verfassung, als Sie sich in Behandlung begaben, vergleichen, welche Aussage trifft dann auf Sie zu?

Im Vergleich zu damals geht es mir heute *insgesamt*

☐ besser
☐ unverändert
☐ schlechter

11. Wenn Veränderungen bei Ihnen eintrafen, worauf führen Sie diese zurück?

☐ auf die Psychotherapie
☐ andere Behandlungen, und zwar ______________________________

____
____

☐ von selbst, jedenfalls ohne für mich erkennbaren Grund

12. Was hat Ihnen aus heutiger Sicht in der Gruppentherapie „Umgang mit Alkohol und Medikamenten" besonders geholfen bzw. gibt es von Ihrer Seite Anregungen?

____
____
____
____